流通経済と流通イノベーション

第3次大変革を勝ち残る革新的進化のメカニズム

六車秀之

序

流通イノベーションを起こす三つの力

流通は栄枯盛衰の物語を繰り返してきました。過去・現在・未来の時間的連続性の中で、根源的な概念は変化しないという「普遍の原則」と、時代変化に応じて常に変わらなければならないという「対応の原則」が融合しながら、世の中は変化・進化しています。不思議な成功も不思議な失敗もありません。成功には成功の理由が、失敗には失敗の理由が、必ず存在します。成功や失敗の理由が分からないのは、成功・失敗のメカニズムを解明できていないからです。流通の過去に起こったことを解明し、流通の現在に起こっていることを解明し、そして得た過去・現在のメカニズムから新しい時代の変化のメカニズムを推論することで、近未来（25年以内の未来）に在るべき流通のメカニズムが見えてきます。

大変革に対応し、飛躍的な成立・成長・成功への革新的コンテンツを創り出す流通企業の経営行動を「流通イノベーション」と呼びます。流通企業がマーケット（市場あるいは生活者）に対して全く新しい概念のビジネスモデルを提供することであり、流通イノベーションは三つの力によって起こります。第一は「今まで存在しなかった全く新しいビジネスモデルを創り出す〈創出力〉」、第二は「今まで存在していたが、新たな切り口で斬新性のあるビジネスモデルに変える〈転換力〉」、第三は「今まで存在していたが、異業種の異なる機能を加えて斬新性のあるビジネスモデルに変える〈結合力〉」です。

創出力と転換力と結合力からなる流通イノベーションが、大きく変化する時代には不可欠です。時代の変化に対応することを「時流対応（時代の流れ、時の流れに対応）」と言いますが、成長企業は時流を引きつけ、自社にとって有利にビジネスを展開しています。時流を有利に展開する力が流通イノベーションを起こす力なのです。

過去・現在・近未来のメカニズム

本書はこの「流通イノベーション」をテーマに、流通関係者のために流通の過去・現在・近未来を解明しました。

経済は20年に1回、流通は25年に1回、企業コンセプトは10年に1回、商品・サービスのコンセプトは3年に1回、過去の延長線上ではない大変革が起こります。概念の変化は、上位概念から下位概念へと進みます。この変化の過程で経済・社会・消費・生活上の新常態が起こり、流通企業が発展するために「イノベーション（革新）」が必要となります。

イノベーションは従来とは異なる発想に基づく行動ですが、その根源は過去・現在・近未来のいずれにも潜在的に存在しています。成功や失敗を解明するとその理由を理解できますが、理解できるのは成功にも失敗にもメカニズムがあるからです。今後の流通業界で勝ち残り、成長するためには、流通の過去・現在・近未来をメカニズムとして理解しなければなりません。

日本の流通企業の付加価値生産性はアメリカの60％程度で、その原因はイノベーションによる戦略的企業経営の希薄さにあると言われています。日本の流通企業は目の前の課題を解決する現場対応力は優れていますが、画期的レベルの発想力による革新的経営がアメリカと比較して格段に弱いのです。流通企業が成立・成長・成功するためには、常に小さな継続的変化に対応しつつ、大変革が起こる段階でイノベーションによってビジネスモデルを再構築するというメカニズムを持つ必要があります。

価値創造型のビジネスモデルの確立を

アメリカの流通企業は、１９７０年のモノ離れ（アメリカのモダン消費の終焉）以降、多くの時代の変化をチャンスとして捉え、新陳代謝を繰り返しながら「陳∧新」の拡大を連続的に行いました。一方、日本の流通企業は１９８８年のモノ離れ（日本のモダン消費の終焉）以降、新陳代謝を繰り返しましたが「陳Ⅳ新」の縮小均衡に終止しました。その結果、消費が60～70％を占める日本のＧＤＰ（国内総生産）は、１９９１年から２０２０年まで５００兆～５４０兆円のままで伸びていません。一方、アメリカは約２２００兆円と、３倍以上の成長を示しています。これは、モノ離れした後のアメリカの流通企業がイノベーションを繰り返しながら需要創造を行い（発想力を実現力に換え）、売上高と利益を獲得する価値創造を行ったからです。

今、日本の流通業に求められることは、発想力を実現力に換え、生活者が満足する商品・サービスを創出し、売上高と利益を確保できる価値創造型のビジネスモデルを確立することです。モダン消費が終焉し、モノ離れが起こって30年、さらに本文で詳述していますが、現在は戦後３回目の流通大変革が近未来へ向かって大きく躍動しています。日本の流通企業は大躍進できるチャンスです。近未来には、国策としてのスローガンや施策に沿った流通ではなく、流通企業が自ら独創的な流通イノベーションを起こして新たな消費経済を確立し、ＧＤＰを牽引する取り組みが求められます。

近未来に向かっての流通イノベーションを実行できない流通企業は、多くの過去の流通企業のように「ゆでガエル」となり、淘汰あるいは長期低落化の道を歩むことになります。本書が日本企業の流通イノベーションの発展に寄与できれば幸いです。

目次

contents

第3章……147 流通企業の進化のメカニズム

第4章 流通のイノベーションと成果の概念 189

第１章

流通大変革とニューノーマル化

第１節　25年サイクルの流通大変革
第２節　第３次流通大変革の要因
第３節　コロナショックによるニューノーマル化
第４節　第３次流通大変革と需要創造

第1節　25年サイクルの流通大変革

2020年に始まった二つの大変革

流通業界では2020年頃から、経済・社会・消費・ライフスタイルというマクロ上で二つの大変革が同時並行的に起こっています。

一つは、経済の発展により歴史上定期的に起こる「流通の25年サイクルの大変革」です。過去の延長線上ではない大変革であり、これにより流通の覇権企業（流通分野で優位にある企業）や覇権業態（流通分野で優位にある業態）が変遷してきました。近未来の流通においては、戦後3回目の流通大変革として2020年から25年目の2045年に大変革が起こります。これは歴史上の必然です。

もう一つは、コロナショック（コロナ禍、ウィズコロナ、アフターコロナの総称）に起因する新常態化による流通の大変革です。コロナショックは臨時的・突発的な現象ですが、社会生活システムを一変させるニューノーマル現象を起こしました。

この流通の25年サイクルの大変革とコロナショックによる新常態化が同時並行で起こす

大変革を「近未来大変革」と称します。

歴史的大転換と破壊的イノベーション

結論から言うと、過去の延長線上ではない破壊的イノベーションでなければ、大変革には対応できません。近代の歴史においても次のような大改革が起こり、それ以前の制度や既得権を破壊しています。

●明治維新による近代日本の大躍進

江戸末期から明治初期にかけての明治維新は、江戸時代の制度や既得権を過去の延長線上ではないレベルで切り捨てる大改革を行いました。

・幕藩体制の廃止
・武士階級の廃止
・農業中心経済からの脱皮
・鎖国制度の廃止

これらの大改革によって過去を切り捨て、全く新しいシステムで政治・経済・社会を再構築し、70年後の１９４１年（太平洋戦争勃発）には世界を相手に戦争をするほどの大国になりました。

●第2次世界大戦の敗戦をきっかけとする日本の大躍進

第2次世界大戦後（1945年）は、戦前の制度や既得権を過去の延長線上ではないレベルで切り捨てる大改革を行いました。

・軍閥の解体

・財閥の解体

・地主制度の廃止

・華族制度の廃止

これらの大改革によって明治以来続いた過去を切り捨て、全く新しいシステムで政治・経済・社会を再構築し、23年後の1968年にはアメリカに次ぐ世界第2位の経済大国（2010年に中国に抜かれ、現在は第3位）になりました。

このように、大改革には過去の延長線上ではない破壊的イノベーションが必要です。流通の25年単位の大変革とそれを加速させるコロナショックを背景とする大変革は、まさに日本の経済・社会・流通を一変させる大転換なのです。

流通の25年サイクルの大変革

流通や消費やライフスタイルの変化は、コロナショックやリーマンショック等の突然の経済現象や政治的政策によって起こる大変革とは別に、経済の進化（発展）のプロセスでも必ず起こります。これを「普遍の原則」と呼びます。

経済は50年に１回（コンドラチェフの経済変動の波）、流通は25年に１回（現役世代の実働年数）、企業コンセプトは10年に１回（ハード&ソフトの物理的・機能的耐用年数）、ＭＤｉｎｇ（マーチャンダイジング）やコンテンツは３年に１回（流行の変化や当たり前化の期間）、商品は３カ月に１回（季節の変化）のスパンで過去の延長線上ではない大変革が起こります。この大変革に革新的対応をすれば大成長し、対応できなければ長期低落化するか淘汰されます。

その中で流通は25年サイクルで新陳代謝し、業態や企業の覇権が変遷していきます。この現象を「流通の大変革25年理論」と言います。この理論に基づき、流通の覇権を握る企業や業態が入れ替わっているのです。時代変化に対応した新しい流通の覇権企業や覇権業態は25年間で大成長し、前の流通の覇権企業や覇権業態は25年間で長期低落化や淘汰の道を歩みます。まさに下克上が起こるのです。

戦後3回の流通大変革

流通の大変革25年理論の内容は表1－1－1の通りです。

奇《く》しくも第3次流通大変革が始まる2020年にコロナショックは起こりました。この大変革が、2045年までの25年間で起こす現象を10～15年程度早めることになります。

25年サイクルで起こる流通大変革は、覇権企業や覇権業態を変遷させます。1970年の第1次流通大変革は、当時の覇権業態であった商店街（当時は人が通れないくらいの大繁盛型流通業態であった）は長期低落化の道を歩み、25年後の1995年には売上高が3分の1になりました。1995年の第2次流通大変革は、1970年からの流通覇権業態であったGMS（総合スーパー）やCSC（GMSを核店舗とする中型SC）の売上高を、2020年には2分の1から3分の1にまで減少させています。百貨店の売上高も1991年を頂点として2020年には2分の1にまで減少し、GMSやCSCと同様に長期低落化の道を歩んでいます。

1970～95年の覇権企業であったダイエー、西友、マイカルは、第2次流通大変革以降は倒産か、他企業の傘下になりました。同じGMSのイトーヨーカドーはセブン&アイグループの中でコンビニエンスストアのセブン－イレブン、ジャスコ（現イオンリテール）はイオングループの中でイオンモールの多核モール型RSC（広域型SC）という企業内

表1-1-1　流通の25年大変革理論

		年　度	基準年度以降25年間に起こる変化のキーポイント
過去	第1次 流通大変革 1970年から 1995年まで	1970年 1945年から 25年目	①所得5000～1万ドル時代の中所得層の出現による旺盛な消費 ②車社会の到来（車の世帯保有率30～50%） ③戦後生まれで新しい価値観を持つ団塊世代の社会進出や現役世代化によるライフスタイル革命（昭和ニューファミリーの登場） ④地方から都会へ、さらに郊外への人口の大移動時代の到来
過去	第2次 流通大変革 1995年から 2020年まで	1995年 1970年から 25年目	①流通規制の旧大店法緩和による自由競争社会の到来（1990年緩和、2000年廃止） ②モノ離れによる脱旺盛消費、飽和消費の時代の到来 ③新しい価値観を持つ団塊ジュニア世代の社会進出や現役世代化によるライフスタイル革命（平成ニューファミリーの登場） ④バブル崩壊後の低成長・デフレ経済時代の閉塞感のある経済の到来
これから	第3次 流通大変革 2020年から 2045年まで	2020年 1995年から 25年目	①戦後3回目の世代交代であるミレニアル世代やZ世代やアルファ世代の社会進出と現役世代化によるライフステージ革命 ②デジタルシフト（DX）を背景とするオンラインショッピングによる買い物革命 ③地球環境・自然環境・社会環境・地域環境・人間環境での課題解決を重視した社会革命 ④モノの所有概念が希薄化した新ライフスタイルや新技術対応によるクリエイティブ消費革命 ⑤ヒト・モノ・カネ・情報の移動手段がリアル空間からオンラインのサイバー空間へ移行することによるモビリティ革命

イノベーションを起こし、企業グループとしては大発展しました。しかしGMSは今、企業グループの中で生き残りつつも苦悩が続いています。

この25年サイクルの流通大変革の破壊力はすさまじく、覇権企業と覇権業態が確実に交代しています。まさに25年単位で流通業界に地殻変動を起こしているのです。

1995年から25年目の2020年は、戦後3回目の流通大変革の始まりの年です。この大変革は、これから本格化します。過去の延長線上であるボトムアップ方式の改善も必要ですが、それよりも未来の視点（2020年から2045年に起こる流通大変革のキーポイント）に基づくトップダウン方式の改革が必要になります。2020年時点で現象化していることは第2次流通大変革の延長線上の現象であり、賞味期限の切れたキーポイントになりつつあるため、今後の成長戦略には役立ちません。

2020年からの第3次流通大変革は、過去2回の大変革（1970年、1995年）よりもスケールの大きい大変革が起こることが想定されます。さらにコロナショックが大変革を加速させます。

今後は流通業界全体で第3次流通大変革に適応する体制を築くことができなければ、勝ち残るどころか生き残ることもできないでしょう。第3次流通大変革で起こる現象に企業や業態を適合させることを「2020年対策（ツー・トゥエンティ・ソリューション）」

と言います。

紙一重による天国と地獄の理論

25年周期で起こる大変革をもう少し詳しく解明すると次の通りです。

（1）第1次流通大変革（1970〜95年）

第1次流通大変革は、日本の伝統的流通を大変革させました。伝統的流通とは、戦前から戦後の流通の基軸で消費者の買い物の中心地であった商店街と、消費者の「あこがれ消費」の買い場であった百貨店です。商店街を長期低落化に導き、現在は淘汰寸前にまで衰退させる要因となったのが第1次流通大変革です。この段階では、百貨店はあこがれ消費の買い場から上質志向の買い場へとシフトし、1970年以降も続いた高度成長の旺盛な消費を背景に一定の地位を維持しました。しかし1995年の第2次流通大変革で長期低落化の道を歩みました。

商店街を奈落の底に陥れた第1次流通大変革のキーポイントは次の四つです。

①中所得層の出現（所得革命）

1人当たりGDP（国内総生産）が5000ドルから1万ドルを超えると、世界レベルでＳＣの開発ブームが起こります。日本も１９７３年に１人当たりＧＤＰが１万ドルを超えて中所得層が拡大すると、本格的な大量消費時代が到来し、流通は大変革されました。

②車社会の到来（第１次モビリティ革命）

車の世帯保有率が30～50％を超えると、世界レベルでＳＣの開発ブームが起こります。日本も１９７０年代からモータリゼーションが進み、商業立地は商店街からロードサイドへ、さらに郊外のＳＣへと移りました。車社会化が流通を大変革したのです。後に、車からインターネットへの第２次モビリティ革命が起こります。

③団塊世代が消費を動かす社会の到来（現役世代革命）

１９７０年代には戦後生まれで戦後教育を受けた団塊世代（１９４９年に２６９万人が出生、この前後3年間のベビーブームに生まれた世代）が就職し、結婚して家庭を持ち始めました。同時にアメリカのプロパガンダ（日本への政策的意識改革宣伝）がアメリカ流のライフスタイル消費社会化を促進させ、近代的商業施設であるＳＣ（この段階のＳＣはＧＭＳを核店舗とする中型ＳＣ＝ＣＳＣ）の開発ブームが起こりました。団塊世代の家庭は「昭和ニューファミリー」と呼ばれ、そのライフスタイルが流通を大変革しました。

④郊外への人口大移動時代の到来（郊外化革命）

産業経済化すると、地方から都会へ、都会から郊外へと人口が大移動し、郊外には新興住宅地やニュータウンが開発されました。都心と郊外の間に鉄道・幹線道路が造られ、ロードサイドや駅、ニュータウンや郊外住宅地にＳＣが続々と開発され、３大立地が確立しました。このサバーバンライフ（郊外生活）とカーライフと中所得層の増大が一体化したライフスタイルが流通を大変革しました。

（２）第２次流通大変革（１９９５～２０２０年）

第２次流通大変革は、１９７０年から１９９５年までの覇権業態（ＧＭＳ、百貨店、ＣＳＣ、専門店チェーン）や覇権企業を倒産または長期低落化に追い込みました。この第２次流通大変革をきっかけに成長した、１９９５年から２０２０年までの覇権業態と覇権企業の基軸となる概念は次の四つです。

①旧大店法の規制緩和による自由競争社会の到来（自由競争革命）

日本では１９５６年に百貨店法が制定され、その後、大規模店舗（ＧＭＳやＳＣ）が急激に出店したため、商店街等の既存業態や企業を保護する目的で大規模小売店の商業活動を調整する大規模小売店舗法（大店法）が１９７３年に制定されました。この大店法による商業調整が１９９０年に緩和、２０００年に廃止されると、大規模店舗の開発と開発面積が自由になりました。

ＳＣに関しては、大店法時代には店舗面積が1万５０００～2万平方メートルでしたが、廃止後は3万平方メートル以上になり、２０００年以降は5万平方メートル以上となっています。この大店法の緩和・廃止により、規制・調整されていた商業施設の規模が業態としての適正規模、すなわち各企業が設定する適正規模が可能になり、開発競争を加速させたのです。それまでの規制に基づく規模を大幅に上回り、中途半端な規模の過渡期業態であるＧＭＳやＣＳＣが淘汰あるいは長期低落化の道を歩みました。このような自由競争が流通を大変革させたのです。

②モノ離れによる脱旺盛消費、飽和消費時代の到来（モノ離れ革命）

経済が成熟すると、消費の基軸が変化しました。日本の消費はＧＤＰの60％を占め、消費の動向はＧＤＰを大きく左右します。１９８８年の統計（内閣府「国民生活に関する世論調査」）では、物質的な豊かさよりも心の豊かさを求める人が50％を上回っています。この年が「モノ離れ元年」です。１９９１年のバブル崩壊後は小売業が減少・停滞、１９９６年以降は20年にわたるデフレ経済となりました。消費の飽和を背景に、モノ離れ現象は流通を大変革させました。

③団塊ジュニア世代の社会進出時代の到来（現役世代革命）

25年が経過すると現役実働年数が一世代変わります。流通大変革の主役を担う消費者は、団塊世代（前後世代を含む昭和ニューファミリー層）から、その子供たちである団塊ジュニア世代（前後世代を含む平成ニューファミリー層）へと移りました。団塊ジュニア世代は１９７１～74年に生まれ、その出生数は約２００万人。団塊世代に次ぐベビーブーム世代です。この人口の大きな塊《かたまり》によって消費の趣向や動向が変わり、親世代とは異なるライフスタイルが創出されました。彼らを中心とする平成ニューファミリー層の新世代ライフスタイルが、流通を大変革させました。

④低成長・デフレ経済時代の到来（ゼロサム革命）

モノ離れによる消費の飽和・減少と経済の国際的・相対的なポジショニングの低下、さらに過度な金融の引き締め政策によって、日本経済は低成長を続け、先の見えない低迷経済の道を歩みました。１９９６年から２０１５年までの20年間、長い長いデフレ経済（物価の長期的な下落）に陥ったのです。この低成長・デフレ経済は流通を大変革させました。

（3）第3次流通大変革（２０２０～45年）

今まさに進行しつつあるのが第3次流通大変革です。この大変革は２０２０年が起点であり、これから起こる大変革です。過去2回（１９７０年、１９９５年）よりもスケールの大きい大変革が起こり、コロナショックがこれを加速化させます。その中身は次の通りです。

①3回目の現役世代の変化が起こすライフスタイル革命

第1次流通大変革の基軸世代は「団塊世代（昭和ニューファミリー層）」、第2次流通大変革の基軸世代は「団塊ジュニア世代（平成ニューファミリー層）」、そして第3次流通大変革の基軸世代は「ミレニアル世代」です。1980～94年に生まれた世代で、2020年現在は26～40歳になり、社会人としてファミリーの形成期にあります。消費の中心的な世代です。ミレニアル世代は「パーソナル性（ファミリーとは限らない）」「デジタルネイティブ（生まれながらにデジタル社会）」「ニューモダン消費（モノ離れ後の新消費）」「エシカル（社会倫理や持続可能社会を重視）」といった特性を持っています。さらにZ世代（1995～2010年生まれ）は、ミレニアル世代とも異なる価値観を持っています。

②ネット販売・ECによる買い場革命

O2O（オンライン・ツー・オフライン）、クロスチャネル、オムニチャネル、OMO（オンラインとオフラインの融合）、さらにコンテキスト化（モバイル＋SNS＋ビッグデータ＋GPS＋センサー）によって、リアル店舗とネット販売が融合した流通ユビキタス時代（いつでも、どこでも、何でも、誰でも自由な選択肢から選ぶことができる状態）が到来します。今後はリアル店舗とかネット販売という明確な区別はできなくなります。まさに、買い場がリアルの場からデジタル空間（サイバー空間）へと大きく移行します。

③地球環境への配慮、社会の問題解決、精神面の向上を重視した社会革命

エコロジーや持続可能性を重視した流通、20世紀に起こった経済・社会問題や20世紀に阻害された人間の健康・精神に関する課題を解決する流通が、より強く意識されてきます。21世紀は20世紀の反省（反発）に対応した流通になる、ということです。ロハス（持続可能な社会）、エシカル（倫理的な商品）、オーガニック（有機的商品）、リユース（再利用商品）へのニーズが高まります。同時に、ＥＳＧ（環境・社会・企業統治）やＳＤＧｓ（持続可能な開発目標）が企業の存続・発展に欠かせない取り組みになります。

④新ライフスタイル・新技術による消費革命

モノ離れ後の消費は「今まで存在しなかったニーズ」や「存在していたが切り口の異なるニーズ」、さらに「現在はマイノリティ（少数派）だがマジョリティ（多数派）に変化する消費」「20世紀へのアンチテーゼ&19世紀以前へのノスタルジー消費」が基軸です。

物、飲食、生活サービス、アミューズメント&レジャー、情報&コンテンツ、教育&文化の豊かな組み合わせによる価値創造がテーマになります。「モノにコトやココを付加する」こと、すなわち「モノ＋付加としてのサービス＝商業のおもてなし化」と「モノ＋付加としての情報＝商業のユビキタス化」と「モノ＋付加としてのコンテンツ＝商業のノウハウ創造化」が進みます。特にニューモダン消費の基軸は「モノ＋コンテンツ」であり、それを可能にするイノベーションによる価値創造のノウハウの提供が必要です。

⑤リアル空間からデジタル空間（サイバー空間）へのヒト・モノ・カネ・情報の移動による第2次モビリティ革命

車を中心とした移動手段がデジタル空間のオンライン上に移り、１９７０年代の車社会形成時と同じレベル、それ以上のモビリティ革命による流通の大変革が起こります。

（1）（2）（3）の25年単位で訪れる流通大変革は、流通の景色を一変させ、流通界に下克上を起こします。大変革に対応できた業態や企業は大躍進する勝ち組に、対応できなかった業態や企業は淘汰あるいは長期低落化する負け組になります。これを流通業界の「紙一重による天国と地獄の理論」と呼びます。

第２節　第３次流通大変革の要因

第３次流通大変革の基盤と基軸

２０２０年から２０４５年に起こる第３次流通大変革には、「基盤要因」と「基軸要因」があります。基盤要因とは流通を大変革する根本的な概念であり、基軸要因とは大変革を起こすキーポイントを意味し、それぞれ二つあります。

デジタルシフト革命とサステイナブルシフト革命

流通の大変革を為すための基盤要因と基軸要因は表１－２－１（36頁）の通りです。

１９９０年までのフィジカル経済活動が中心の時代から、現在はインターネットの進展によってデジタル空間（サイバー空間）が確立され、今後はデジタル空間上での経済活動が大きなウエートを占めます。さらに近未来（２０３０年頃）にはデジタル空間での経済活動が概念的には30％を占め、未来（２０４５年頃）には50％に達することが想定されます。

近未来はデジタルシフト（デジタルトランスフォーメーション＝ＤＸ）が進展する一方、

表 1-2-1　第 3 次流通大変革の基盤要因と基軸要因

デジタルシフト革命（変革）	サステイナブルシフト革命（変革）
サイバー空間での経済活動圏	持続可能性を重視した経済活動圏
DX（デジタルトランスフォーメーション）によって、生産・流通・生活の各場面で生産性の高い価値創造を行う。	SX（サステイナブルトランスフォーメーション）によって、合理化一辺倒ではない、地球人として、社会人として、人間として、地域の一員として、持続可能社会をつくる視点で価値創造を行う。
①自動化（RPA＝ロボットによる業務自動化）やCASE（モビリティ革命） ②テクノロジー（クラウド、AI、3Dプリンター、量子コンピュータ、5G・6G、GPS） ③オンライン（リモート方式の事業活動） ④コンピュータグラフィックス(VR、AR、MR) ⑤交流（SNS、スマホ、タブレット等） ⑥経済圏（プラットフォーム、ブロックチェーン） ⑦仮想＆スマートシステム ⑧フィンテック（デジタル通貨、暗号資産＝仮想通貨）	＜コンセプト＞ ①地球・自然環境に配慮した経済活動 ②社会の課題を解決する経済活動 ③企業のステークホルダーと共存共栄する経済活動 ④地域の生活に貢献する経済活動 ⑤人間の精神面の幸福に寄与する経済活動 ＜コンテンツ＞ ① SDGs　②エシカル消費 ③ ESG　④フェアトレード ⑤ ELSI（倫理的・法的・社会的課題） ⑥ SB（ソーシャルビジネス）

自然や社会や地域や人間に関する課題の解決・克服に向けたサステイナブルシフト（サステイナブルトランスフォーメーション＝ＳＸ）が方向性となります。このＤＸとＳＸは、表裏一体となって近未来の社会を牽引《けんいん》する基盤要因です。

デジタルシフトと未来流通

２０２１年から始まる近未来（２０３０年）および未来（２０４５年）に向かって経済・流通が発展する基盤は、技術革新の深化を背景にした「ＤＸ（デジタルシフト革命）」です。これまで経済を牽引してきたグローバル化は課題が続出していますが、全体的には着実に進んでいます。金融経済もまた課題が続出していますが、経済・流通への金融緩和の影響力は今後確実に高まります。経済や流通のグローバル化・金融経済化は、過去の延長線上の動向として近未来・未来に引き継がれます。一方、技術革新の推進としてのＤＸは「新たな発想（アイデア）とデータとデジタル技術を活用したビジネスモデルの構築」によって、過去の延長線上ではない大変革を起こすことが想定されます。

（１）近未来・未来の経済・流通の可視化とＤＸ

近未来・未来には、デジタル革命としての技術革新がパイオニアレベルからデジタルネイティブレベルへ、さらに本格的にインフラとなるデジタルリード（デジタル化が経済を牽引する）レベルになって社会を一変させ、それが新常態化（当たり前化）します。古今東西、技術革新が経済・流通の糧《かて》になるのです。

それゆえ、新常態化に対応する技術革新のレベルによって企業の成長力は変わります。

・新常態化∨対応レベル

新常態に追いつかないレベルの対応。淘汰されるか、長期低落化します。

・新常態化＝対応レベル

新常態と同じレベルの対応。生き残れても、成長はしません。

・新常態化∧対応レベル

新常態より完成度の高い対応。業界のリード企業として成長します。

（2）近未来・未来の経済・流通の可視化のキーポイント

２０２０年から２０４５年までの経済・流通の大変化は、グローバル化や金融経済化や技術革新の混合によって起こります。とりわけ技術革新は中心となる基軸であり、その概念がＤＸ（デジタル革命）です。

ＤＸのキーポイントは二つあります。一つは「フリー化」です。ここでは特定の概念の内容の希薄化・無意味化を意味し、直訳としては無限化、自由化、ローコスト化となります。フリー化には左記に記す四つがあります。もう一つは「シームレス化」です。ここでは特定の概念の境目の希薄化・無意味化を意味し、直訳としては境目のない、区別する意味のないことを言います。これも四つのシームレス化が想定されます。

●四つのフリー化

①スケールフリー（規模の抵抗要因のフリー化）

ＤＸによって規模の概念が希薄化し、意味をなさなくなります。大きい・小さいはリアル空間での概念です。デジタル空間の規模は、一定の範囲を越えると無投資あるいはローコストで無限に拡大可能です。そのため、デジタル社会では規模は優位性の基準になりません。商業施設の物理的な大きさの優位性、商品の選択肢である品揃えの多さの優位性、パーキングや大量交通機関の乗降客・通行量の多さ等の交通条件の良さという優位性、さらに商圏の大きさも、デジタル空間ではロングテール化により希薄化または無意味になります。

②ディスタンスフリー（モビリティの移動・交流コストのフリー化）

ＤＸによって距離の概念が希薄化し、意味をなさなくなります。近い・遠いはリアル空間の概念であり、デジタル空間では無投資あるいはローコストで移動や交流が無限に可能です。そのため、デジタル社会では距離（時間）的に近いことは優位性の基準にはなりません。従来の広域型移動・交流人口は、近未来には現在の70％、未来的には50％になる可能性があります。ＥＣ（電子商取引）やリモートビジネス、デリバリー（配信・配達）ビジネスの拡大によって、距離という概念はなくなります。

③タイムフリー（時間利用のフリー化）

ＤＸによって時間の概念が希薄化し、意味をなさなくなり、さまざまな拘束時間がなくなります。家事は自動化・簡素化、仕事は働き方の多様化・自由化やリモート化（遠隔化）が進み、裁量時間（自分で自由に使える時間）が増大します。その結果、時間の使い方の多様化・自由使用の拡大、すなわち時間のコスパ概念（効率的な時間の使い方）が変わり、短時間利便型時間使用と長時間遊楽型時間使用の２極を使い分ける満足志向が重要視されるようになります。今後は従来型の使用時間は70％になり、新たな使用時間（余暇）が30％でき、新しい時間使用ビジネスが登場します。

④スペースフリー（空間利用のフリー化）

ＤＸによって空間（スペース）の概念が希薄化し、意味をなさなくなります。空間には体積空間（入れ物の容量）と移動空間（距離を伴う移動空間）があります。スペースフリーは、スケールフリーと同意義ではありますが、視点が異なるため別分類にしました。リアル空間では体積により物の収容能力が限られますが、デジタル空間ではデータ化によって無限の容量を無投資あるいはローコストで蓄積可能です。また、空間での移動や交流は人が実際に動かなければなりませんが、デジタル空間では無限の移動が無投資あるいはローコストで可能です。あらゆるもののデータ化、蓄積、保管、移動、活用がデジタル空間では容易です。さまざまなビジネスモデルをフィードバック（検証）したり、アップデート（更新）するためのノウハウ化、またＡＩ（人工知能）化も、スペースフリーでローコストで無限かつ容易になります。

以上のように「フリー化」は、リアル空間の物理的制約を無限化・低コスト化することで、その概念自体を希薄化、あるいはゼロにします。この現象は「ＤＸによる物理的制約のフリー革命」と定義づけられます。

●四つのシームレス化

①リアル社会とデジタル社会のシームレス化

ＤＸによってデジタル空間（サイバー空間）が創出され、さらに技術革新は進化して、リアル社会とデジタル社会の区別がつかない混合社会(混合空間)になります。コンピュータグラフィックスのＶＲ（仮想現実）、ＡＲ（拡張現実）、ＭＲ（複合現実）などはその例です。流通業界においても実店舗とＥＣのクロスチャネル（Ｏ２Ｏ）化やオムニチャネル化、ＯＭＯ化などによってデジタルとリアルの融合が進み、シームレス化が進みます。

②家庭・職場・遊楽場のシームレス化

ＤＸによって、これまでの住む場（家庭）と働く場（職場）と楽しむ場（娯楽場）という分離型の「場」が希薄化し、家庭で働く（ホームオフィス）、遊楽をする場で働く（ワーケーション）などの融合型の「場」づくりが起こります。従来の住宅、オフィス、ホテル、商業施設の伝統的区分の垣根が取り崩され、シームレス化します。これからは目的性に応じた融合型機能を持つ多様な「場」が生まれていきます。

③業際のシームレス化

業際とは性格の異なる分野や事業、業種、業態などを区分する境目のこと。業際化は、例えば業態の違いを超えて結びつける（シームレス化する）ことを言います。ＤＸによる業際化とは、異次元かつ類似性のない業際を結合させ、一つのビジネスモデルに昇華させることです。分かりやすいのは、フィンテックでしょう。金融（ファイナンス）と技術（テクノロジー）を融合した新しいビジネスモデルです。全く異なる業態同士を新しいコンセプトで結合させることにより、新しい時代の新しい業態が確立されます。異なる業際の融合や相反する業際の結合は、完成度が高ければ強力な業態になります。

④サプライチェーンのシームレス化

ＤＸによってサプライチェーン（広義では商品の製造から流通、消費までの供給プロセス）の「製造業者→流通業者（卸売り・小売り・物流）→消費者」というプロセスが希薄化し、分業から協業へ、あるいは各段階でＳＰＡ（製造小売業）化が活発になります。ＳＰＡはサプライチェーンの進化形として誕生した、小売業あるいはメーカーが自らのコンセプトで商品を製造し、消費者に直接販売するシステムです。現在はメーカーがＥＣを軸にＳＰＡを展開するＤ to Ｃ（ダイレクト・ツー・コンシューマー）が増加しています。また、消費者間の取引であるＣ to Ｃ（コンシューマー・ツー・コンシューマー）も、リユース市場から始まりましたが、最近では消費者が自ら製造（ＤＩＹ、自家工房、３Ｄプリンターなどで）してネット販売する消費者版Ｄ to Ｃが出現しています。

サプライチェーン自体が多様化し、従来の分類や役割・機能が大きく変化しながらシームレス化が起こります。その結果、作り手、売り手、買い手の概念が希薄化します。

（３）フリー化とシームレス化の方向性

以上のように、フリー化は「有限が無限になる」こと、シームレス化は「際《きわ》が希薄化する、あるいはなくなる（無意味になる）」ことを表します。これまではイノベーションの考え方として、しばしば異業種の「結合」が論じられてきました。リアル社会（フィジカル空間）の中での異業種の結合だったのです。今後はリアル社会と技術革新によって創出されたデジタル社会（サイバー空間）のシームレス化が起こることになります。その結果、次のことが可能になります。

①今まで考えられなかった概念で、全く異なるレベルの発想（アイデア）に基づく革新（イノベーション）が起こる

②ＤＸによって、今までは技術的にできなかった異なるレベルの革新（イノベーション）が起こる

ＤＸは「斬新な発想（アイデア）」と、それを可能にする「技術革新」、そしてそれを具現化して価値づくりに結びつける「ビジネスモデル」を一体化し、業界を根本的に一新することを可能にします。フィンテックはシームレス化の象徴的な事例であり、金融の概念・役割・機能・手法を技術革新によって根本的に変える潜在力を持っています。

サステイナブルシフトと未来流通

サステイナビリティー（持続可能性）は次代のキーポイントです。人間は地球人として、

また社会人として、持続可能性を持たなければなりません。その要素は図１－２－１（47頁）、表１－２－２に示した通りです。

地球環境や自然環境、社会環境、地域環境、人間環境は、個々の分野における課題と同時に、共通する課題を持っています。これらの課題を解決してサステイナブル性を確保することが、第３次流通大変革においては成果を生むビジネスモデルになります。

企業の価値は、資本主義経済下では株式の時価総額で表されます。株式の時価総額は企業の収益構造を示す「財務指標（財務情報）」によって一般的には評価されています。一方、近年は持続可能社会への貢献指数である「非財務指標（非財務情報）」が、商品のブランド力（無形資産）と同じように企業評価の指標となり、株式の時価総額に大きな影響力を持つようになりました。年金や機関投資家・大手ファンドの資金は持続可能社会に貢献していない企業には投資しない方向にあり、現在の金融経済の中ではこのような投資家に見捨てられた企業は社会的に存在できなくなっています。

同様に、流通業界が収益指標（ＥＢＩＴＤＡやＮＯＩ）とする財務指標だけでなく、地球環境への配慮、社会課題の解決、地域の生活への貢献、人間の精神的幸福への寄与等の非財務指標もＳＣなど商業施設の価値づくりに重要な要素となりつつあります。非財務指標のもとになる概念として、「ＳＤＧｓ（持続可能な開発目標）」「ＥＳＧ（環境・社会・

企業統治）」「ＥＬＳＩ（倫理的・法的・社会的課題）」「ＳＢ（社会の課題を解決するビジネス）」「エシカル消費（倫理的消費）」「フェアトレード（公正なる取引）」等が存在します。

ＳＤＧｓを例として示します。持続可能な開発目標（ＳＤＧｓ）は２０１５年9月の国連サミットにおいて全会一致で採択されました。誰一人取り残さない持続可能で多様性と包摂性のある社会の実現へ向けた、２０３０年を年限とする17の国際目標で、１６９のターゲットが設定され、２３２の指標が提示されています。17の国際目標とは次の通りです。

①貧困 → 貧困をなくそう
②飢餓 → 飢餓をゼロに
③保健 → すべての人に健康と福祉を
④教育 → 質の高い教育をみんなに
⑤ジェンダー → ジェンダー平等を実現しよう
⑥水・衛生 → 安全な水とトイレを世界中に
⑦エネルギー → エネルギーをみんなに、そしてクリーンに
⑧成長・雇用 → 働きがいも経済成長も
⑨イノベーション → 産業と技術革新の基盤をつくろう
⑩不平等 → 人や国の不平等をなくそう

図 1-2-1　サステイナビリティーの要素

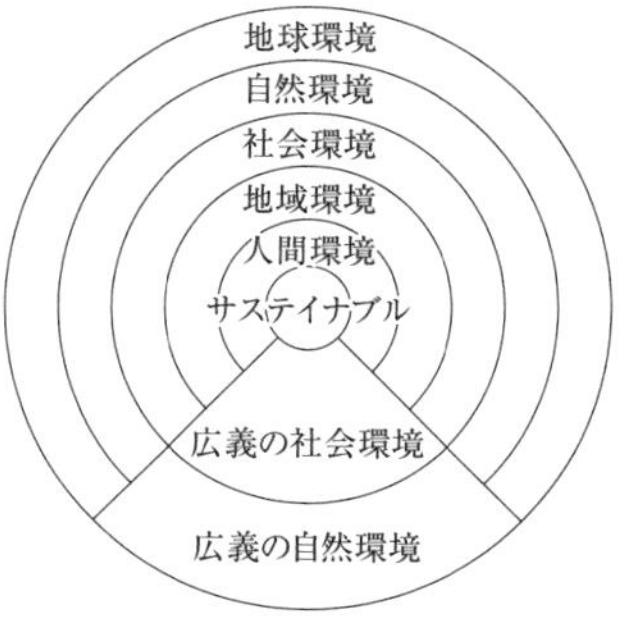

表 1-2-2　サステイナビリティーの内容

タイプ		内　容
広義の自然環境	地球環境	どのように地球を維持するのか!! ①地球温暖化（気候変動抑制の枠組協定＝パリ協定：CO_2 の排出枠規制と取引）対策 ②グリーンビジネスやエネルギー改革の促進 ③カーボンニュートラルの達成（CO_2 実質ゼロ） 地球環境から発生する課題を解決することによる持続可能性の確立
	自然環境	どのように自然を守るのか!! ①植物や動物の生活環境づくりと保護 ②自然界（陸海空）の景観の維持や自然破壊の防止 ③自然再生への挑戦 自然環境から発生する課題を解決することによる持続可能性の確立
広義の社会環境	社会環境	どのような社会を構築するのか!! ①企業のガバナンス向上と商品や消費者への倫理性の確立 ②社会生活の道徳や法的規制の順守 ③人口動態対策や所得格差や労働条件等の社会問題の是正 社会環境から発生する課題を解決することによる持続可能性の確立
	地域環境	どのような地域を確立するのか!! ①地域の住民（住む人）のコミュニケーション（交流）の確立 ②地域の絆やコミュニティ（地域共同体）の確立 ③地域貢献や奉仕活動の推進 地域環境から発生する課題を解決することによる持続可能性の確立
	人間環境	どのような人間を育成するのか!! ①人間の健康や豊かさ維持による幸福感の充実 ②人間の精神面の維持と課題解決 ③人間を取り巻く社会・働き方・教育上の課題解決 人間環境から発生する課題を解決することによる持続可能性の確立

⑪　都市　　　　↓　住み続けられるまちづくりを
⑫　生産・消費　↓　つくる責任、つかう責任
⑬　気候変動　　↓　気候変動に具体的な対策を
⑭　海洋資源　　↓　海の豊かさを守ろう
⑮　陸上資源　　↓　陸の豊かさも守ろう
⑯　平和　　　　↓　平和と公正をすべての人に
⑰　実施手段　　↓　パートナーシップで目標を達成しよう

SDGsは、持続可能な社会を形成するための多くのコンテンツを含んでいます。これらの課題にいかに取り組み、社会や環境に貢献したか。企業の価値づくりへの姿勢が表れるのが非財務指標（非財務情報）です。非財務指標が高く評価されれば、企業にアドバンテージが付加され、時価評価（M&Aによる売却価値）を高めることにつながります。

以上を踏まえ、流通企業の社会的役割、進むべき道を整理すると次の5点になります。

①地球環境に配慮した流通への道
②社会の課題を解決する流通への道
③企業のステークホルダー（利害関係者）と共存共栄する流通への道
④地域の生活に貢献する流通への道

⑤人間の精神面の幸福に寄与する流通への道

また、ＥＳＧ投資がサステイナブル投資として重要視されています。環境・社会・企業統治に配慮している企業を重視・選別して行う投資です。サステイナブルな社会形成のためのインフラ整備や新技術開発の新たなビジネスモデルを創出し、経済の発展に結びつけるという一石二鳥・一石三鳥の投資と言えます。

日本は現在、２０３０年のＳＤＧｓ達成、２０５０年のカーボンニュートラル実現に向け、国策としてサステイナブル投資を積極的に行おうとしています。所得が消費や投資に向かわない近年の日本の貯蓄志向経済を投資に向け、好循環経済を確立する起爆剤になることが期待できます。

ライフステージとモビリティツールの変遷

流通大変革の基軸要因として、世代交代によるライフステージの変遷と、移動手段であるモビリティツールの変遷があります。

（1）消費現役世代のライフステージの変遷

生活者のライフスタイルの変化は流通ビジネスを一変させます。消費の現役世代は、従来の昭和ニューファミリー（団塊世代を中心としたアラウンド世代）と平成ニューファミリー（団塊ジュニア世代を中心としたアラウンド世代）という現人類に代わって、2020年以降は新人類である「ミレニアル世代」「Z世代」「アルファ世代」に変遷します。過去において昭和ニューファミリーや平成ニューファミリーが流通社会を一変させたのと同レベルの現象が、新人類によって流通ビジネス空間に起こります。

近未来の消費現役世代の中心となるのが、ミレニアル世代です。ミレニアル世代は1980～94年に生まれた世代で、2020年現在は26～40歳になっています。平成ニューファミリーの後期世代（団塊ジュニア世代の弟分世代）です。

ミレニアル世代の基軸となる概念は、団塊世代や団塊ジュニア世代とは大きく異なると言われています。団塊ジュニア世代は団塊世代の延長線上の基軸概念を持ちながら、その性質が異なる「相違世代」でしたが、ミレニアル世代は団塊世代や団塊ジュニア世代の延長線上ではない概念を持った相違世代です。ミレニアル世代の概念的特性は次の通りです。

①デジタル化された社会に生まれ育ち、デジタルツールに積極的に対応するデジタル当たり前世代（デジタルネイティブ）

②モノに執着心のないモノ離れ当たり前世代。第1次モノ離れ（1988年～：モノ自体を買うことに執着心がなく、モノの消費が減少）、第2次モノ離れ（2011年～：

表 1-2-3　ライフステージの変遷

		現人類	
世　代		昭和ニューファミリー	平成ニューファミリー
生まれた年		団塊世代 （1947 ～ 50 年） と アラウンド世代 （1935 ～ 59 年）	団塊ジュニア世代 （1971 ～ 74 年） と アラウンド世代 （1960 ～ 79 年）
年齢	2020 年	61 ～ 85 歳	41 ～ 60 歳
	2030 年	71 ～ 95 歳	51 ～ 70 歳
	2045 年	86 ～ 110 歳	66 ～ 85 歳
行動単位		ファミリー行動	ファミリー行動
デジタル化		デジタルイントロ	デジタルパイオニア
サステイナブル化		環境は課題	環境は課題
消費スタイル		モダン消費	ポストモダン消費

		新人類		
世　代		ミレニアル世代	Z 世代	アルファ世代
		令和パーソンズ		
生まれた年		1980 ～ 94 年	1995 ～ 2010 年	2011 年以降
年齢	2020 年	26 ～ 40 歳	10 ～ 25 歳	9 歳以内
	2030 年	37 ～ 50 歳	20 ～ 35 歳	19 歳以内
	2045 年	52 ～ 65 歳	35 ～ 50 歳	34 歳以上
行動単位		パーソン行動	パーソン行動	パーソン行動
デジタル化		デジタル ネイティブ	デジタル ネイティブ	デジタル エクセレント
サステイナブル化		環境は 課題解決	環境は 課題克服	環境は 課題克服
消費スタイル		ニューモダン 消費	ニューモダン 消費	ニューモダン 消費

所有から使用へと概念が変化）を経た初めての世代（モノの所有欲が乏しいミニマリストだが、欲望の総量は変わらず、欲望の内容が変わった）であり、第3次モノ離れ（2021年〜：無意味な生産や過剰生産、必要以上の消費等への反省・反発から、持続可能社会の適正という概念に基づいてモノの買い方が賢明になることで起こるモノ離れ現象）時代の消費の中心となる世代

③地球（自然）、社会、地域、人間に関する課題解決とサステイナブル社会を重視する世代

④エシカル（倫理）志向やフェアトレード（公正）志向、バリアフリー志向の理念（SDGs、ESG等）に配慮する世代

⑤こだわり志向、リーズナブル（品質／価格＝価値）志向の賢約（かしこい）消費（コスパ＆クリエイティブ消費）世代

⑦ファミリー志向が希薄で、パーソナル志向に基づく生活行動や消費行動を重視する世代

ミレニアル世代に顕著な特性の一つに、モノの所有に執着しないことがあります。このモノに対する概念が、ミレニアル世代とサブスクリプションを結びつけています。

サブスクリプションとは、広義には次のような特徴を持ったシステムです。

①一定額（あるいは＋α）で使い放題

②レンタル（短期）やリース（長期）で利用できる
③モノや空間をシェアする共同使用（シェアリングエコノミー）
④リユース・リサイクルによる再利用・再活用

広義のサブスクリプションの共通点は「所有（保有）概念の希薄化」に対応したビジネスシステムであることです。

ミレニアル世代は第1次モノ離れと第2次モノ離れと第3次モノ離れを経た人類最初の世代、と前述しました。ミレニアル以降の世代は、働き方も家族のあり方も大きく変わるでしょう。日本人の生活観は「ライフステージ」から「ライフスタイル」へ、さらに「ライフシーン」へと変化してきましたが、ミレニアル世代においては生活の場やスタイルすら固定化しない生き方に変わりつつあります。モノをできるだけ持たない暮らしや、長く使うことを前提としないモノ選びが当たり前になっています。サブスクリプションの「定額使い放題」「レンタル&リース」「シェア」は、「所有せずに、身軽で多様なライフスタイルを体験したい」というニーズに対応しているのです。

サブスクリプションは、経済面ではGDPを押し上げる要因にならず、生産面では量を減少させますが、生活者にとっては生活の質的な満足度が高まります。経済の基本であるGDPでは計ることができない効果のあるビジネスモデルなのです。

（2）流通のモビリティツールの変遷

第3次流通大変革では、ヒトやモノやカネや情報を移動させるツール（移動手段）が物理的空間からデジタル空間へと変遷する「モビリティツール革命」が起こります。

①モビリティツールのタイプ

1990年代から本格化したインターネットによって、リアル空間（フィジカル空間）のみだったビジネス空間や生活空間に、デジタル空間（サイバー空間）が形成されました。デジタル空間は当初、全く異次元の世界と思われていましたが、今や世の中全体を大きく変えようとしています。

2020年現在はリアル空間が経済・生活の基盤ですが、概念的かつ全要素的（リアルとデジタルを区分せず、総合的に成果を推定した場合）には「リアル70％：デジタル30％」になっています。近未来（2030年）には「リアル50％：デジタル50％」、さらに未来（2045年）には「リアル30％：デジタル70％」と、デジタル空間が基軸になります。リアル空間とデジタル空間がシームレス化した中で、デジタル空間を基軸とした経済や生活が70％を占めるようになるのです。コロナショックがDX（デジタルシフト革命）を加速させている現状から、その時期はさらに早まることが想定されます。

デジタル空間・社会でのビジネス行動や生活行動は、リアル空間・社会でのビジネス行動や生活行動を一変させます。後の時代に検証したら、今考えているレベル以上の大変革だったことが分かるでしょう。

私たちの生活行動には「ビジネス行動（商取引や労働行為）」「ショッピング行動」「生活行動（家事・育児・生活上の諸手続）」「教育や文化行動」「余暇行動（自由裁量時間の活用行動）」「睡眠行動」があります。デジタル社会では「生活行動が大転換する大変革」が起こります。オンライン会社、オンラインオフィス（職場）、オンライン教育（学習）、オンライン行政、オンラインショッピング、オンライン観光、オンライン観戦、オンライン銀行（金融）、オンラインイベント、オンライン農業、オンライン劇場、オンライン動物園・水族館、オンライン博物館・美術館・歴史館、オンラインフィットネス・趣味教室、オンラインスポーツ……デジタル空間でのオンライン行動により、生活行動は「リアルの〈空間（場）〉の存在がない状態」で成立します。

このように、人の移動や交流に伴う行動には、従来とは異なる「モビリティ革命」が起こります。５Ｇや６Ｇ、コンピュータグラフィックス等のＶＲやＡＲやＭＲ、さらに量子コンピュータ、ＲＰＡ（ロボティック・プロセス・オートメーション）、ＡＩ、クラウドコンピューティング等のデジタルツールが、変革を促します。

日本では１９６０~70年頃は徒歩や自転車、公共交通が主軸でしたが、以後は「車社会」

になりました。自動車を軸に流通が確立され、リアル空間に伝統的交通ツールと車の交通ツールが出来上がり、車社会に立脚した流通ビジネスは過去の延長線上ではない発展を遂げました。さらに、1990年から普及したインターネットは、デジタル空間での「ヒト・モノ・カネ・情報」の移動を可能にしました。これにより流通の分野には、リアルビジネス空間とサイバービジネス空間と両者の中間のフュージョンビジネス空間という三つのマーケットが確立されました。過去に車社会が流通市場を席巻したように、デジタル空間は今後、流通社会を一変させるビジネスを創出します。

②モビリティツールと流通の未来

社会の全要素が好循環することで価値創造が起こり、経済は発展します。経済や社会の動き（流れ）を「循環」という観点から解析すると、表1－2－5に示した五つの要素が見えてきます。これらの要素をもとに、プラットフォーム（地域の生活の基軸となる「場」）化したSCを「全要素循環SC」と言います（図1－2－2）。

SCや商業施設は「ソフト＆ハード」「有形＆無形」の要素の相乗効果によって、新しい価値づくりを行っています。「物の流れ（物々交換）」に始まり、やがて「金の流れ（貨幣交換）」となり、さらに「人の流れ（人が集まる場）」となり、そして「情報の流れ（循環から派生する情報）」や「時間の流れ（居心地感や利便性の場）」へと進化してきました。

表 1-2-4　モビリティツールの変遷

	リアル空間			サイバー空間	
モビリティツールのタイプ	徒歩・自転車のモビリティツール	電車・バスの大量交通のモビリティツール	車のモビリティツール	インターネットによるモビリティツール	ワープ（瞬間移動）のモビリティツール
時　限	現　　在				未　　来

表 1-2-5　循環の 5 つの要素

循環の要素		ソフト形態	ハード形態
第１の要素	物流《ブツリュウ》	物の流れや動き 物の移動による価値創造	流通センター （広義のSC＋物流センター）
第２の要素	金流《キンリュウ》	金の流れや動き 金の移動による価値創造	金融センター
第３の要素	人流《ジンリュウ》	人の流れや動き 人の移動（交流）による価値創造	交通＆交流センター
第４の要素	知流《チリュウ》	情報の流れや動き 情報やコンテンツの移動（活用）による価値創造	情報センター
第５の要素	時流《トキリュウ》	時間の流れや動き 時間の移動（経過）による価値創造	居心地・利便センター

図 1-2-2　循環要素とプラットフォーム化

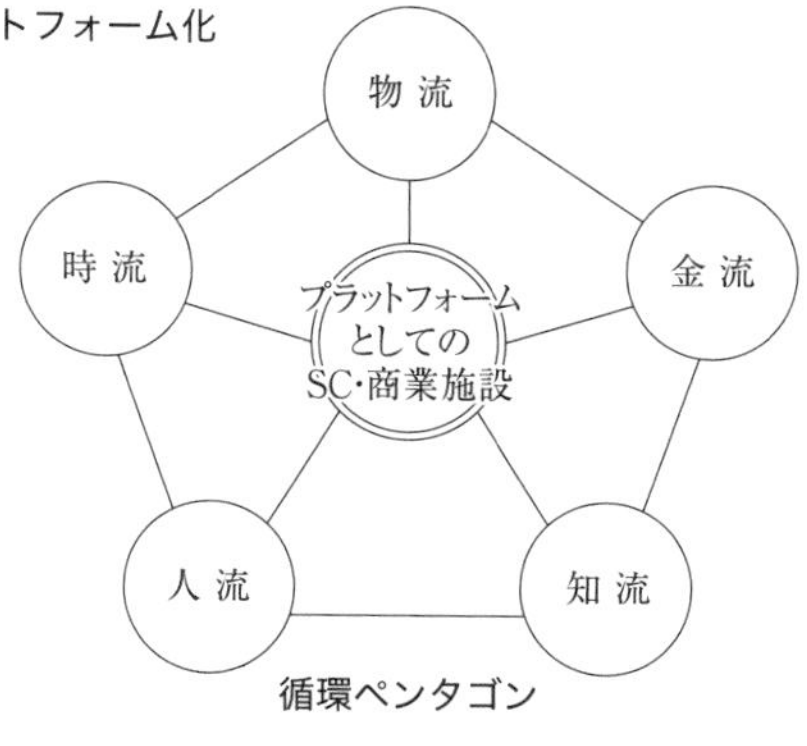

循環ペンタゴン

それぞれの単独要素による価値創造が相互作用し、大きなプラットフォームとしての価値創造システム（バリュープレイス＝価値を生む場）になっています。

③モビリティのオンライン化とライフスタイルの変化

私たちの社会のモビリティ（空間の移動手段）が備える機能は、「住む場」と「目的志向の出向（出かける）の場」を結びつけることです。今まではリアル空間（フィジカル社会）の中のモビリティが中心でしたが、現在そして今後はデジタル空間（サイバー社会）が加わり、移動手段の機能アップ（コスト＆タイムパフォーマンスの向上）が為されます。その概念を図式化したものが図1－2－3です。

2020年以降のコロナショックによってモビリティ空間も非接触化が進み、「第3次モビリティ時代」へと加速しています（長期的なトレンドだったが、コロナショックにより10～15年前倒しされた）。第3次はオンライン化したモビリティの時代になります。

・ダイレクトモビリティ　→　提供者はユーザーに直接対応
・リモートモビリティ　→　提供者はユーザーに遠隔操作対応

その結果、次のような効果が生じます。

・非モノ（モノのサービス化）のウエートが著しく高まる
・直接（ダイレクト）かつ遠隔操作（リモート）であるため、コスト＆タイムパフォー

図 1-2-3　住む場とモビリティツール

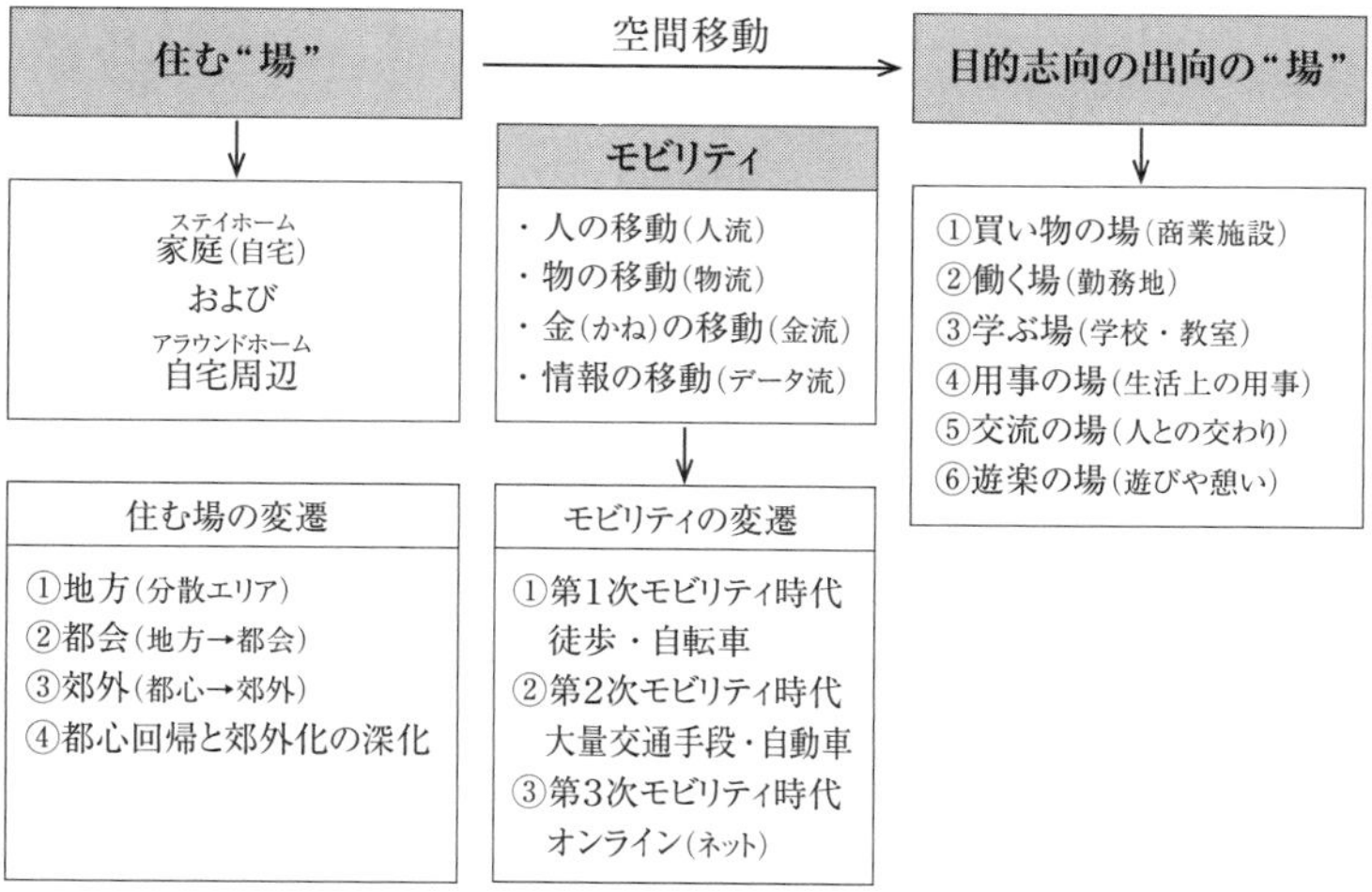

表 1-2-6　モビリティツールの変遷

<table>
<tr><th></th><th colspan="2">第1次モビリティ時代
徒歩・自転車</th><th colspan="2">第2次モビリティ時代
大量交通手段・自動車</th><th colspan="2">第3次モビリティ時代
オンライン</th></tr>
<tr><td>買い物の場
(商業施設)</td><td colspan="2">商店街・市場</td><td>中心街の繁華街</td><td>郊外のSC</td><td>オンラインショッピング</td><td>OMO※
※Online Merges with Offline</td></tr>
<tr><td>働く場
(勤務地)</td><td colspan="2">自家営業・住職近隣</td><td colspan="2">中心街および
サテライト立地</td><td colspan="2">テレワーク</td></tr>
<tr><td>学ぶ場
(学校・教室)</td><td>家庭内教育</td><td colspan="3">学校・大学</td><td colspan="2">オンライン授業</td></tr>
</table>

マンス（費用と時間の効率）が著しく高まる

モビリティとライフスタイルは表1－2－6に示したように、第1次モビリティ時代の「近隣接触型」から、第2次モビリティ時代は「遠方接触型」へ、さらに第3次モビリティ時代は「非接触型（オンライン接触型）」へと変化します。

第3節　コロナショックによるニューノーマル化

コロナショックの歴史的位置づけ

２０１９年秋頃に始まった新型コロナウイルスの感染は、２０２０年、２０２１年には世界中に拡大し、もはやウィズコロナ（コロナウイルスとの共存）の言葉が生まれています。このコロナウイルスが経済・社会・消費に与える大影響がコロナショックです。

コロナショックのように世界の経済・社会・消費に大影響を与える異常な出来事は、過去にもたくさん起こっています。人類はそれらの出来事により大きなダメージを受けますが、英知によって新しい現象を受け入れ、新常態化（ニューノーマル化）してきました。変革によって､次のステップへと「進化（変化）＆深化（深掘り）」してきたのです。ただし、異常な出来事の「後」は､「前」とは異次元の変化をします。この大変化に対応しなければ、流通業は勝ち残るどころか、生き残ることもできません。

では、どのような大変化がこれまでに起こってきたのか。世界の事例と日本の事例を見てみましょう。

世界的異次元ショックと波及現象

世界の経済・社会・消費に影響を与えた歴史上の出来事（経済・流通ショック）には、表1－3－1のようなものがあります。世界大恐慌は戦前の出来事ですが、歴史的な経済大変革を起こしたので加えました。これらの戦前・戦後の世界的激動が「起こる前」と「起きた後」では経済・社会・消費が大きく変わりました。事後は新陳代謝が起こり、新常態（ニューノーマル）を形成しているのです。

日本で起きた異次元ショック

以上の世界的なショックを契機とした大変革とは別に、日本では経済・社会・消費・生活に大きな影響を与えた出来事が起こっています。表1－3－2（64頁）はその概要です。世界的な経済上の大変革と日本経済独自の大変革は、「起こった後」に経済・社会・消費・生活に大きな影響を与え、それまでの常態が通用しなくなり、「起こる前」と異なる新常態へシフトしました。このような新常態化は、次の時代の発展や改革のベクトルになります。

コロナショックによって過去の延長線上ではない大変革が起こり、日本の経済・社会・消費・生活上に新たな概念が新常態化し、今後の流通業界には次世代の概念に発したビジネスモデルが積極的に構築されます。コロナショックは、リーマンショックや世界大恐慌を上回る大変動と言

表 1-3-1　世界的な異次元の経済・流通ショック

経済ショック	基軸年	内　容
世界大恐慌	1929年	①第1次世界大戦後のアメリカの世界工場化とドルの基軸貨幣化によるアメリカ経済の発展と、その後の需給ギャップによるニューヨーク株の大暴落 ②世界に波及して大恐慌が起こり、各国はナショナリズム化してブロック経済化が進展 ③結果的に第2次世界大戦が勃発
第2次世界大戦の終結	1945年	①軍需産業の平和産業化と戦争復興経済で好景気化 ②経済が活発化し、ライフスタイル概念を基軸とした消費が旺盛に ③特にアメリカでは郊外化･カーライフ化･家族化･電化生活というアメリカンドリームのライフスタイルが普及し、日本やヨーロッパにも波及
ニクソンショック	1971年	①アメリカでモノ離れ現象を背景に経済が停滞、金本位制の廃止によるドル基軸の経済が希薄化 ②ドルの脱・金本位制によりドルの発行が自由になり、その後の金融を軸とする経済が確立される
オイルショック	1973年（第1次） 1979年（第2次）	①第4次中東戦争でアラブ産油国が石油輸出を制限したことから原油価格が高騰 ②その結果、省エネ意識が高まり、日本を中心とした省エネ産業の推進が新常態化
ソ連崩壊と東西冷戦の終焉	1991年	①ソ連の崩壊で東西次戦が終焉し、軍縮による平和産業化や軍事技術の民間開放により、ICT（情報通信技術）を中心としたコンテンツが民間企業に波及、その後のデジタル化の出発点となった ②ソ連を中心とする東欧諸国が自由経済化して世界経済に参入し、グローバル化が進展
ICT（情報通信技術）バブルの崩壊	2001年	① 1980年代から萌芽していたICTが新たな技術革新によって産業化、経済を牽引した ② ICTの産業化は1971年から萌芽していた金融経済と一体化してIPO（新規上場による新株発行）に結びつき、ICTバブルを引き起こした ③ 2001年頃からICTバブルが崩壊して株価が大幅に低下、経済不況を招く
リーマンショック	2007年	①ポストICTバブルの経済政策として、住宅を基軸とする経済の活性化を行い、同時に住宅産業と金融経済が一体化して、デリバティブ（金融派生商品）を活用したファンドが住宅（不動産）バブルを誘発（ファンドバブルとも言う） ②住宅バブルが崩壊（リーマンブラザーズの倒産）。世界の金融業界に衝撃が走り、世界経済を不況化 ③リーマンショックから回復するため、アメリカを中心に世界各国が金融の質的･量的緩和を大胆に行う ④その結果、超金融緩和経済が確立される
コロナショック	2020年	①コロナウイルスが2019年秋頃から2020年にかけて世界的に蔓延し、人やモノの動きが制限され経済が大混乱する ②その結果、一時的に先進国のGDPはリーマンショックを上回る大幅な減少（先進国で瞬間GDPが30%減少）をした ③各国はリーマンショック以上の金融緩和政策を実施し、低金利・低成長時代を迎えようとしている ④一方、非接触&遠隔操作志向やAI・IoT・RPA・EC等のDX（デジタルトランスフォーメーション）産業が大躍進 ⑤同時に、持続可能をコンセプトとする産業やライフスタイルが新常態化

表 1-3-2　日本独自の異次元ショック

経済ショック	基軸年	内　容
所得倍増計画	1960 年	①戦前並に復興（1955 年）した日本の経済をさらに躍進させるための池田勇人内閣の経済政策 ② 1961 年から 10 年間で国民所得を実質 2 倍にして、国民の生活向上を目指す ③所得倍増計画により国民の生活は向上し、新しくモノを買うことに喜びを感じる消費経済が確立され、高度成長の根源となった
日本列島改造論	1972 年	①都市と地方の経済格差を是正するために田中角栄内閣が掲げた政策綱領 ②工場の再配置や交通・情報・通信の全国ネットワーク化（新幹線、高速道路、通信網の拡大など）することにより、大都市と地方都市の格差を是正する計画 ③結果的に、全国的な不動産の高騰による不動産バブルが起こり、多くの課題を残した
プラザ合意と日本型バブル崩壊	1985 年（プラザ合意） 1991 年（バブル崩壊）	① 1985 年のプラザ合意を受けた円高（輸出削減）振興策による内需型経済の促進政策 ②内需促進による金融緩和で、不動産および証券バブルが発生 ③不動産バブル沈静化のため急激なダブル金融規制（金利上げと総量規制）により、日本経済のバブルが崩壊。企業・個人への過剰融資は金融上の課題を残し、その後の日本経済の失われた 25 年（1996 ～ 2015 年）を招くことになった
アベノミクス	2013 年	①失われた 25 年から脱皮し、日本経済を再建させるための安倍晋三内閣の経済政策 ②大胆な金融政策、機動的な財政政策、民間投資を喚起させる成長戦略の「3本の矢」からなる ③デフレ経済と閉塞感からの脱却は成功し、企業業績の回復や株高・不動産高・雇用環境の改善は起こったが、経済成長は十分ではなかった

われています。これにより社会・消費・生活、さらに流通に起こる変化と対応策は次の通りです。

コロナショックの影響は、直接的には消費に現れます。すなわち「蒸発消費〈コロナショックにより支出することを止めた〈消えた消費〉〉」や「巣ごもり消費〈コロナショックにより外向き遠方支出を控え、内向き近回り支出に切り替えた〈縮小均衡消費〉〉」、「冬ごもり消費〈コロナショックによる生活様式の変化で、それまでの日常的な支出に必要性を感じなくなった、あるいは必要性が希薄化した中での消費〉」があります。これらのコロナショックによるネガティブな消費を「凍結〈失われた〉消費」と呼びます。

一方、コロナショックによる世の中の変化は新しいライフスタイルを創出し、「機会利益消費〈変化をチャンスに変え、新しいニーズを創出する消費〉」が起こります。凍結消費と機会利益消費のバランスによって、コロナショックの２～３年後のＧＤＰの拡大・縮小、あるいは日本経済の回復の長期化・短期化が決まります。

大変革前は当たり前だったことが、大変革後はそれまでの常態がなくなったり、希薄化したり、他の常態に代替されたりと、全く違ったことが出現して大躍進するなどして世の中が一変します。それまでの生産行動や生活行動の目的自体が変わってしまうこともあります。過去においても、１９７１年のニクソンショック〈→金融経済がスタンダード化〉、１９９１年の日本型バブルの崩壊〈→デフレ経済がスタンダード化〉、２００１年のＩＣＴ

バブルの崩壊（→逆に真正ＩＣＴ経済がスタンダード化）、２００８年のリーマンショック（→異次元の金融緩和経済がスタンダード化）により、事後の経済や流通上の景色は一変しました。

昭和バブルと平成バブルの要因と結果

２０１４年（２０１３年6月のアベノミクス「３本の矢」による日本再興戦略が実質的にスタートし、効果が出始めた年）からの平成バブルが２０１９年（平成31年・令和元年）には崩壊ぎみでしたが、コロナショックにより崩壊は本格化しつつあります。

「選択と集中」の昭和バブル

過去の昭和バブルと平成バブルを比較してみましょう（表１－３－３）。昭和バブル経済（昭和末期にバブル化して平成初期に崩壊）も平成バブル経済（平成末期にバブル化して令和初期に崩壊？）も、奇しくも元号（和暦）の移行期に起きています。

昭和バブル経済は国民・企業の全員参加のバブル経済でしたが、平成バブル経済は国民・企業の全員参加ではなく「選択と集中のバブル経済」です。すなわち、昭和バブル経済を

表 1-3-3　昭和バブルと平成バブル

名　称		昭和バブル		平成バブル	
バブル期	スタート	1985 年 (昭和 60 年)	6 年間	2013 年 (平成 25 年)	6 年間
	終焉	1991 年 (平成３年)		2020 年 (令和２年？)	
要　因		プラザ合意と前川論文の国内需要喚起提言		アベノミクスの３本の矢による日本再興戦略	
		金融緩和による金余り現象 ①円高圧力に対応するための金融緩和 ②国内産業振興のための金融緩和		異次元金融緩和による超金余り現象 ①量的金融緩和はマネタリーベースで通常の５倍の資金量 ②質的金融緩和は長期ゼロ金利、短期マイナス金利の通常の３分の１以下の金利	
結　果		①供給過剰と需要過剰によるバブル経済を引き起こし崩壊 ②企業・個人の旺盛な投資・消費による企業・個人の負債の過剰増加		①特定の分野（オフィス、宿泊施設、都心住宅、都心商業施設）の供給と需要の拡大 ②所得の２極化による消費の２極化、かつ少子化・高齢化・パーソナル化、マーケットのダウンサイジングにより経済は低成長	
		総国民・企業参加のバブル経済		勝ち組企業・国民のみ参加のバブル経済	
		インフレ経済 ①資産（株式、債券、不動産）インフレ ②消費財インフレ		資産インフレ・消費デフレ経済 ①資産(株式、債券、不動産)インフレ ②消費財はディスインフレ(デフレ)	
		モダン消費の終焉		ポストモダン消費の終焉	

形成したモダン消費経済（モノ離れ前の消費経済）は、全ての国民・企業の底上げ経済でした。それに対して、平成バブル経済を形成したポストモダン消費経済（モノ離れ後の消費経済）は、新陳代謝（ニューフェイスとオールドフェイスの入れ替わり現象）の激しい経済です。この新陳代謝によって、勝ち組と負け組の中で選択と集中が起こりました。

そのキーポイントは、次の通りです。

①旺盛な都心エリアと飽和状態の郊外エリアの選択と集中
②勝ち組の企業・社員と負け組の企業・社員の選択と集中

平成バブル経済の要因

平成バブル経済は、施設ごとに見るとどのような影響を与えたのか。オフィス、宿泊、住宅、商業の各施設についてその要因を整理したのが表1－3－4です。ポスト平成バブル期には、人口移動は郊外から都心へと逆流し、企業からホームへと進む傾向が予見されます。

流通を変えるニューノーマル化

コロナショックが流通に与えた非密対応による行動制限のインパクトは強力でした。一

表 1-3-4　平成バブルの形成要因

	状　況	内容とポイント
オフィス施設	オフィスは分散化しているが、次世代オフィスは都心に集中化	勝ち組企業（ICT・金融・不動産・ニュービジネス企業等）の都心の中心エリア志向と次世代型オフィス志向がオフィスの新需要を牽引（日本全体では±ゼロ）
宿泊施設	宿泊施設は分散化しているが、中・高級ホテルは都心に集中化	勝ち組企業やインバウンド（ビジネス＆観光）ニーズに対応し、中・高級ホテルが都心立地に集中。また、オリンピックニーズも期待ニーズとなっている
住宅施設	利便性の高い高層住宅は都心に集中化	勝ち組社員、夫婦共働き社員、シニアの買い替え、都心への移住、財産の節約等のニーズに対応した都心での高層マンションの旺盛化（日本全体では±ゼロ）
商業施設	郊外の飽和状態と都心の商業の再生化	2011 年頃から郊外立地は飽和状態となり、郊外のあぶれニーズへの対応や都心の再開発ニーズによる都心商業の旺盛化（リアル店舗と EC により±ゼロ）

方、コロナショックは、新たなポジティブなライフスタイルを萌芽させました。

オンライン生活行動のニューノーマル化

リアル空間での行動制限は、リモート化による新たなビジネスを萌芽させ、生活行動のオンライン化を急速に進めました。特にテレワークを主体としたあらゆる分野のオンライン化は、世の中のデジタル化を10年以上早め、加えてデジタル化への規制緩和が国策として行われている状況です。

リアルからデジタルへのシフトで生じた課題も急速に改善されつつあり、リアルより良い体験・体感を得られる完成度の高いオンライン化へと進んでいます。この現象を「オンラインがリアルを凌駕《りょうが》するビジネスシステム」と呼びます。

地域密着生活行動のニューノーマル化

リアル空間での生活行動はどうなるのか。働き方はテレワークによるホームオフィスやサテライトシェアオフィス、買い物はECが当たり前になるなどオンライン活用が増大し、行動範囲が狭隘《きょうあい》化します。家の中（ステイホーム）や家のまわり（アラウンドホーム）を中心とした生活行動のネイバー化（近場《ちかば》化）です。

人と人、人と社会、人と地域、人と情報という人を取り巻く交流（コミュニケーション）がネイバー化すると、地域密着の生活行動のニューノーマル化が起こります。それによって変わるのが「遠くの魅力、近くの便利（近くは利便性のみで、魅力あるものは遠くまで行かなければならない）」という概念です。近くの小商圏でも生活のフルライン化が起こり、物、飲食、生活サービス、情報&コンテンツ、エンターテインメント&レジャー、文化&スポーツが近場で成立することになります。

時間のコスパ行動のニューノーマル化

生活行動がオンライン化・近場化すると、人々の生活時間である就業・就学時間や家事時間が短縮化され、自由に使える自由裁量時間が大幅に増大します。例えば、一番の必要悪である通勤時間はテレワークで大幅に減少します。スイスの調査機関によると、コアオフィスに出社しなくてもできる業務は45%も存在すると推計されています。この大幅に増大する自由裁量時間を有意義に過ごすための時間節約型生活行動と時間消費型生活行動を賢く選択する時間のコスパ行動がニューノーマル化します。

第4節　第3次流通大変革と需要創造

七つの次世代ライフスタイル

基本的な生活行動のニューノーマル化が進む中で、デジタル化をベースにしながらライフスタイルは多様に枝分かれします。現在想定されるのは、次に挙げる七つの次世代ライフスタイル（図1－4－1）です。

ネイバーコミュニティ・ライフスタイル

コロナショックによって、奇しくもステイホームやアラウンドホームの生活行動に対応するライフ機能やオフィス機能が急速に高まりました。これにより、従来は分離していた夜間人口と昼間人口が一体化するという現象が起こります。その背景にあるのが、「在宅行動（家の中でのライフスタイル行動）」と「近場行動（家の近くでのライフスタイル行動）」の活発化です。

近場で生活全般を完結させたいというニーズが高まり、特定の地域内の生活行動や生活嗜好や生活シーンから派生するネイバーコミュニティ・ライフスタイルが旺盛になります。これまで近場は生活の利便ニーズ、遠場は遊楽ニーズに分離していましたが、デジタル化によって一体化します。ＥＣと近場のリアル店舗でモノも情報も調達可能になり、その結果、ネイバーコミュニティ＝買い物や仕事や遊びの場としての機能が満足レベルで定着するのです。さらに、高齢化社会がネイバーコミュニティ・ライフスタイル化を加速させます。

オンライン・ライフスタイル

デジタル化によって情報のユビキタス（誰もが、どこでも、いつでも、何

図 1-4-1　７つの次世代ライフスタイル

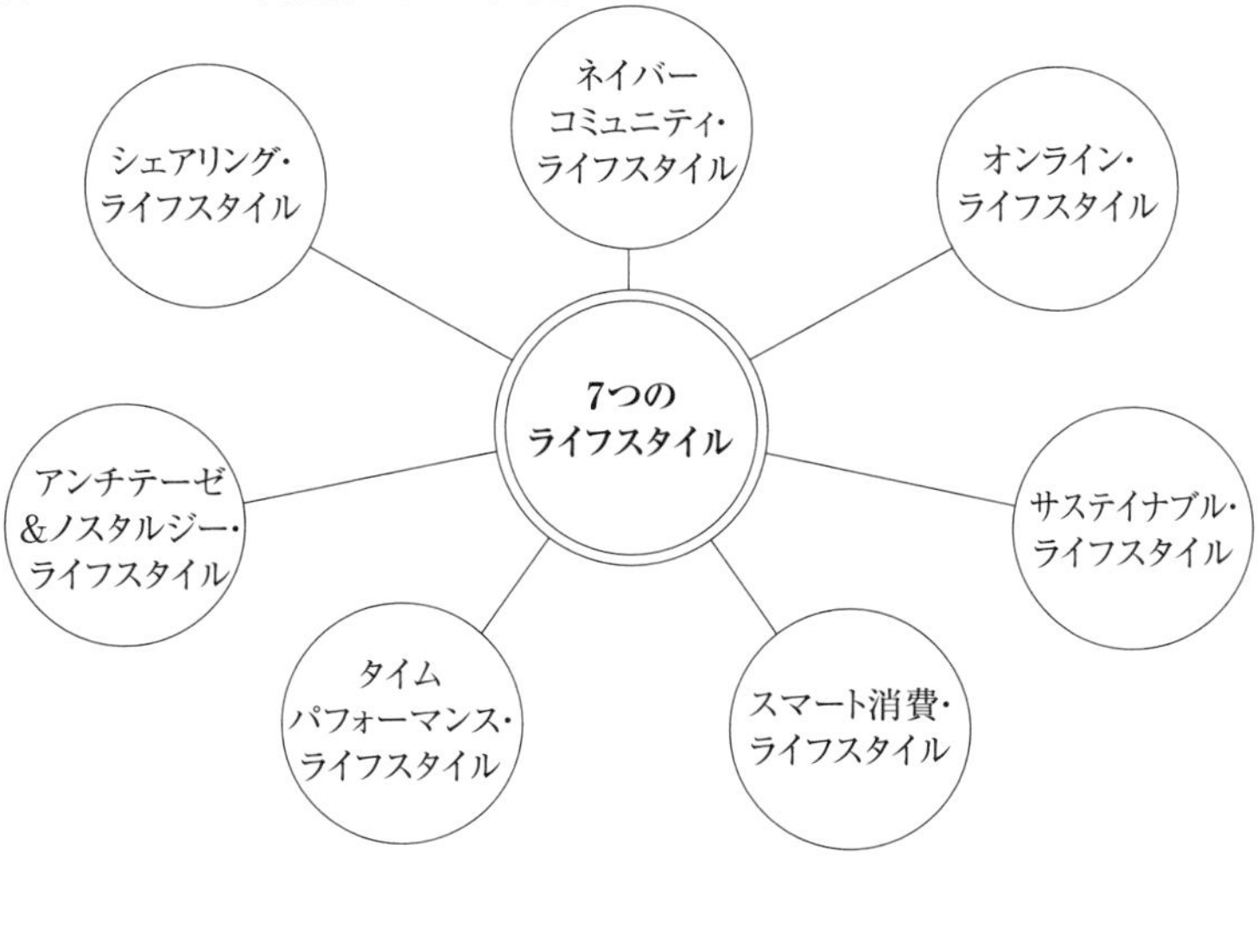

でも利用できる機能）化が進み、生活・仕事・遊びがリアル店舗を上回る利便性を持つようになります。コロナショック前まではリアルの生活が基軸で、ＥＣ等のオンラインの生活が副軸でしたが、今後は逆転します。基本的にはリアルとオンラインの融合時代になりますが、ライフスタイル上は生活行動や買い物行動や遊び行動をオンライン上で済ませるオンライン・ライフスタイルが旺盛になります。近未来にはＥＣが30％、アラウンドＥＣ（何らかの形でオンラインが関係する買い物）が80％を占める時代になります。

サステイナブル・ライフスタイル

コロナショックにより自然との対話が重要な課題になり、今後は環境配慮志向が今まで以上に急速に高まります。人と人、人と自然、人と社会、人と情報など、人を取り巻く課題が20世紀型の経済体制の中では軽んじられてきました。今後の消費を担うミレニアル世代（１９８０～94年生まれ）や次の中心的世代となるＺ世代（１９９５～２０１０年生まれ）は、持続可能社会の実現意識が非常に高い世代です。地球環境上、社会環境上、人間環境上の課題解決は、今後の政治・経済・消費において避けては通れません。20世紀に起こった課題は21世紀で解決するという理念に基づいた、サステイナブル・ライフスタイルが旺盛になります。

スマート消費・ライフスタイル

大量生産・大量販売・大量消費という旺盛で向上志向の20世紀型モダン消費経済が終焉し、モノ離れ・低迷志向のポストモダン消費経済を経て、21世紀には売り手と買い手（ユーザー）が適切にマッチングした節約とこだわりが融合する双方満足レベルの消費が求められます。

今後は、基本的には所得の上位集中による2極化社会における消費減、そして消費拡大のための強力な投資誘因の希薄さから、デフレ&ディスインフレ下での賢約（賢く節約）志向とこだわり志向をともに満足させる消費が基軸になります。このスマート消費・ライフスタイルが、今後の旺盛な消費スタイルになります。

タイムパフォーマンス・ライフスタイル

生活上の時間は「家事使用時間」「労働（就学含む）使用時間」「遊楽使用時間」に分類されます。家事使用時間は過去の家庭電化製品の普及や今後のＩＣＴ化により効率化され、自由裁量時間（拘束されない自由に使える時間）が増加します。また、労働使用時間も働き方改革やテレワーク（在宅勤務）の増加により、労働時間や通勤時間という非自由裁量時間が短縮され、自由裁量時間が増加します。この結果、もともと自由裁量時間であった遊楽時間を加えて自由裁量時間が増大します。この自由裁量時間に家事や労働の時間から解放された時間を加えると、「余暇時間」が大きく増えることになります。

余暇時間の増大はレジャー（遠く・長期・遊びの概念による行動）を旺盛にし、レジャーの概念が広がります。近場レジャーやオンラインレジャーとしては、「交流の場」「健康・体力向上の場」「自己啓発の場」「趣味の場」などが活発化します。遠場レジャーも多様化し、「滞在型レジャー」や「ワーケーション（リゾート地でテレワークをしながら休暇を楽しむレジャー）」や「キッズウィーク（学校教育時間の調整による家族旅行）」や「ブレジャー（出張と休暇を組み合わせる）」などが活発になります。

つまり、ゆとり時間と節約時間の選択と集中による時間の効率活用です。このような時間概念の捉え方によるタイムパフォーマンス・ライフスタイルが旺盛になります。

アンチテーゼ&ノスタルジー・ライフスタイル

20世紀は、新しいモノが価値のある「新品」、古いモノは価値のない「旧品」と見る社会でした。コロナショック後は20世紀型の大量生産・大量販売・大量消費時代への反発・反省と、19世紀以前の古き良き時代への郷愁が現象化します。良質な商品を長く大切に使いたいというニーズが高まる一方、古いモノを新しく感じたり、現代風にリメイクしたりする復古調志向のアンチテーゼ＆ノスタルジー・ライフスタイルが旺盛になります。

シェアリング・ライフスタイル

新世代（ミレニアル世代、Ｚ世代以降）は、所有概念が希薄化し、所有せずに使う利用至上主義のシェアリングビジネスが主流になります。シェアリングの対象はモノ、スキル、スペース、タイム（時間）に及びます。所有概念ではなく、利用概念から派生するシェアリング・ライフスタイルが旺盛になります。

新たに創出される七つの流通ビジネス

新しいライフスタイルは、新しい流通ビジネスやＳＣビジネスを創出します。新流通ビジネスの概念は次の通りです。

ネイバーライフから派生する流通ビジネス

生活行動圏の狭小化によって「在宅」および「近場」で生活を完結させたいというニー

ズが高まり、次のようなネイバーライフから派生する流通ビジネスが躍進します。

①小商圏フルライン型業態

従来の小商圏マーケットでは特定の利便性しか提供できませんでしたが、多様なニーズが一体化するネイバーコミュニティでは、フルライン型業態によるマーケットの深掘りが可能になります。業態の複合、ビジネスモデルの革新、ネットとの融合などによって、生活者にとって豊かな選択肢で高い満足を提供する流通ビジネスが有望です。例として、脱コンビニエンスストアがあります。

②生活全般のニーズに対応するライフサポート業態

マーケットが成熟化すると、モノ（小売業）のウエートが下がり、コト（サービス業）のウエートが高まります。モノの消費は半分以下になり、サービスをワンストップで享受できる複合施設化が求められるようになります。物販3分の1、飲食3分の1、サービス3分の1で生活全般のニーズに対応する、ライフサポートをコンセプトとする流通ビジネスが有望です。

③交流感や臨場感を基軸としたコミュニティ&ライブ型業態

近場での交流感（コミュニケーション）や臨場感（ライブ）へのニーズが、近回り時間の拡大やデジタル化の反作用としてのアンチネット心理の働きにより高まり、基軸化します。そのため、従来型の単独業種ではなく、あらゆる業種・業態を「交流」と「臨場」のコンセプトで包括する流通ビジネスが有望です。例えば、コミュニティ&ライブカフェやコミュニティ&ライブ書店、コミュニティ&ライブレストラン、コミュニティ&ライブエクササイズなどが考えられます。

④地域消費愛を基軸とした地域密着型業態

地域内の生活者はできるだけ地域内の商業者から買いたいと思っています。地域内の商業者は、地域内の生活者のニーズや期待に応じてモノやコトをカスタマイズして提供することが大切です。生活者と商業者がエンゲージメントの関係（双方の満足に貢献し合う関係）になる「地域消費愛」の流通ビジネスが有望です。地域消費志向型や地域愛着志向型の業種・業態などが考えられます。

ECから派生する流通ビジネス

オンラインショッピング30%時代（長期的には50%時代）を迎え、さらに進化したネット通販とリアル店舗を融合させた、ECを核とする流通ビジネスが躍進します。

①ECモールの多様化と深化型業態

ECのSC版であるECモール（リアル社会のRSC）が、テナントオンリー型やテナント・直営混合型を問わず拡大・多様化・深化します。対象マーケットや取扱商品の無限化、配送・デリバリーの高機能化、生活およびユーザー情報の戦略化などの優位点を活用し、リアルSCを上回ります。リアルSCの優位点も多くありますが、ECモールは今後もウエートが高まる有望な流通ビジネスです。ECサイトを集積したECモールやリアルSCとの混合型ECモールも出現します。

②OMO（Online Merges with Offline）やオムニチャネルの進化業態

今後の流通業界は基本的に、ネット通販（オンライン）とリアル店舗（オフライン）の融合型になります。OMOやオムニチャネルの流通ビジネスは、オンラインショッピングを基軸としてリアル店舗の優位性を付加するもので、「売上高に占めるECの比率」という考え方は意味をなさなくなります。オンラインとオフラインがシームレス化したOMOやオムニチャネルは進化を続け、飛躍的に発展します。

③D to C（Direct to Consumer）の進化業態

小売店はこれまで、集客力のある立地や商業施設に出店してきました。それに対してD to Cは、顧客に直接（ダイレクト）、コンセプトや商品・サービスの特性・優位性を、自らのシステムで提供します。D to C業態は、企画から製造、販売、配送、販促まで全てのプロセスを自ら担う、EC業界のSPA（製造小売業）と言えます。現在、多くのチェーン店が積極的に導入しようとしています。今後の進化によっては、さらに有望な流通ビジネスになります。

④越境EC業態

リアル経済の貿易に相当するのが、サイバー経済上の越境ECです。日本の優れた商品・サービスをオンラインで世界に提供することができます。逆に、世界の優れた商品・サービスを、日本にいながらネットで容易に買うことができます。

これからは商品・サービスのネット取引がグローバル化します。情報システムと物流システムのグローバル化はオンライン貿易を拡大すると同時に、ロングテールニーズ（通常はニッチマーケットで事業性が低いが、世界を対象にすれば大きなマーケットに成長する）を捉えることも越境ECによって可能になります。各国には独自のEC企業が存在しているので、優良な商品・サービスやロングテールニーズを持っている企業はコラボすることで越境ECの展開が可能です。

オンライン化したリアル店舗から派生する流通ビジネス

有店舗（リアル店舗）にデジタル技術を融合した新しいリアル店舗業態の流通ビジネスが躍進します。

①ネット通販のショールームストア型業態

ネット通販企業がリアルSCに出店、あるいは臨時的に出店（ポップアップストア）して、商品・サービスを提供するショールーム型業態です。ディベロッパーが用意したスペースに出店する場合と、ポップアップストア専門のサポート企業がSC内に用意したスペースに出店する場合があります。ネット通販企業は実験販売や顧客情報の収集、特定のサービスの提供（サイズのマッチング）などの目的で出店します。いわゆるRaaS（Retail as a Service＝サービスとしての小売業）であり、物販優先ではない店舗です。

②デジタルディスプレイストア型業態

リアル店舗の陳列機能や接客機能やマーケティング機能を、VR（仮想現実）やAR（拡張現実）、MR（複合現実）を駆使してバーチャル化し、リアル店舗で提供します。取扱商品が現実空間とどうマッチングし、実際に使ったときにはどんな雰囲気になるのか、購買前にデジタルディスプレイを通して把握できるリアル店舗です。

③ロボティックストア型業態

ロボティック・プロセス・オートメーション（RPA）により、リアル店舗の業務を自動化・無人化・省力化することが可能です。これからはロボットやアバター（化身）がリモート接客やチャット接客をするリアル業態が増加します。

スペシャリティバリューから派生する流通ビジネス

モノ離れ（需要＜供給）や貯蓄過剰（投資＜貯蓄）の時代の経済はデフレあるいはディスインフレへと進み、さらにコロナショックは確実に低価格化を加速させます。しかし、モノの飽和時代に求められるのは、単なる安さではありません。こだわりと低価格が一体化した「スペシャリティバリュー」を提供する流通ビジネスが躍進します。

①品質・機能・斬新性と廉価性が融合した超割安価格型業態

品質（素材や製造工程）や機能や斬新性は、モノ離れ後の飽和時代に必要不可欠なものです。しかし、コロナショックが加速させるデフレ経済は、低価格化をも加速させます。したがって、品質が良いのに低価格というスペシャリティバリューの安定した品質・廉価志向の業態が有望となります。

②こだわり性・独自性・新奇性と廉価性が融合した納得価格型業態

モノ離れ・飽和は、モノもサービスも多様で豊かな社会における現象です。それゆえ、品質の安全性というレベルではなく、商品とサービスにこだわり性・独自性・新奇性（珍品性）のブランドイメージを確立し、なおかつ廉価であるというレベルが求められます。こだわりと廉価性が融合した「納得価値価格（安くはないが、価値があるので納得する割安価格）」志向の業態が有望です。

③遊楽性と廉価性／相反する購買動機の融合型業態

買い物において本来ならばあり得ない要素の組み合わせによって新たな魅力を生むことを、「相反する購買動機の融合」と言います。モノ離れ・飽和時代の相反する購買動機として挙げられるのが、遊楽性（遊びの場）と廉価性（安さの場）です。これらを「楽しくて安い」をコンセプトに一体化することで新奇性ある買い場を提供します。

ウェルネス志向から派生する流通ビジネス

健康・自然志向やビューティー志向の高まりに対応したウェルネス志向の流通ビジネスが躍進します。

①健康・自然配慮型業態

サステイナブル社会の進展を背景に、健康・自然に配慮するニーズは食品を中心としてあらゆる分野に拡大し、一大マーケットを形成します。健康・自然志向をコンセプト化した流通ビジネスは、全ての流通分野で有望です。

②シニア向け健康・美のアンチエイジング型業態

日本では今後、団塊世代（昭和ニューファミリー）の後期高齢化と団塊ジュニア世代（平成ニューファミリー）の前期高齢化が順次進み、世界でも稀《まれ》に見る高齢化社会が到来します。日本の人口動態の3大課題は「人口減少」「高齢化40％」「単身者40％」社会の到来です。とりわけビジネスチャンスが大きいのは、シニアマーケットです。所得・資産の2極階層化が進むにせよ、全マーケットの中で大きなウエートを占め、今後はさらに拡大します。シニアマーケットを牽引するマーケティング戦略は必須です。そのキーワードが「アンチエイジング」です。独特のこだわりニーズを持つマーケットですが、健康・美に対するニーズが高いため、地道なマーケティング戦略で対応すれば有望かつ安定的なウェルネスマーケットに成長します。

③環境配慮型業態

エシカル志向や環境配慮志向を背景としたサステイナブル化は、もはや概念から実践の段階に移りました。あらゆる商品・サービスや、その集積である商業施設は、健康志向・自然志向・美意識志向を具現化し続けることが、まさに次世代の新常態です。したがって、環境配慮型ビジネスは有望な流通ビジネスです。

自由裁量時間の活用から派生する流通ビジネス

リモート化を軸とした働き方改革による自由裁量時間の増大は、その時間を使って得られる豊かな楽しみを提供する「時間消費型ビジネス」と、時間を有効に使えるようにする「時間節約型ビジネス」への2極化を促します。いずれにしても、家事や仕事で余った余暇時間ではなく、選択と集中によって時間を有効利用する「タイムパフォーマンス（時間の価値ある使い方）」をサポートする流通ビジネスが躍進します。

①一石三鳥型出向動機を満たす業態

時間の節約志向や多消費志向にかかわらず、一度の外出でできるだけ多くの用事を済ませたいという要望は常に存在します。商業施設では今や、ワンストップショッピング（ここに来れば全てのモノが揃うという買い物機能）は当たり前になっています。しかし今後、商業施設への来館頻度は低下し、そのままでは必然的に売り上げは減少します。来館頻度の低下を前提として売り上げを維持・向上させるためには、来館者の総合客単価（1人の来館者が施設内の店舗を買い回りした購入単価の合計）を上げる必要があります。「せっかく来たのだから、ついでに買って帰ろう」という関連買いや衝動買いを増やすのです。

そのためには、「同じ分野の中で競争優位性のあるテナントの導入」や「物販だけでなく、生活全般に対応する利用頻度の高いサービスを提供するテナント」を多く導入する必要があります。生活者のライフスタイルは多様化し、それぞれに生活シーンがあります。生活を便利に楽しく過ごす居心地の良い「場」に取り入れたいと感じるモノやコトを求めているのです。多様な生活シーンをVMD（ビジュアルマーチャンダイジング）化することで、一度来たらできるだけ多くの買い物や用事を済ませたいというニーズを満たす「一石三鳥型」の動機を提供する業態が有望です。

②デリバリー&ピックアップストア型業態

生活時間の中の買い物時間の有効利用と利便性の向上に向けて、デリバリー（宅配）やピックアップ（オンラインで購入した商品を特定の場で受け取る）のシステムは、さらに重要な来館動機になります。アメリカでは今、アマゾンのオンライン&デリバリーと、ウォルマートのオンライン&ピックアップの利便性競争が起こっています。ピックアップシステムは、店舗内や交通利便性の良い場所にデポ（受取所）を設置し、直接あるいはドライブスルーで受け取れます。オンラインで日常の買い物のわずらわしさを解決し、「購入した商品・サービスをどこで受け取るのか」という課題も解決しているのです。

また、デリバリーやテイクアウトも変わります。これまでは専門業者が中心に担っていましたが、今後は有名なレストランのシェフの本物の味もテイクアウトやデリバリーができるシステムが確立されます。これによりレストランはイートインが70%、テイクアウトやデリバリーが30%を占める時代になります。

③時間のゆとり利用の遊楽型業態

時間のゆとりを利用した楽しみ方を提供する遊楽型ビジネスは、時間消費型ですが継続します。ただし、その中身が大きく変わります。働き方改革やテレワーク、リモートシステムなどによって、自由裁量時間は現状より30％の増加が見込まれます。この自由裁量時間は、一つはゆとり時間消費に向かい、もう一つは遊楽時間消費に向かいます。遊楽時間消費はレジャーやアミューズメント、エンターテインメント、リゾート、ツアー等に向けられますが、それぞれがかなり性格の異なる使い方になります。長時間滞在型や自然志向型、リアル追求型、サイバー型、趣味・研究志向型などのコンセプトを持ったものになります。

レストレーション志向から派生する流通ビジネス

古き良き時代や商品が醸す郷愁・思い出、アンチ20世紀（大量生産・大量販売・大量消費の使い捨てニーズへの反発）といった概念に基づく流通ビジネスが躍進します。

①ノスタルジーイメージ型業態

20世紀システムに対するアンチテーゼ（反発や反省）、19世紀以前のシステムへのノスタルジー（郷愁）の概念がマーケティング戦略に加わります。これまではニッチやマイノリティの分野でしたが、真の21世紀型ビジネスとして歴史・文化・自然がノスタルジー化された商品・サービスおよび施設が有望な流通ビジネスとなります。

②アップスケール復古調型業態

アンティーク&ビンテージビジネスや、アンティーク&ビンテージの概念にアイデアやデザイン、トレンド、新コンセプトを付加してアップスケール（ワンランク上）した復古調の商品・サービスを提供する業態です。モノ離れ・飽和時代には有望です。

③再生・再活用型業態

リサイクル、リメイク、リユース、リフォーム、リペアによる再生ビジネスです。持続可能社会や資源の有効利用の概念に基づき、再活用やモノを大切にすることを促します。特に古いモノや不要なモノに新しい概念や機能やデザインを付加するアップサイクル型の再生ビジネスは有望です。これは建物にも当てはまります。歴史的保存建築物だけでなく、既存のビルや一軒家などをデザインやアイデアやトレンドや感性により、ローコストで斬新な建物にするシステムを提供するのです。

近未来の流通イノベーション

コロナショックはオンライン化とリモート化を10年以上加速させます。ビジネスの場をリアル空間（実空間）からデジタル空間（ネット上の空間）へ移行させるオンライン化&リモート化は、次のステップで進化します。

オンライン化&リモート化の高度進展

オンライン化&リモート化の第1ステップは、リアル空間のビジネスを補完するための臨時・利便的な代替レベルの役割です。この段階のオンライン化&リモート化は技術的な課題を多く持っています。

第2ステップでは、オンライン化&リモート化の技術レベルが高まり、リアル空間ビジネスと同時並行で使用されます。双方の優位点に応じて個々をマルチ利用する場合と、互いの得意分野を融合利用する場合があります。この段階では、リアルのオンライン化&リモート化で起こる技術上の課題は解消されます。

第3ステップでは、オンライン化&リモート化がリアルの得意分野と同質化します。そこにオンライン&リモートでなければできないソフト&ハードのノウハウをさらに付加することで、「リアルでの体験・体感を上回る優位性」を持つリアル全面克服・デジタル優位付加ビジネス」になります。

ＥＣ、オンライン授業、オンライン会議、オンラインフィットネス、オンライン診療、オンライン交流（ＳＮＳ）などは、現状は第１ステップから第２ステップへの移行段階にあります。近未来には第３ステップへ進み、リアルビジネスを完全に上回る体験・体感を得られるようになります。リアルの必要性は限りなく希少化し、あたかも楽曲配信時代のレコード盤のような存在になります。リアルの商業施設や店舗は今後、デジタル空間で得られる満足度を踏まえながら、来館・来店動機の魅力化を図ることが必須になり、リアルとデジタルの時空を越えた激しい競争が起こります。

デジタル時代の次世代流通、二つの方向性

リアル空間ビジネスとデジタル空間ビジネスの覇権競争は、すでに始まっています。これらの融合型ビジネスも生まれています。「ウォルマート方式」と「アマゾン方式」の２タイプがあります。

①ウォルマート方式

リアル店舗の優位性を基軸に、デジタル空間を副軸として囲い込むことにより、流通プラットフォームを確立する方式。

②アマゾン方式

デジタル店舗の優位性を基軸に、リアル空間を副軸として囲い込むことにより、流通プ

ラットフォームを確立する方式。

いずれにしても、シングルチャネルよりオムニチャネル（リアルとデジタルが融合したチャネル）がマーケット上、優位に立てることが実証されています。

近未来（２０３０～35年頃）には、ＥＣはオーダーレベル（買い物はデジタルが中心）が30％、アラウンドレベル（何らかの形でデジタルショッピングを利用）が80％を占める時代になります。さらに、有力流通企業のＥＣ比率は未来（２０４５年）には50％を超えることが想定されます。ただ、一方において、アンチデジタル志向のショッピングも一定あるため、デジタルを軸にアナログと一体化した新業態も支持されます。

カスタマージャーニーのプロセス

生活者が商品・サービスの購入に至るプロセスを時系列化することをカスタマージャーニー（顧客の購入行動のための小旅行）と言い、10のプロセスがあります（表１－４－１）。

これはリアル店舗にもネット通販にも共通するプロセスです。リアル店舗とネット通販はこのプロセスを相互利用しながら、成果である売り上げに結びつけます。つまり、リアル店舗とネット通販のクロスチャネル化やオムニチャネル化によって、買い物の形態の80％がリアルとネットの融合になるのです。

表 1-4-1　カスタマージャーニーのプロセス

	買い物時間	ワード	内　　容
第１ステップ	事前（買う前）	認識（Attention）	どこで、この商品・サービスを知ったのか？
第２ステップ		興味（Interest）	どこで、この商品・サービスに興味を持ったのか？
第３ステップ		比較探索（Search）	どこで、この商品・サービスを買うために事前に絞り込み・比較検討をしたのか？
第４ステップ	最中（買う途中）	発注（Order）	どこで、この商品・サービスを買った（注文した）のか？
第５ステップ	事後（買った後）	支払（Payment）	どこで、この商品・サービスの代金の支払い（決済）をしたのか？
第６ステップ		受取（Received）	どこで、この商品・サービスを受け取ったのか？（あるいは返品したのか？）
第７ステップ		評価（Evaluation）	どこで、この商品・サービスの購入後（使用後）の評価（独自評価あるいは評価の共有）をしたのか？
第８ステップ		拡散（Spread）	どこで、この商品・サービスのコンテンツを拡散（伝達）したのか？
第９ステップ		ブランド（Brand）	どこで、この商品・サービスの継続的購入の意識を持ったのか？
第10ステップ		再販売（Resale）	どこへ、この商品・サービスを再販売するのか？（再販売する場合）

ちなみに、リアル店舗の売上比率やＥＣの売上比率は、第４ステップの発注の段階で統計的に区分されます。

第２章

経済の大変革と流通への波及

第１節　モノ離れ現象と消費の進化プロセス
第２節　アメリカの流通の底力とライフスタイル
第３節　モノ離れ後の日米経済の相違点

第1節　モノ離れ現象と消費の進化プロセス

変質する消費、変遷する流通

第1章で触れたモノ離れ現象について、もっと具体的に見ていきましょう。モノ離れはこれまでの消費の変遷の中で2回現象化し、コロナショックが起こった2020年からはまた新たな段階に入っています。それぞれのモノ離れ現象の背景と特徴、経済に及ぼした影響について解説します。

モノ離れ現象の概念

産業革命がイギリスを中心に18世紀半ばに起こり、大量生産システムが確立され、その商品の販路を国外に求め植民地政策が行われました。当時のイギリスは初期資本主義時代の段階にあり、ブルーカラー層は低賃金で消費を高める存在ではなかったからです。大きな変化が起こったのは1900年以降、アメリカでのことでした。中所得層（中産階級層）が出現し、1908年にフォードのT型自動車が開発されブームになります。アメリカは第1次世界大戦で戦勝国となり、1920年代以降、車社会や生活関連インフラが充実して、アメリカンドリームのライフスタイルが登場しました。

その後、アメリカはウォール街発の世界大恐慌（1929年）から第2次世界大戦の終結（1945年）までの16年間の不況期・戦争時代を経て、生活者の旺盛な消費が下支えする経済を確立しました。戦後の郊外生活の推進と一体化して、アメリカンドリーム型ライフスタイルへと結実したのです。この旺盛な消費を基軸とする経済を「モダン消費経済」と言います。「モノを買い、消耗し、利用し、所有することとの連続性に喜びを感じる生活向上志向の消費」であり、これがアメリカの経済成長を強力に誘導しました。

モノを買うことに喜びを感じる消費経済は、モノの飽和時代になると希薄化します。これを「モノ離れ」と言います。日本は1960年頃からモダン消費経済に突入し、モノを買うことに喜びを感じる生活向上型消費が経済を発展させ、高度成長時代になりました。しかし30年後の1991年に日本型バブル経済が崩壊すると、モダン消費経済は終焉しました。このモダン消費経済が終焉するポイントを「モノ離れポイント年度」と言います。

日本経済が成長期から低迷期に突入した分岐点は1988年、消費者のモノ離れ現象が起こった年です。モノが満たされた豊かな時代になるとモノ離れ現象が起こり、モダン消費（20世紀型消費）は終焉します。このモダン消費が、ポストモダン消費（モノ離れ後の消費とニューモダン消費の過渡期に起こった消費）に移行する分岐点となった年次を、「モノ離れ元年」と呼びます。

アメリカでは統計的に「Ｇｏｏｄｓ支出（モノ支出）」が「Ｓｅｒｖｉｃｅｓ支出（非モノ支出）」を超えたのが１９７０年であることから、この年をモノ離れ元年としています。アメリカは日本よりも18年早くモノ離れ現象が起こったということです。

日本の家庭のタンスはモノでいっぱい（これ以上、モノは要らない状態）になり、１９８８年を境にモノに対する執着心や愛着心が希薄化しました。モノ離れ時代への突入を実証するデータとして、内閣府の「国民生活に関する世論調査」（図２－１－１）があります。そのポイントは次の４点です。

①１９７９年に「物の豊かさに重点を置く生活」を「心の豊かさに重点を置く生活」が上回った

②１９８８年に「心の豊かさに重点を置く生活」が50％を超えた

③１９８８年を「モノ離れ元年・日本の経済成熟化元年」と呼ぶ

④まさに１９８８年を境にモダン消費からポストモダン消費に移った

日本は１９８８年に起こったモノ離れ現象により、ポストモダン消費へと進みました。その結果、日本の流通業は１９９１～96年を頂点に、２０１５年頃までの約20～25年間に

図 2-1-1　日本のモノ離れ現象

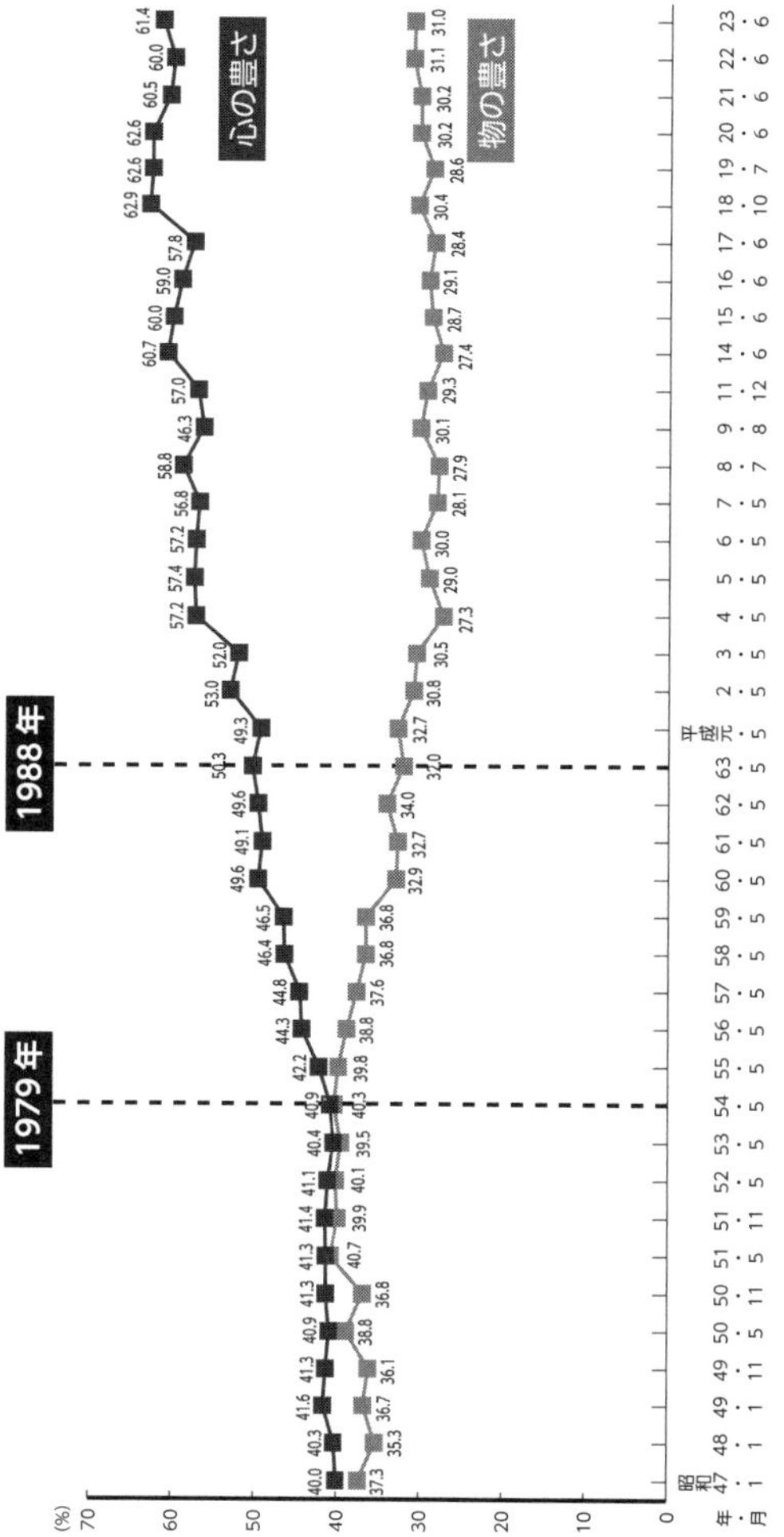

図表：平成 23 年「国民生活に関する世論調査」内閣府

図 2-1-2
アメリカの個人消費支出におけるモノ（Goods）と
非モノ（Services）の割合

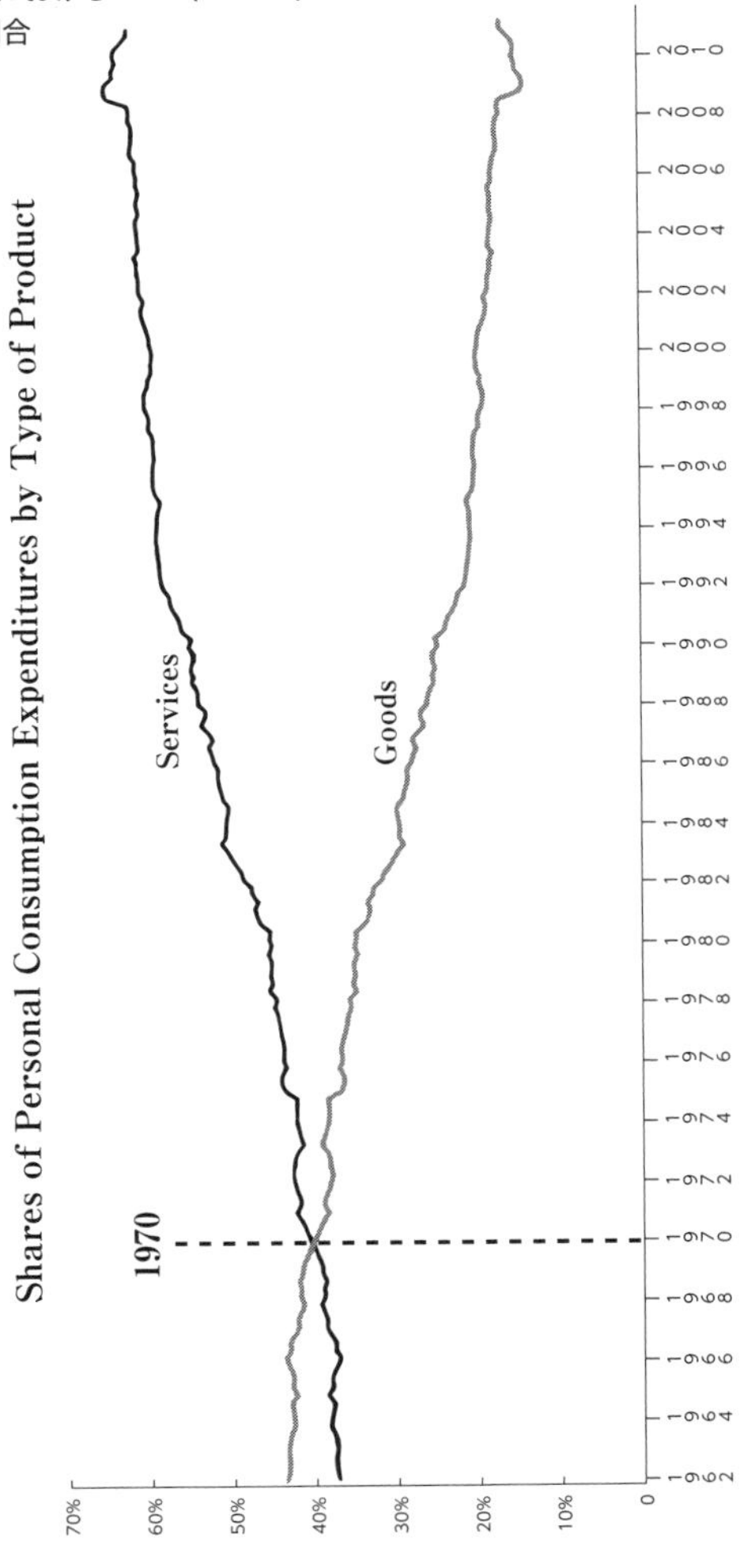

わたって低迷し、成長が止まってしまったのです。流通の成長を支えてきた消費の停滞は、ＧＤＰ（国内総生産）の６割を占める流通業界に大きなマイナス影響を与えました。

参考までにアメリカの統計（図２−１−２）も見てみましょう。アメリカは１９７０年にモノとサービスの消費ウエートが逆転しました。この時点を「アメリカ経済のモノ離れ」と定義します。そして翌１９７１年のニクソンショック（金とドルの交換制度の廃止）以降、アメリカはモノ経済から脱皮し、金融経済の道を歩むことになりました。

第１次モノ離れと第２次モノ離れと第３次モノ離れ

モノ離れには三つの段階があります。第１次モノ離れは「モノを買う欲求の希薄化」、第２次モノ離れは「モノを所有する欲求の希薄化」、第３次モノ離れは「持続可能社会におけるモノの適正化」です。日本は１９８８年に第１次モノ離れ現象が起こり、２０１０年頃から第２次モノ離れ、２０２０年から第３次モノ離れ現象が顕在化しています。

（１）第１次モノ離れ現象

日本では１９８８年に統計的にモノ離れ現象（精神的欲求が物理的欲求を統計的に上回り、50％以上に達した段階）となりました。モノ離れする前のモダン消費は「モノを買うことにより、モノを消耗し、所有し、利用することの連続性に喜びを感じる生活向上志向の消費」ですが、これがモノ離れにより終焉すると、ポストモダン消費（デフレ経済下の消費）へシフトします。そしてＧＤＰの牽引役は消費ではなく、金融へと変わります。

第１次モノ離れ現象の特徴は「量的モノ離れ」であることです。消費者は生活向上志向に発する旺盛な消費を続けた結果、「もうこれ以上、モノは必要ない」と思うようになりました。ただし、今まで存在しなかったモノは買う。そうなると従来からあるモノは「需要＜供給」のマイナスギャップとなって価格が低下し、デフレ経済になります。１９８５年に高度経済成長が終わり、１９８６～91年には金融によるバブル経済とその崩壊が起こり、さらに１９９６年以降はデフレ経済になり、２０１５年までの20年間にわたり日本のＧＤＰは５００兆円台のまま増加しませんでした。

（２）第２次モノ離れ現象

第１次モノ離れ現象は量的モノ離れでしたが、第２次モノ離れ現象は「質的モノ離れ」であり、性格が異なります。質的モノ離れが意味するものは、第１次モノ離れのように旺盛な消費の終焉ではなく、モノの「活用の仕方の違い」です。従来のモノの消費は所有概念に基づくものでしたが、第２次モノ離れ下の消費は非所有概念に基づいています。例えば、「フリーサービス（無料、一定レベルまでは無料、無制限定額制度）」「シェア（共同所有あるいは共同利用）」「レンタル（所有せず欲しいときに一時的に借りる、サブスクリプションサービスを含む）」「リユース（リサイクルシステムあるいは再販売を目的に購入、2次流通）」があります。これらのビジネスモデルは、アメリカでは2000年頃から、日本でも2010年頃から開花し、現在は大躍進中です。

（3）第3次モノ離れ現象

産業革命以来、大量生産・大量在庫・大量販売・大量消費・大量廃棄が経済発展のメカニズムでしたが、近年は地球温暖化への対策や無秩序な欲求に基づく消費の抑制と賢明な消費が求められるようになりました。この第3次モノ離れ現象は、単なる消費の変化ではなく、経済全体の持続可能性の観点から見た人間の限りない欲望への自制や人間としての賢明な消費が導くモノ離れです。その克服は、適正生産・適正在庫（最少在庫）・適正販売・適正消費・適正廃棄（最少廃棄）の概念と、ＡＩによるサプライチェーンの技術革新により可能となります。

このように、第1次モノ離れは経済の高度成長を終わらせ、第2次モノ離れは経済の性格を変えました。先進国ではモノ離れが起こり、第1次、第2次を経て、財とサービスの付加価値の生産という数値的概念で算定されるGDPも、量的生産や量的消費を経済価値とする概念が希薄化しています。すなわち、今後は経済の主体者である消費者（あるいは国民）の「満足」を経済価値とする概念が求められるようになります。

その過渡期にある現在（2020年）は、環境への配慮から地球や社会に負担をかけないモノ離れが第3次モノ離れ現象として進行中で、今後はさらに進みます。

モノ離れによる旺盛な消費の終焉

モノを買うことによるモノの消費・所有・使用の連続性に喜びを感じる生活向上志向型の消費経済は、次の三つの要因によって終焉します。

①タンスの中はいっぱい状態で、生活向上に伴う消費のこれ以上の必然性が低下する。モノの充足化によって、モノに対する執着心が希薄化する

②短期的な流行戦略による計画的新陳代謝ではなく、長期的価値（サステイナブルエコノミー）を重視するようになる

③モノを含む全ての商品に対する消費の概念が、所有価値から使用価値（リサイクルエコノミーやシニアエコノミー等）へと変化した

以上のように、モダン消費経済からポストモダン消費経済へと経済が変遷すると、経済の成立・成功・成長・成果のメカニズムが根本的に変わります。

モダン消費経済（発展途上国や新興国の経済レベル）は、モノ経済です。18世紀半ばから19世紀初期に始まった産業革命の基軸である「大量生産→大量販売→大量消費」の延長線上にあります。そのため、中所得層（中産階級層）の出現と物欲主義の消費とサバーバン&カーライフが一体化したファミリー志向のライフスタイル革命（生活向上に伴うモノ消費が旺盛なライフスタイルへの転換）により、高度成長が可能になりました。

日本は1960年代から1980年代の終わりまでの約30年間、まさにモダン消費経済にありました。しかし、1988年に統計的にモダン消費経済が終焉し、1991年にバブル経済が崩壊しましたが、1991～96年には経済的にも消費的にも流通的にも数値的な頂点になり、その後はいわゆるデフレ経済になりました。GDPも500兆円台のまま2015年まで20年間にわたり同じ水準で推移し、小売業は食品を除くと15％減少しています。日本は現在もデフレから数値的に明確に脱出できていません。日本はモノ離れによるポストモダン消費、人口動態による経済効果（人口ボーナス効果）の低下、イノベーション意欲の希薄化というゼロ成長経済の3本柱によって「低迷経済（低成長かつ迷走する経済）」に陥り、迷いに迷い、のたうち回り、いまだ活路を模索しています。

消費の進化のプロセスと要素

経済の発展と成熟化は、流通の根源である消費の概念を変えます。この変化のプロセスを「消費の進化」と呼びます。消費の概念は「プレモダン消費（買い物消費が一般化していない時代）→モダン消費（モノ消費旺盛時代）→ポストモダン消費（モノ離れ時代）→ニューモダン消費（新モノ消費創造時代）」と進化します。

プレモダン消費時代（買い物消費が一般化していない時代）

モノを買う消費が生活習慣化していなかった時代の消費であり、
①まだ所得水準が低く、消費意欲が低く、買い物が一般化していない時代
②自給自足に近い自家製造・自家消費の時代
③買い物が非日常の生活スタイルだった時代
の消費です。買い物の主力業態は商店街で、百貨店は「あこがれの買い場」でした。

モダン消費時代（モノ消費旺盛時代）

１９８０~90年代の大量生産の受け皿として確立された大量消費です。まさに大量生産・

大量在庫・大量販売・大量消費・大量廃棄という資本主義本来の目的を達成した消費経済であり、「モノを買うことにより、モノを消耗し、所有し、利用することの連続性に喜びを感じる生活向上志向の消費（モダン消費）」です。

①モノとは物・飲食・生活サービス・情報・エンターテインメント&レジャー・スポーツ&健康・文化&教育という広義の商品

②生活の向上や生活の楽しさというライフスタイルの創出に喜びを感じる消費

③経済的には「供給≦需要」のプラスの需給ギャップがある中でのインフレ志向の名目的な成長主義経済

ポストモダン消費時代（モノ離れ時代）

経済が成熟すると、消費者はモノを買って消費することに喜びを感じなくなり（当たり前化）、モノに対して執着心を持たなくなります。このモノ離れ現象は、前述したように日本では1988年（アメリカでは18年早い1970年）が統計的な起点です。

①モノ離れした後の消費は、新たな生活向上型消費が希薄なために買い替え・補足型消費が中心となる。結果、消費がダウンサイジングする

②経済的には「供給>需要」のマイナスの需給ギャップ。名目ゼロ成長のデフレ、ある

いはディスインフレ（超低成長）

③モノの価値が認められなくなり、流通業はコト（モノ以外の何か＝体験や経験のサービス付加）を訴求する

④デフレ下やディスインフレ下では、数少ない新たな努力（取り組み）が消費者から認められず、超斬新な要素を持つ努力をする業態や企業のみが認められる。結果、勝ち組と負け組へと２極化し、流通全体に底上げが起こらないため低成長かつ２極化経済になる

⑤ポストモダン消費は、モダン消費からニューモダン消費へ移行する過渡期の消費。ポストモダン消費を経て新たなモノ消費を創造できた業態や企業は新たな成長を果たし、できなかった場合は長期低落化する

日本は１９９６～２０１９年の25年間わたってデフレにあり、かつ閉塞感のあるポストモダン消費経済でした。これはアメリカの１９７０～93年の23年間に相当します。

ニューモダン消費時代（新モノ消費創造時代）

ポストモダン消費を克服して新たな消費を創造した経済およびその経済圏の業態や企業は、成熟経済を克服した先駆けとして発展します。そのためには、次に挙げるイノベーショ

ンを伴う流通革新や企業革新が必要になります。

①今まで存在していなかった新しい商品で、新しい付加価値（品質・機能・こだわり）を創造する

②今まで存在していたが、新しい切り口の付加や新しい結合によって、マーケットが斬新と感じる新しい商品機能や付加価値を創造する

③経済的には「供給＝需要」の需給ギャップがなく、必要な商品を必要に応じてマーケットインのデザイン志向で提供する

④以上の結果、商品への価格弾力性（安いから買う、高いから買わない）が希薄化し、適正な価値を適正な価格で買う消費が実現する

ここで言う商品とは「物・飲食・生活サービス・情報・エンターテインメント＆レジャー・コンテンツ・教育＆文化」を意味します。この商品が持つ「機能」と「付加価値」を新たに創出することにより、従来型商品（コンベンショナルな消費に基づく商品、あるいはモダン消費時代の商品）と区別します。ニューモダン消費対応の商品は、マーケットから見て「初登場」あるいは「斬新」と感じる商品です。

モダン消費の商品は産業革命以来の生活向上に基づくライフスタイルに対応したもので、ニューモダン消費から見ると「従来型＝コンベンショナルな商品」となります。

イノベーションとニューモダン消費の創出

大変革に対応した新たな流通の成立・成功には、過去の延長線上ではないニーズを創出する必要があります。この新たなニーズを創出することがイノベーションです。イノベーションには表2－1－1に挙げた二つのタイプがあります。

イノベーションによるマーケット創造（需要創造&顧客創造）には、先行型（ファーストムーバー）と後発型（セカンドムーバー）があります。

ファーストムーバーは、先行・突き放し型で、常に磨きをかけて地位を護《まも》ることが必要です。セカンドムーバーは、セカンドムーバーアドバンテージ（先行者利益のファーストアドバンテージを享受するのではなく、二番手として新しい技術を精度高く仕上げる＝真似をするにもノウハウが必要との概念を導入）を駆使して、後発でありながら結果的に優位に立ちます。ただ、情報化社会と金融経済化社会の中で、先行・突き放し型が優位になりつつあります。

いずれにしても、第1次モノ離れ（1988年以降）および第2次モノ離れ（2010年以降）によるポストモダン消費から脱皮するためには、商業者自身のイノベーションによるニューモダン消費（モノ離れ後の新たな概念に基づく賢約消費）の創出が求められます。

表2-1-1　イノベーションの2タイプ

ニーズ	内　　容
今まで全くなかったニーズの創出	①世の中(流通業界やSC業界)に今までなかった新しいニーズ ②世の中には存在するが、自らの「1つの固有マーケット」の中には存在しなかった新しいニーズ
今まで存在していたが、新たな切り口を加えて新しいニーズを創出 ［①垣根を越えた結合と融合 ②新たなマッチングによる結合と融合］	①既存のニーズに新たな思考やアイデアを結合ないしは融合させ、新しいニーズを創出する ②各分野のカテゴリーの垣根を取り払い、互いのカテゴリーを結合あるいは融合させ、新しいニーズを創出する ③過去・現在・未来の時間差を結合あるいは融合させ、新しいニーズを創出する ④異文化同士を結合あるいは融合させ、新しいニーズを創出する ⑤フィジカル空間（リアル空間）とサイバー空間(ネット空間)を結合あるいは融合させ、新しいニーズを創出する ⑥モノとコト・トキ・イマ・ココを結合あるいは融合させ、新しいニーズを創出する ⑦モノと環境空間（モール&プレイス）を結合あるいは融合させ、新しいニーズを創出する ⑧今活用されているものと今は活用されていないものを結合あるいは融合させ、新しいニーズを創出する ⑨特定のカテゴリーと正反対の概念のカテゴリーを結合あるいは融合させ、新しいニーズを創出する ⑩全国的な主軸となるニーズ（マジョリティニーズ）とローカルの特殊ニーズ（ニッチorマイノリティニーズ）を結合あるいは融合させ、新しいニーズを創出する

先進国の消費の進化

アメリカはポストモダン消費から抜け出すために、１９７１年から金融経済化の道を歩みました。金融とＩＣＴ（情報通信技術）を一体化してＩＣＴバブルを起こし、金融と住宅産業を一体化して不動産＆ファンドバブルを起こし、リーマンショック以降は超質的・量的緩和を行って金融緩和バブルを起こし、経済体制の維持・発展を図ってきました。

しかし、金融はゼロサムゲームで付加価値の創造がないため、本当の意味での経済発展とはなっていません。やはり、脱ポストモダン消費経済である「ニューモダン消費経済（新たなモノの創出による好循環経済）」への進化が必要です。そのためには、流通業界レベルでの広義の商品の新陳代謝を可能にするイノベーション（技術革新）による新付加価値商品の開発が望まれます。

モダン消費時代はモノの品質である性能や機能、加えて価格の安さが購買動機でした。プレモダン消費時代にはあらゆる商品がコモディティ化（当たり前化・価格志向化）し、実質のゼロ成長、ディスインフレ、あるいはデフレになります。そのため、モノの魅力以外のコト（非モノ志向、品質以外の付加価値、経験・体験・体感志向）の要素を付加しないとモノが売れなくなります。このような流通上の変化に対応してイノベーションを起こす国家・企業・個人が出現し、今まで存在しなかった斬新な商品・飲食・生活サービス・

情報&コンテンツ・エンターテインメント&レジャー・教育&文化消費を創造できれば、新たな消費が起動してニューモダン消費へと経済はシフトしていきます。

モダン消費からポストモダン消費へ、さらにニューモダン消費へのシフトという観点で、アメリカ、日本、中国の消費レベルの推移を整理したものが表2-1-2です。いずれの国も、モノ離れ（モダン消費の終焉）後のポストモダン消費時代は不況（基本的にはデフレあるいはディスインフレ）になります。日本の1990〜2010年代、アメリカの1970〜80年代が相当します。

モノ・コト・ココ消費の概念

流通業界では「モノからコトへ」という言葉が流行しています。モノ離れした消費の中でモノの集客力が低下した結果、モノ以外の付加価値（魅力）として「狭義のコト」が論じられ、さらにコトの進化版として「ココ（ココだけで買えるなど）」の概念が加えられました。この「モノ＋コト＋ココ」が実現するのは消費者の満足度（来館・来店・購買の満足度）、

表2-1-2　国別の消費のレベル

	モダン消費	ポストモダン消費	ニューモダン消費
アメリカ	1918〜1970年	1971〜1993年	1993年以降
日　本	1956〜1995年	1996〜2025年	2025年以降（?）
中　国	1991〜2030年	2031〜2040年（?）	2041年以降（?）

つまり買い手の需要です。しかし、単に「一定のマーケットの量と質」を確保するための売り場（SC等）の魅力づくりでは、売り場間（SC間等）のゼロサム現象（一方の得が一方の損）を招いてしまい、マクロな経済や消費の創造には結びつきません。

そもそも買い手（お客様）は、売り手から商品を提案されて初めて価値を実感します。自らその価値を創り出すことはできません（近未来にはCtoCマーケットが進展し、消費者によるメーカー・小売業のような価値づくりが可能になる）。それゆえ、売り手が新しい発想と具体的な行動によるイノベーション（「0から1」あるいは「1から10」：191頁参照）を起こす必要があるのです。イノベーションなしに消費増とその後の好循環経済は実現できません。

この売り手発想による需要創造の進化プロセスが「ドリル（道具）→ホール（穴）→ユーティリティ（効用）」です。自動車業界に置き換えると分かりやすいでしょう。自動車は「オートモービル（Automobile）」に始まり、「ケース（CASE＝コネクティビリティ、オートノマス、シェアード、エレクトリック）」へ、さらに今後は「マース（MaaS＝モビリティ・アズ・ア・サービス）」になります。

以上の概念をまとめたものが表2－1－3です。売り手のイノベーションは経済や消費の創出につながり、売り手自身の生産性も向上させることが読み取れます。消費者はホール（穴）を開けるためにドリルを買います。ドリルは道具（モノ価値）であり、目的はあ

表 2-1-3　消費のレベル別特性

		モダン消費	ポストモダン消費	ニューモダン消費
消費のタイプの内容		モノの消費の旺盛時代	モノ離れによる低迷消費の時代	新たな需要創造の消費の時代
消費創造の2つの方向性	買い手発想の需要創造	モノ	コト（狭義）	ココ
		品質価値	サービス価値	時間＆唯一価値
		経験価値	体験価値	体感価値・ 感動価値
	売り手発想の需要創造	ドリル （道具）	ホール （穴）	ユーティリティ （効用）
		型としてのモノ	ツールの使用の効率化	生産性の向上
		モノ価値	使用価値	効用価値
自動車産業の移動概念の進化事例		乗り物としての自動車	CASE （ケース）	MaaS （マース）
		型としてのモノ	ツールの使用の効率化	生産性向上
		モノ価値	使用価値	効用価値

流通の進化	業態化 ライフスタイル化 バリュー化	カスタマイズ化 デジタル化（主軸）	デジタル化（主軸） サステイナブル化 サブスクリプション化

くまで穴を開けること（使用価値）なのです。目的を果たせる（効用を得られる）ドリルを提案できなければなりません。消費者の課題に対するソリューションを提供できれば、新しいライフスタイルやライフシーンが創出され、新たな需要（GDPが増大する需要、ゼロサム現象にならない需要）の創造が起こります。

モダン消費は高成長経済、ポストモダン消費はゼロサムのゼロ成長経済、ニューモダン消費は中成長経済です。日本のGDPの60%（アメリカは70%）は消費です。消費を喚起し、経済を好循環化させるには、流通業者のイノベーションによる需要創造が必要です。

経済が成熟してモノ離れ現象（第1次1988年・第2次2010年）が起こると、消費現象は「モダン消費→ポストモダン消費→ニューモダン消費」と進展します。その過程では需要が変わり、消費行動が「モノ消費→コト消費→ココ消費」と変遷します。これらの消費行動はリアル空間（フィジカル空間）ビジネスにもデジタル空間（サイバー空間）ビジネスにも共通する動きです。

ちなみに、ここで言うモノとは物（財）のみを指す概念ではなく、商品全体（物・飲食・生活サービス・情報&コンテンツ・エンターテインメント&レジャー・文化&教育に関する消費の対象）を意味します。モノ・コト・ココ消費の概念は表2－1－4のようになります。参考までに、日本の流通大変革と流通業態の変遷は表2－1－5の通りです。

表 2-1-4　モノ・コト・ココ消費の概念

<table>
<tr><th></th><th></th><th colspan="2">内　容</th></tr>
<tr><td rowspan="2">モノ
(モノとしての
買い物経験)</td><td rowspan="2">ライフ
ステージ
×
買い物
習慣行動</td><td>モノ消費行動
(直接的買い物
動機・行動)</td><td>①商品の品質・機能等の商品自体の価値の取得を主な目的とする出向動機および出向動機から派生する消費行動
②モノ離れ前のモダン消費時代の中心的な消費行動
③やがてモノ消費のウエートは低下するが、卓越したモノ価値の創造はニューモダン消費時代に期待される消費行動</td></tr>
<tr><td colspan="2">買い物行動および買い物の学習経験に「限界効用（満足）逓減の法則」が適用される。学習経験を重ねることで得られる1単位当たりの追加満足は減少する。継続すると成果は一定の速度で低下する。</td></tr>
<tr><td rowspan="2">コト
(コトとしての
買い物体験)</td><td rowspan="2">ライフ
ステージ
×
ライフ
シーン

※ライフシーンとは、生活上の生活行動を時間で表現したもの</td><td>コト消費行動
(誘引的買い物
動機・行動)</td><td>①商品を所有することではなく、使用することで満足を得る消費行動(間接的な刺激)
②商品以外による集客から派生する関連買いの消費行動
③出向動機や購買動機を買い物に誘引することで発生する消費行動(場や時間の価値づくり)
④モノ離れした後のポストモダン消費時代の中心的な消費行動</td></tr>
<tr><td colspan="2">買い物行動および買い物の学習経験に「限界効用（満足）不変の法則」が適用される。学習経験の継続で得られる1単位当たりの追加満足は一定である。継続しても成果は減少しない。</td></tr>
<tr><td rowspan="2">ココ
(ココとしての
買い物体感)</td><td rowspan="2">ライフ
ステージ
×
ライフ
スタイル

※ライフスタイルとは、生活シーンを独自性のある生活スタイルで表現したもの</td><td>ココ消費行動
(情緒的買い物
動機・行動)</td><td>①ココのみの感動や驚きや感情から発生する消費行動
②客の精神的な面に訴えた買い物への誘因であり、客の固定化や愛顧客化に結びつく消費行動
③新たな需要創造であるニューモダン消費時代の中心的な消費行動</td></tr>
<tr><td colspan="2">買い物行動および買い物の学習経験に「限界効用（満足）逓減の法則」が適用される。学習経験を重ねることで得られる1単位当たりの追加満足は増大する。継続すると成果は累積的に高まる。</td></tr>
</table>

化に対応し、敵の参入障壁の高い独自性を確立すること

1995 年　　2020 年　　2045 年

第 2 次流通大変革

①旧大店法緩和による自由競争社会の到来
②モノ離れによる消費の旺盛時代の終焉と消費の飽和時代の到来
③団塊ジュニア世代の社会進出によるライフスタイル革命（平成ニューファミリーの登場）
④低成長・デフレ経済時代の到来

第 3 次流通大変革

①戦後３回目の世代交代によるライフスタイル革命（ミレニアル世代や令和パーソンズ世代の時代到来＝もはやファミリーではない）
②ネット販売・Ｅコマースによる買い場革命
③地球環境と人間関係を重視した社会革命
④新生活スタイル・新技術対応消費の消費革命

第 4 次流通大変革

1988 年第 1 次モノ離れ　1991 年バブル経済崩壊　2010 年第 2 次モノ離れ　2020 年コロナショック

ポストモダン消費 （1996~2020 年の 25 年間）	ニューモダン消費 （2020~2045 年までの 25 年間）	
	サイバー空間	
	デジタル & MaaS としてのモビリティ	
• 商店街の長期低落化の持続と淘汰期 • ノスタルジー商店街の出現期（観光志向商店街）	• コンビニエンスセンター（超小商圏・サービス業志向の超小型 SC）への道 • ノスタルジー（歴史・文化・観光志向）商店街への道	次の時代へ（2045年から25年後の2070年へ）
• 百貨店の長期低落化と淘汰期（品質 / 価格 = 価値の低下と不適合立地の百貨店の淘汰） （郊外や県都の百貨店の退店の続出）	• スペシャリティ百貨店への道 • 中心街の巨艦型総合百貨店への道 • デジタル & カスタマイズ百貨店への道	
• GMS の長期低落化と淘汰期（何でもあるが、買うものがない業態という中道業態化） （ダイエー、西友、マイカル、ユニー、長崎屋、ヤオハン、寿屋等の破綻・傘下入り、ジャスコとイトーヨーカドーもGMSは衰退）	• 総合 DS（ディスカウントストア）への道 • スペシャリティ GMS への道 （特定の客層・生活様式・人口動態にカスタマイズ化）	
• CVS の大繁盛期と飽和期	• CVS の無人店舗化や RPA（ロボット）化への道 • ネットの基地化および超小商圏のプラットフォーム化 • 地域密着サービスに特化したライフサポートセンターとしての CVC（SC 化）への道	
• ネット通販（E コマース）の躍進 • テレビショッピングの躍進	• ネット通販（E コマース）の全盛期 • デジタルネイティブ販売の全盛期 （リアルとネットの融合販売） →ネット通販はコア比率 30%、アラウンド比率 80% 時代	
• 標準型 RSC の大繁盛期 （・多核モール専門店街型 SC　・ランブリングモール型 SC ・エンターテインメント志向の SC ・ファミリー志向の SC　・物販比率 80% の SC）	• 標準型 RSC の長期低落化と淘汰期 • ネットモールの大繁盛期 • タウンセンター化、ライフスタイルセンター化、アンチモール化の道 • ネットネイティブ SC（SC2）への道	
• CSC の長期低落化と淘汰期 （核店舗としてのGMSの衰退と大店法の緩和・廃止によるSCの大型化、NSCとRSCによる中道業態化）	• CSC のパワータウン化の道 • CSC の中商圏・コンパクトモール型 SC 化の道 • ライフスタイルセンター化の道	
• 共同店舗型 SC の長期低落化と淘汰期 （立地不適合・業態不適合・規模不適合・MDing 不適合による疑似 SC 化）	• 共同店舗のライフスタイルセンター化の道 • 共同店舗のスペシャリティ SC 化の道 （特定の客層・生活様式・人口動態にカスタマイズ化）	
単館 SC のチェーン型ディベロッパー追随化による現状維持化と不適合な単館 SC の長期低落化	• 単館 SC の 2 極化の道 （・単館 SC ゆえに繁盛型の道（日米とも上位は単館 SC） ・単館 SC ゆえに淘汰の道（日米とも下位は単館 SC））	
• 中心街の衰退と再生の 2 極化の時代（郊外の RSC の進出により中心街苦戦の時代と同時に、中心街も再生の模索時代）	• フィジカル空間商業（中心街と郊外・地方エリアの 2 つのリアル空間）とサイバー空間（ネット空間）の 3 極化の中での存在感のある中心街の道	

ことだから何とかなるとの先送り行動 ＋ 時代の変化に対応している先行者に対して後期追随型行動 ＝ 長期低落化および淘汰の道を歩む

MDing は 3 年に 1 回、商品は 3 カ月に 1 回、過去の延長線上ではない大変革が起こる

表 2-1-5　日本の流通大変革と流通業態の変遷

流通の大変革と流通業態の変遷	流通の新陳代謝	いかなる分野でも、勝ち残り・生き残りは最強になることではなく

流通大変革の要因（流通 25 年大変革理論）		1945 年 1960 年モダン消費始まる	1970 年 第1次流通大変革 ①所得 5,000 ～ 10,000 ドル時代による中所得層（中産階級）の出現 ②車の世帯保有率 30 ～ 50%による車社会の到来 ③戦後生まれの団塊世代の社会進出によるライフスタイル革命（昭和ニューファミリーの登場） ④人口大移動時代の到来（地方→都会→郊外）
消費経済のタイプ		プレモダン消費（1945~1955 年）	モダン消費（1956~1995 年の 40 年間）
商業空間のタイプ		フィジカル空間 徒歩・自転車・大量交通機関としてのモビリティ	車としてのモビリティ
流通の業態	商店街	• 商店街の大繁盛期（商店街と百貨店が 2 大流通業態を形成）	• 商店街の長期低落化期（SC の成長による商店街の衰退）
	百貨店	• 百貨店の大繁盛期（あこがれ業態、非日常の業態としての百貨店）	• 百貨店の発展期（ハイライフスタイルの業態に変身） • 郊外や県都に百貨店の進出が続出
	GMS（大型スーパー・量販店）	• GMS の出現期（1955 年頃から）	• GMS の発展・大繁盛期（CSC の核店舗としての位置づけ）
	コンビニエンスストア（CVS）	–	• CVS の出現（1973 年）と大成長
	無店舗販売	• 無店舗販売の時代（カタログ販売、訪問販売、生協の共同仕入れ）	• 無店舗販売の時代（カタログ販売、訪問販売、生協の共同仕入れ）
SC	RSC	–	• 標準型 RSC の出現期（1970 年頃か
	CSC	• CSC の出現期（1965 年頃から）	• CSC の発展・大繁盛期（GMS を核店舗とした中型 SC）
	共同店舗型 SC	–	• 共同店舗型 SC の出現（1980 年頃か と大繁盛期（大店法に護られ、ローカルエリアで大
	単館型 SC	–	• 単館 SC の出現（1970 年頃から）と 発展・大繁盛期
中心街の商業（100 万人以上の立地）		• 中心街の大繁盛期（郊外の商店街と棲み分け）	• 中心街の長期低落期（都心商業に対する郊外商業の基軸の時代）
長期低落化や淘汰が起こる要因		少しずつ変化するため ゆで蛙化 ＋	ミクロは見えるがマクロが見えないため 井の中の蛙化 ＝
流通の変化速度		社会は 100 年に 1 回、経済は 50 年に 1 回、流通は 25 年に 1 回、コンセプトは 8 年に 1	

第2節　アメリカの流通の底力とライフスタイル

アメリカが歩んだ流通の道

日本の流通は、いまだポストモダン消費から脱皮できていません。一方、アメリカは日本とは異なる流通の道を歩みました。アメリカの流通は「長く深い歴史（流通歴）」を持っています。アメリカでモダン消費（モノを買い、消耗し、利用し、所有することに喜びを感じる生活向上志向の消費）が始まったのは、1918年のこと。第1次世界大戦に勝利した後の好景気で中所得層が急増し、その旺盛な消費に対応する流通システムが構築されました。それからすでに100年余り。日本でモダン消費が本格化したのは1960年代ですから、アメリカは日本の2倍以上の消費の歴史、流通の歴史を持っているのです。

5回の大変革に対応し、流通を革新

アメリカはこれまで、世界一進んだ消費国家であり流通国家でした。それゆえ流通ノウハウの宝の山であり、常に最先端の流通がありました。アメリカがその流通歴において経

済や消費の大変革に見事に対応し、克服し、新たな発展に結びつけた現象を「アメリカの流通の底力」と言います。かつてダーウィンが『進化論』で述べたように、生き残り・勝ち残ってきたあらゆるものは強いからではなく、時代の変化に適応したからであるということを実践し続けたのがアメリカの流通業です。アメリカの流通の底力は、過去に５回発揮されました（表２－２－１）。

（1）１９７０年代以前の多核モール型ＲＳＣ

アメリカのモダン消費は１９１８年に始まりましたが、１９４５年の

表 2-2-1　アメリカの流通の底力　5 つのステップ

底力のステップ	出現した新業態	基軸となる機能
第 1 回目の底力	多核モール型 RSC 業態の出現	ワンストップショッピング & コンパリゾンショッピング
第 2 回目の底力	バリュー業態の出現	価格破壊力および廉価性
第 3 回目の底力	エンターテインメント業態の出現	喜びをテーマとするエンターテインメント性
第 4 回目の底力	ライフスタイルセンター業態の出現	コミュニティ&コミュニケーション（交流）を基軸とするサードプレイス性
第 5 回目の底力	ネットネイティブ業態の出現	EC の躍進を背景とするサイバー空間を活用した新しいチャネルによる新消費性

第2次世界大戦の終戦以降は車社会化と郊外化が急激に進みました。これにより、まさに買い物の学習経験の連続性であるモダン消費の旺盛な時代となりました。この大量生産・大量販売・大量消費の経済体制に見事に適合した業態が「多核モール型RSC」でした。

多核モール型RSCの核要素（集客の基軸となる要素）は、「ワンストップショッピング（何でも揃っていて1カ所で買い物が間に合う）」と「コンパリゾンショッピング＝比較購買（いろいろな業態が導入され、同じカテゴリーの商品を比較しながら選択肢のある買い物ができる）」でした。これら二つを基軸として、駐車場を十分に取り、2〜5の複数の核店舗と100〜300店舗の専門店を導入したモールは、絶大な人気を得ました。この多核モール型RSCに代表されるSC業態が「SCは20世紀の最強流通業態」と言わしめる所以《ゆえん》となりました。

この多核モール型RSCを生んだのがアメリカの第1回目の流通の底力です。

（2）1980年代のバリュー業態

ところが、1980年代になると状況が一変しました。1960〜70年代の経済を牽引したアメリカの物づくりが日本企業に取って代わられ、アメリカは大不況になり、消費も落ち込んだのです。この1980年代の不況期（スタグフレーション＝景気が悪いのに物価高）に、アメリカの流通業界では次々と新たなスタイルの廉価性業態が出現しました。アウトレット、カテゴリーキラー、パワーセンター、ディスカウント、オフプライス、ボックスストア……いずれも価格破壊を伴うバリュー業態です。まさに当時の経済と消費の実態を反映した業態と言えます。

この多様なバリュー業態を出現させたのが、アメリカの第２回目の流通の底力です。

（３）１９９０年代のエンターテインメント業態

アメリカの経済は１９９３年頃からＩＴ（情報技術）を中心とする新産業によって回復しました。１９８０年代のアメリカは物づくりで日本に負け、日本は「Japan as No.1」と言われました。その中でアメリカは、ＩＴ技術と知的所有権の保護によって経済を奇跡的に回復させ、かつての経済大国を復興させました。

景気が良くなると消費が活発になり、１９８０年代の節約志向だけでなく、楽しさやおいしさ、うれしさで表現されるエンターテインメント性へのニーズが高まりました。これに伴い、商業施設やSCの中にシネマコンプレックスやゲームセンター、グルメレストラン、テーマパークが続々と導入され、また物販3分の１・アミューズメント3分の1で構成されるエンターテインメントセンターも出現しました。１９８０年代まで消費者はモノを買うことが商業施設への出向動機でしたが、１９９０年代にはエンターテインメント性が出向動機となり、関連買いとしてモノを買うパターンが主力になったのです。２０００年代の日本の多核モール型ＲＳＣへの出向動機がエンターテインメント性になっているのと同じ現象です。

このエンターテインメント性を基軸とする業態を生んだのが、アメリカの第３回目の流通の底力です。

（４）２０００年代のライフスタイルセンター業態

アメリカでは２００１年にＩＣＴバブルが崩壊し、経済が一時不安定になりましたが、泡沫ＩＣＴ企業が淘汰された後は情報技術産業が見事に立ち直り、さらに高次元へと進化しました。同時に、アメリカの次の産業である「金融業と不動産業」が基軸産業として発展しました。この金融業と不動産業が一体化した「住宅産業」と、飽和期に突入していたＳＣ（多核モール型ＲＳＣ、パワーセンター、ＮＳＣ等）の「異質化商業」が一体化して出現したのが「ライフスタイルセンター」であり、より巨大なまちづくりにまで拡大した「タウンセンター」です。

ライフスタイルセンターやタウンセンターの対象は、多核モール型ＲＳＣやエンターテインメントに生活の向上や新しいライフスタイルを求める「生活者」ではなく、地域に暮らす「住民」です。それゆえ、地域の交流の場となる「第3の場」を核要素にしたオープンエアモールのSCになっています。地域の中心機能や井戸端会議機能、さらには環境への配慮や自然との一体化など、流通業態でありながら従来の商業施設やSCのモノ売りや遊びという物質的機能ではない精神的な面を重視しています。

ライフスタイルセンターは「地域密着型ライフスタイルセンター」「レジャー型ライフスタイルセンター」「テーマ型ライフスタイルセンター」「タウンセンター型ライフスタイルセンター」の4タイプに分類されます。

このライフスタイルセンターやタウンセンターを生んだのが、アメリカの第4回目の流通の底力です。

（5）2010年代のネットネイティブ消費対応業態

21世紀型の消費に対応する業態は、「ニューモダン消費対応業態」と「ネットネイティブ消費対応業態」です。ネットのデジタル空間を活用したECは近未来には30％（販売基点算定）となり、アラウンドネット販売（何らかの形でネットが関連する売り上げ）は80％以上になると想定されます。次世代の流通覇権業態となるECについては、中国が流通業の進化のプロセスを飛び越えて発展を続けています。一方、アメリカでも、流通業の進化のプロセスに基づきながら、ＥＣはすさまじく躍進を遂げています。

アメリカでは今、無店舗のＥＣを進める「アマゾン」と有店舗を活用したＥＣを進める「ウォルマート」の二者が激しい覇権争いを行っています。アマゾンはヘルス＆グルメのリアル店舗食品スーパーのホールフーズを買収し、ウォルマートもネット通販のジェット・ドット・コムを買収し、ともにリアルとネットのシームレス化＝総合業態化を進めています。同時に、ＳＰＡの専門店チェーンや独立店舗もＤ to Ｃ（ダイレクト・ツー・コンシューマー）化しました。総合業態も専門店も、ネット業界で覇権争いをしている状態です。

ＥＣ時代におけるネットネイティブ業態の旺盛な出現は、まさにアメリカの底力です。

アメリカ型ライフスタイルの発展と終焉

イギリスを中心とした産業革命は18世紀半ばに起こり、製造業の飛躍的発展により大量生産システムが確立されました。しかし、工場で働くブルーカラー層の所得は低く、消費を基軸とする経済は発展しませんでした。その後、産業革命を成功させた先進国は、資源や市場を国内ではなく海外に求め、植民地化によって経済発展を図りました。産業革命は帝国主義への道を歩んでいったのです。

経済イノベーションとライフスタイル革命

しかし、アメリカは比較的、帝国主義への道は歩まず、ブルーカラー層の中所得層化をベースに国内消費を創造する生活革命によって経済を確立しました。製造業を基軸とするのではなく、国民の生活を基軸としたモビリティ革命（自動車、ハイウェイ等）とインフラ革命（上水道・下水道、電話、電化製品等）によって経済発展を成し遂げたのです。

国民の所得向上と消費促進による経済発展は、アメリカが第１次世界大戦後に世界の工場化し、ポンドからドルへの基軸通貨の移行期にあった１９２０年代にスタートしました。世界大恐慌や第２次世界大戦を経て、戦後の１９４５年からモータリゼーションと郊外でのニュータウン開発により、世界中の人々がうらやむアメリカンドリームに象徴されるアメリカ型ライフスタイルが確立されたのです。

アメリカ型ライフスタイルの日本への波及

日本ではモダン消費経済が確立される過程で、アメリカ型ライフスタイルが浸透しました。アメリカは戦後、日本のアメリカ化を推進するプロパガンダによって、アメリカを模範国家化しました。その文脈で、アメリカ型ライフスタイルについて説明します。

アメリカは、アメリカ型ライフスタイルの創出に伴う消費を基軸とする経済大国です。アメリカ型ライフスタイルは、「自由主義・個人主義・平等主義」の精神に基づく「富裕中産階級」「物質絶対志向」「ファミリー幸福志向」によって形成されています。

では、今日の日本の経済は、どのようなプロセスを経て形成されたのでしょうか。

(1) 日本の経済発展プロセス

日本は明治維新(1868年)まで後進国でしたが、現在は世界第3位の経済大国です。日本の経済発展は二つの段階に分けて捉える必要があります。

①戦前の日本経済の発展プロセス(イギリス型経済発展)

日本は1868年の明治維新から1904年の日露戦争までは「発展途上国」、日露戦争から第2次世界大戦の終戦(1945年)までは「新興国」に位置する経済国家でした。日露戦争までは独立維持の戦争を行いましたが、その後は当時の列強(イギリス、フランス、ドイツ、ロシア)を真似して他国を植民地化する帝国主義の道を歩みました。

植民地政策は後進国を支配し、自らの経済圏を作ることを目指したものですが、その実現には強力な軍隊が必要とされたため、国民は豊かな生活レベルを維持することができませんでした。貧富の差（資本家と労働者、地主と小作、貴族と庶民の格差）が大きく、消費を基軸とする経済大国にはなれないまま軍事大国になり、国の経済力に見合わない国防費が国家の負担になっていました。

②戦後の日本経済の発展プロセス（アメリカ型経済発展）

戦後、日本はアメリカの占領下になり、アメリカは二度とアメリカを中心とした白人社会に反抗しないよう、平和主義（平和憲法の押し付け）、民主主義（義務のない権利のみの教育）、経済国家（豊かな生活）の3本柱による日本弱体化戦略（日本を大人しい国にする戦略）を推進しました。

特に、戦後のアメリカ型ライフスタイルを浸透させるためのプロパガンダ（政治的宣伝）は積極的に行いました。テレビや雑誌、教科書などを通じて、アメリカ人の住宅（芝生のある庭や冷蔵庫のある台所、テレビのある居間、清潔なトイレ）や食卓の料理の豊富さ、自家用車で家族揃ってのドライブやショッピング、仲の良い対等な夫婦、自主主義の子供たちなどを見せました。ガリオア・エロア基金の援助によるパンとミルクの給食などは日本人を驚かせたものです。当時の日本人には夢のような生活に映り、アメリカにあこがれるようなアメリカナイズ化した思想教育をしました。

このアメリカ流のライフスタイルが日本の経済を高度成長させ、「発展途上国（１９４１～50年）→新興国（１９５１～73年／１人当たりＧＤＰ１万ドル）→先進国（１９７４年以降）」と進化させたのです。

（2）アメリカ型ライフスタイルのモデル国家へ

今日、日本のＧＤＰに占める消費の割合は60％を超え、アメリカの70％に次ぐレベルにあります。日本は戦前、植民地（満州国や中国）を基軸とする経済圏を確立し、その考え方に基づいて国の発展を図りました。それに対して戦後は「国富（くにの富）は足元（国内の国民）にある」というアメリカ型の経済政策を採り、大発展を遂げました。１９６８年にはアメリカに次ぐ世界第2位の経済国家（現在は中国に抜かれて第3位）になり、国民所得も１人当たり4万ドルと世界一級の富裕経済国家になりました。しかも、その中身はアメリカ型ライフスタイルの創出を背景にした消費を基軸とする経済大国です。アメリカ型ライフスタイルの活用が世界で最も成功した完成度の高いモデル国家と言えます。

しかし、１９８８年にはポストモダン消費時代に突入し、成熟経済国家になりました。もはやアメリカ型ライフスタイルの創出だけでは、経済成長は望めません。今後は日本独自に創出したライフスタイルに基づくニューモダン消費の出現が必要です。アメリカ型経済の消費を「第１次ライフスタイル革命」とするならば、モノ離れした後のニューモダン消費の経済を「第２次ライフスタイル革命」と呼ぶことができます。

アメリカ型ライフスタイルの終焉と多様化

日本におけるアメリカ型ライフスタイルはアメリカで１９７０年にモノ離れが起こった後のポストモダン消費時代にも続きましたが、２０００年頃から希薄化し今日に至っています。この背景にあるのが、世界同時に起こったライススタイルの多様化です。アメリカ型ライフスタイルを希薄化し、ライフスタイルを多様化させている要因は次の通りです。

①ＥＣ革命

ＥＣはアメリカ主導で始まりましたが、中国を中心に世界同時的に発展したことでアメリカ型ライフスタイルが希薄化しています。

②モビリティ革命とデジタル革命

モビリティ自体の多様化が進み、車中心かつ郊外志向のアメリカ型ライフスタイルが希薄化。また経済のデジタル化が世界同時に進行し、これも希薄化の要因になっています。

③サステイナブル革命

持続可能社会の到来により、大量生産・大量販売・大量消費に基づくアメリカ型ライフスタイルが希薄化しています。

このように、世界のあこがれのライフスタイルであったアメリカンドリーム型のアメリカのライフスタイルが21世紀には世界同時進行で希薄化し、新常態のライフスタイルが登場しています。

第3節　モノ離れ後の日米経済の相違点

アメリカと日本の経済の違い

アメリカは１９７０年、日本は18年後の１９８８年にモノ離れ現象が起こりましたが、その後の日米の経済は、アメリカはインフレ、日本はデフレの道を歩みました。

アメリカのインフレと日本のデフレ

アメリカのインフレ（常に物価が上がり、名目ＧＤＰは拡大の道を歩む経済）は今日も続いています。大きな要因は二つあります。

一つは、モノ離れ（１９７０年）↓ドル安（１９７０～２０１２年）↓輸入価格上昇（１９８０～２０１２年）↓国内のモノ商品の価格高と進んだ「モノの経済の流れ」です。

もう一つは、ドルの金本位制の廃止（１９７０年・ニクソンショック）↓モノ経済から金融経済へ↓バブル経済の勃興と崩壊の繰り返しによる貨幣価値の下落という「カネの経済の流れ」。この両面からアメリカの経済は「モノ離れ以降40年間のインフレ経済」になりました。

一方、日本では1988年にモノ離れが起こって以来、デフレ（常に物価が下がり、名目GDPは縮小の道を歩む経済）が今日まで続いています。大きな要因は次の二つです。

一つは、モノ離れ（1988年）→円高（1985～2012年）→輸入価格の下落（1985～2012年）→国内のモノ商品の価格安と進んだ「モノの経済の流れ」。もう一つは、資産バブルの崩壊→金融の引き締め→安定的な金融政策→貨幣価値の上昇という「カネの経済の流れ」。この両面から日本経済は「モノ離れ以降24年間のデフレ経済」でした。

アメリカは1970年のモノ離れ後の1990年代に次の成長産業としてICT（情報通信技術）を基軸にし、「ICTと株式と貨幣が一体となった金融経済でバブルを作り、そして崩壊」させました。さらに2000年代には、次の成長産業として不動産を基軸にし、「不動産（住宅産業）と債権（特に住宅ローンを証券化したデリバティブ）と貨幣が一体となった金融経済でバブルを作り、そして崩壊」させました。

アメリカはモノ経済を捨て、金融経済（貨幣、株式、債券）のインフレの中で経済（GDP）を拡大してきたのです。しかし、日本はモノ経済から脱皮できず、しかも1991～94年の資産バブル崩壊のトラウマから厳しい制限を伴う金融政策を実施したことで金融経済の発展はなく、逆に物価の下落（貨幣価値の上昇）により所得の下落以上に物価が下落しました。結果、経済は縮小（1991年と2011年のGDPは同じ）し、実質経済は拡大（GDPや所得の拡大を伴わない経済化）したのです。2002～08年はGDPの拡大のない戦後最長の経済拡大になりました。

現在の日本のデフレ経済下では「1の努力」「5の努力」「10の努力」「20の努力」のような小規模・中規模の努力では成果が出ません。「50の努力」や「100の努力」をした者しか成果が出ないのです。それゆえ、デフレ経済下の20年間では、ごくわずかの独り勝ちした者しか勝ち組になれませんでした。いわゆる小さな努力はデフレ経済下では切り捨てられ、日本経済全体の底上げにはならなかったのです。デフレの克服こそが、経済を底上げした形で次の成長産業を実現する基盤を作ります。

モノ離れ現象後の経済下で、それまでと「見た目（形）は同じだが、メカニズムが異なる経済・流通現象」が起こりました。アメリカでは1980年代に、日本では1990～2010年に、価格破壊力を持ったディスカウントストアが出現したのです。

アメリカは1980年代にスタグフレーションになりました。その結果、消費者は価格に対して敏感になり、価格破壊を伴うディスカウントストア業態が登場し、大成長したのです。日本は1990年代にモノ離れが進み、「バブル経済崩壊↓価格の下落↓経済悪化

↓所得の低下↓価格の下落」というデフレスパイラルに突入しました。その結果、ディスカウントストア業態が登場し、大成長しました。

ダーウィンの『進化論』に「強い者が生き残るのではなく、変化に適応したものが生き残る」とあります。しかし、インフレ下の変化対応は「ディスカウント業態によるプラスの需要創造」になるのに対して、デフレ下の変化対応は「ディスカウント業態によるマイナスの需要創造」になります。両者は「努力が底上げ状態で報いられるか否かの似て非なる経済・流通現象」なのです。

アメリカの流通経済の進化プロセスと流通

これまで述べてきたアメリカの流通経済の進化のプロセス（アメリカの底力の要素と景気）をまとめると、図2－3－1のようになります。

消費経済の発展のスタイル～アメリカ・日本・中国

一つの国の経済が「消費を基軸（経済が発展するとＧＤＰの50～70％が消費）」に発展

図 2-3-1　アメリカの底力の要素と景気

アメリカの流通経済の進化のプロセスと流通				
1950年代 1960年代 1970年代	景気「良い」	産業経済 （モダン消費時代）	CSC および 多核モール型 RSCの出現	モダン消費
1980年代	景気「悪い」	モノ離れした後の 産業経済の崩壊期 （金融政策のみでは 経済成長困難）	バリュー業態の出現	ポスト モダン消費
1990年代	景気「良い」 （1991〜2000年）	融合 ICT企業の登場 ＋ 金融産業（IPO）	エンターテインメント型 SCの出現	ニュー モダン消費
2000年代	景気「良い」 （2001〜2007年）	融合 住宅・不動産産業の発展 ＋ 金融産業（デリバティブ）	ライフスタイルセンター ＆ タウンセンターの出現	ニュー モダン消費
2010年代	景気「悪い」 （2007年以降）	融合 M&Aとデジタル革命投資 ＋ 金融産業（金融緩和資金）	ネット通販の出現	ニュー モダン消費

※デジタル革命投資 ＝
ネット関連投資 ＋ 省力化・ロボット投資 ＋ AI・IoT・ビッグデータ・クラウドコンピューティング・SNS投資
※2000 年にはICTバブルがあったが、短期間で住宅・不動産産業で回復

する「経済の基本発展モデル（後進国が先進国へ発展するプロセス）」は図２－３－２の通りです。経済は、この基本発展モデルに従って進化します。本項ではアメリカ、日本、中国の事例を挙げ、解説します。

アメリカの経済発展のスタイル

アメリカは１９１８年（第１次世界大戦の終了期）にモダン消費経済に突入し、途中１９２９年の世界大恐慌や１９４１～45年の第２次世界大戦を経て、１９４５～60年代にはアメリカンライフスタイルという中産階級（中所得層）が主導するモダン消費の旺盛時代を迎えました。ベトナム戦争を経て、１９７０年のモノ離れ突入、１９７１年のニクソンショック（ドルの金本位制の廃止）により、モダン消費は終焉します。その後、アメリカ経済は、１９７０～80年代には実質低成長のスタグフレーション（景気が悪いのにインフレが起こる現象）になり、１９９３年のＩＣＴ（情報通信技術）革命までの22年間はポストモダン消費の時代で、インフレ率を除く実質成長は低成長でした。

そこへ、１９９３年にアメリカの産業構造を変革するレベルのＩＣＴ革命が起こり、加えて１９７１年からの脱ドルの金本位制による金融経済が寄与してＩＰＯ（新規公開株）ブームが起こりました。これによりアメリカ経済はＩＣＴ革命と金融経済が一体化し、新

図 2-3-2　先進国になるまでの経済プロセス

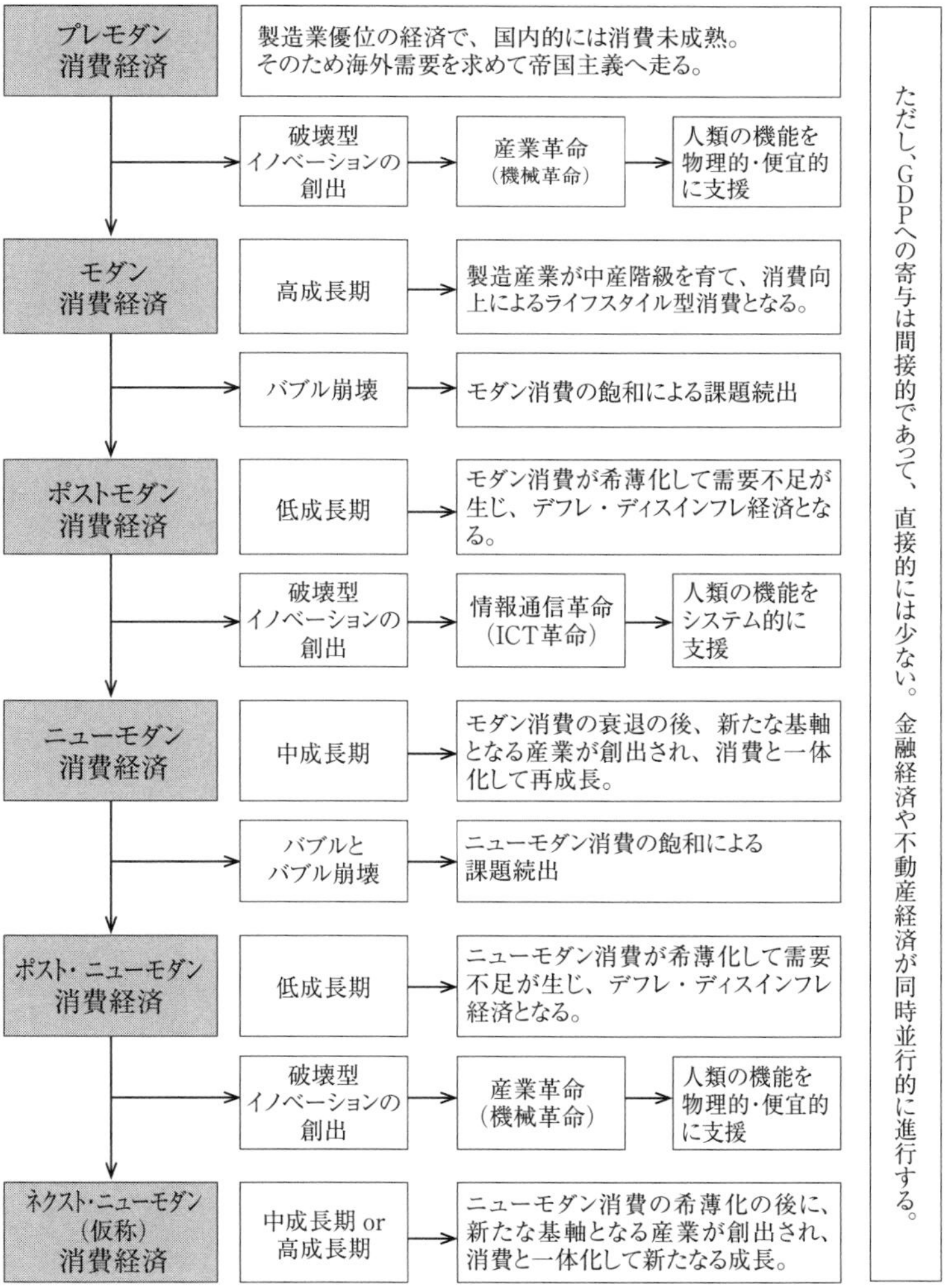

たな経済が生成され、ポストモダン消費経済を脱してニューモダン消費経済になりました。

その後の2001年にICTバブルの崩壊、2001〜07年に不動産（住宅）と金融経済が一体化したファンドバブルが起こり、それが崩壊（リーマンショック）した2008年からアメリカはポストニューモダン消費になりました（ニューモダン消費時代は14年間）。2008年以降のアメリカ経済は順調に見えますが、FRB（連邦準備制度理事会）の超金融緩和とGAFAM（グーグル、アマゾン、フェイスブック、アップル、マイクロソフト）を代表とする特定のICT企業の時価総額の寄与によるもので、経済的にはポストニューモダン消費の段階にあります。さらにコロナショックが輪をかけて超・超金融緩和が続いており、2025年頃からの新たなイノベーションによるニュー・ニューモダン消費の出現が待たれます（ポストニューモダン消費時代は17年間）。

日本の経済発展のスタイル

日本は1960年にモダン消費に突入し、製造と需要がマッチングする消費のライフスタイル化が起こり、アメリカンライフスタイルが浸透しました。この日本のモダン消費（モノを買うことにより、モノを消費し、利用し、所有することの連続性に喜びを感じる生活向上志向の消費）は、日本人の生活レベルを高め、総中産階級社会を形成し、1996年までの36年間続きました。

しかし、１９８８年の第１次モノ離れ（精神的欲望が物質的欲望を上回った現象）が起こります。１９９１年に日本型バブル経済が崩壊し、１９９６年にはモダン消費経済の頂点に達して、その後はデフレ、低成長という閉塞感のある経済になり、ポストモダン消費に突入しました。この状態は現在（２０２０年で24年間）も続き、いまだ次の経済発展のスタイルであるニューモダン消費に至っていません。日本経済は「失われた20年」と言われ、ＧＤＰも１９９６年を頂点に成長はありませんでした。

２０１３年には大胆な金融政策、機動的な財政政策、民間投資の喚起という3本の矢からなる経済成長政策「アベノミクス」が実施されました。しかし、閉塞感は薄まり、株価や不動産の大幅な上昇、失業率の低下などの目覚ましい成果はあったものの、ＧＤＰの成長はわずかに留まりました。ポストモダン消費を抜け出してニューモダン消費へ突入することは、いまだできていません。

アメリカの事例で見ると、モダン消費からポストモダン消費に突入した１９７１年から22年後に、過去の延長線上ではない産業革命クラスで経済を強力に牽引する「ＩＣＴ革命」が起こり、覇権企業や人々のライフスタイルを大幅に変えました。これにより経済は新しい軌道に乗り、ニューモダン消費経済が確立されました。ポストモダン消費になって22年後に、世の中を変える革命（今までなかった産業構造の大変革）を起こしたのです。

しかし、日本ではポストモダン消費経済になって32年後の今も、世の中を変える産業が生まれていません。歴代の政府は多くの経済改革を行ってきましたが、アメリカの後期追随型や後れている分野の正常化という改革レベルで、世界や日本の経済を牽引する創造的イノベーションを起こす経済政策はありません。アベノミクスの第３の矢である民間投資を喚起する成長戦略も不発に終わりました。現在は菅内閣がデジタル革命とグリーンビジネス革命で日本経済を再建しようとしていますが、デジタル革命は諸外国より後れていたものを正常にするだけの後期追随型政策であり、世界で一歩抜け出す創造的イノベーションではありません。グリーンビジネス革命も世界が同時進行中の国際協調政策であり、日本が飛躍するための創造的イノベーションではないのです。

これでは、日本の優位性が発揮できないままアメリカの２分の１、中国の４分の１程度の成長しか期待できません。最悪の場合は、また失われた20年現象が起こり、現状のＧＤＰがそのままのレベルで２０４５年まで進むことになりかねません。後期追随型や正常復帰型の成長性が期待できない経済政策ではなく、デジタル化戦略やグリーン戦略においても世界で抜きん出た成果を生む方向性や、日本独自の戦略によって日本および世界の経済を牽引する創造的イノベーションが必要です。

日本が低成長・デフレ経済・閉塞感経済から抜けられない根本要因は、ポストモダン消費からニューモダン消費への移行を促す破壊的イノベーションによって、世の中の経済システムやライフスタイルを変えることができないことです。

これ以外にも、日本には固有のマイナス要因が存在します。

①少子化・人口減少による国内マーケットの縮小

②高齢化・単身化によるマーケットの変質と全世帯負担増によるマーケットの縮小

③産業のサービス化による生産性の低下とGDP寄与率の低下

④経済の成熟期の1989年に3％、1997年に5％、2014に8％、2019年に10％の消費税率を導入し、消費意欲の低下を招いた

⑤日本企業がバブル崩壊後、バランスシート改善志向になり、研究開発や設備投資がアメリカの半分になり、技術大国が崩壊した

これら五つのネガティブ要因は、

①少子化・人口減少による国内マーケットの縮小→海外マーケットの開拓、越境マーケットの掘り起こし、ロボティックシステムの導入による省力化で補完する

②高齢化・単身化によるマーケットの変質→世界で最も進んでいる高齢化社会に対応した健康、医療、ロボティックシステム、スポーツなどをコンテンツ化し、洗練され

たシニアのマーケットを創出する
③産業のサービス化による生産性の低下、GDP寄与率の低下→モノのサービス化、サービスの深化などによる最先端サービスのビジネスモデルに挑戦する
といった逆転の発想によってポジティブ要因に転換することができます。

中国の経済発展のスタイル

中国は1991年以降にプレモダン消費からモダン消費に突入し、現在はモダン消費の真っ只中にあります。15億人という桁《けた》外れの人口を背景に日本を抜き去り、アメリカに迫っています。

中国はアメリカや日本の先端技術を模倣、そして独自に駆使して大発展を遂げていますが、2040年頃にはニューモダン消費に転じます。現在の中国経済は、欧米や日本の産業革命の延長線上およびアメリカのICT革命の延長線上にあるからです。既存のノウハウを桁外れ《けたはず》のマーケットで活用し、精度高く独自に改良しているレベルであり、新しい破壊型イノベーションによるものではありません。しかし、2030年頃にはニューモダン消費への突破口となる破壊型イノベーションを起こす可能性を持っています。

2030年には15億人マーケットと独自ノウハウの完全度を高め、アメリカのGDPを

追い抜くことが想定されます。しかし、その後は中国の人口動態が超高齢化し、なおかつ世界最先端の技術を独自に開発するトップリーダーの地位を得ないとＧＤＰの世界一は持続しません。中国はこれを克服しないと、世界のＧＤＰで一時的に1位になっても、２０４０～50年頃には再びアメリカが1位になることが想定されています。

第3章

流通企業の進化のメカニズム

第1節　流通企業の進化とイノベーション
第2節　需要創造へのイノベーション事例

第1節　流通企業の進化とイノベーション

進化の概念とイノベーションプロセス

流通企業が成長を持続していくには、25年サイクルの流通大変革（第3次流通大変革は2020～45年）やコロナショック後のニューノーマル化を強みに換える過去の延長線上ではないイノベーション（革新）が必要となります。同時に、勝ちパターンの連続的変化＝「進化」が必要であり、進化は最強で最適の概念を伴うものでなければなりません。持続可能な成立・成功のモデルづくりに進化の連続は必須です。

流通企業の進化の概念

流通企業の業績は、成長を持続させるメカニズムによって大きく変わります。そのメカニズムの原動力となるのが「進化」であり、常に三つの視点で進化の状態を確認する必要があります。

①自社は進化のプロセスのどの段階にあるのか（ポジショニング）
②進化のプロセスを構成するコンテンツの精度はどのくらいか（完成度）
③進化のコンテンツはどのくらい長く持続するものか（連続性）

流通企業は、自らの成長の持続性を確保するために必要な進化のプロセスのどの段階にあるのか、そもそも進化のプロセスを構成するコンテンツの完成度はどの程度のものなのか、さらに一つひとつの進化のコンテンツの寿命はどのくらいなのかの確認が必要です。

流通企業が成功するか失敗するか、また成長を続けるか否かは、進化のプロセス、コンテンツの完成度、コンテンツの連続性の3要因で決まります。

つまり、進化のプロセスごとに、過去の延長線上ではない大変革（イノベーション）が必要なのです。イノベーションレベルの変革を伴わない進化は並の進化に留まり、次のステップに上がり、成長軌道に乗ることはできません。成長の持続には常にマーケットに斬新性と革新性を提供できるよう、プロセス的イノベーションが必須なのです。

進化のプロセスとキーポイント

流通企業の進化のプロセスには、図3－1－1（151頁）の五つのステップがあります。

各ステップで行うことは、前のステップから見ると過去の延長線上ではないイノベーションです。流通企業のビジネスは伝統的（原典的）には「万屋《よろずや》（何でも屋）」の一般店に始まり、取扱商品やサービスのカテゴリーで違いを出す「業種店」になり、コンセプトに基づいてＭＤｉｎｇ（マーチャンダイジング）を編集する「業態店」になり、さらに時代変化に対応して進化していきます。

このような進化のプロセスを構成するコンテンツのキーポイントが表３－１－１に示した要素です。

流通企業の進化のプロセスがより先へ進んでいることと、より多くの進化の要素（キーポイント）を取り入れていることが、成長のベクトルになります。

このような進化が必要になるのは、

①経済・社会・消費・ライフスタイルの変化に対応し、経済は25年に1回、コンセプトは10年に1回、ＭＤｉｎｇは3年に1回、過去の延長線上ではない変化がないと効果がなくなる

②どんなに素晴らしいコンテンツでも一定の期間が経過すると、生活者にとっては当たり前化（常態化）し、効果がなくなる

からです。成長する流通企業は、常に時代の変化に対応したイノベーションを遂行することが必要です。

図 3-1-1　流通企業の進化のプロセスとコンテンツ

表 3-1-1　流通企業の進化のプロセスの要素

	進化のプロセス	キーポイント	進度レベル（2020 年基準）	
原　型	万屋（一般店）	何でも屋（非コンセプト）	前時代の要素	
第1ステップ	業態化	ビジネスの基本パターン		
第2ステップ	ライフスタイル化	生活提案	現時代	当たり前の要素
	ディスカウント化	価格訴求		
第3ステップ	カスタマイズ化	客との密着性		現在の要素
	オリジナル化	独創商品		
第4ステップ	デジタル化	ネット化とデータ化		次世代の要素
	ウェルネス化	健康と美容性とスポーツ性		
第5ステップ	サステイナブル化	持続可能性		
	サブスクリプション化（広義）	非所有の概念		
共通ステップ	バリュー化	価値訴求	全時代共通	

進化の5ステップとコンテンツ

流通企業の進化のプロセスとそのコンテンツ（第1〜5ステップ、共通ステップ）について詳述します。

第1ステップ「業態化」

業態とは売り手発想のビジネスモデルで、業態化とはどのような商品を、誰に、どのような価格で、どのような提供方法で販売するのかを完成度高く仕上げる商法のことを言います。

このステップの対象客は「消費者（モノを買うお客様）」であり、流通経済（マクロ経済）の変化に対応して多様な業態が誕生しています。ここで言う業態とは、百貨店や量販店やホームセンターのように、どのような売り方をする商業施設なのかという分類です。

もう少し具体的に説明しましょう。現在の日本では、百貨店はどこも同じような店になっています。量販店も同じ、ホームセンターもドラッグストアも然《しか》りです。つまり、業態分類のレベルではそれぞれに違いが見えても、同業態で比べるとなかなか違いが見えてこないのです。業態化とは、この段階にあることを言います。

業態化のキーポイントは、
①商品のカテゴリーや売り方や調達手法の仕組みの違いによるビジネスモデル
②価格のレベルや対象とする消費者の購買スタイルの違いによるビジネスモデル
であることです。

ほとんどの流通企業は万屋から出発し、業態化レベルに進化したところで思考停止して、成長が止まっています。

第2ステップ――①「ライフスタイル化」

買い手発想のビジネスモデルで、ライフスタイルまで切り込んで「このような生活ができる」ということを提供する商法です。つまり、対象は「生活者（生活を向上させたい個人の集まり）」であり、業態としてはマーケットを細分化してＭＤｉｎｇを差異化することがポイントになります。

アメリカでは、同じ百貨店業態でもニーマンマーカス、メイシーズ、ノードストロームは一見して違いが分かります。見た目から違います。「ライフスタイル化」の段階に進んでいるからです。自店はどのようなライフスタイルを提供するのかという事業コンセプトが明確になっています。価格設定や販売方法などの一般的な業態定義に留まらず、より具体的な生活提案の方法論にまで踏み込んで、業態は同じでも「違い」を出していくシステムに進化しているのです。

ですから、アメリカでは一つのショッピングセンターの中に、百貨店が二つも三つも核店舗として入って成立しています。ＲＳＣには複数の百貨店業態が入っているほうが一般的とも言えます。単に百貨店業態という括りのビジネスモデルが複数あって、全ての来館客に同じモノを売っていてはとても成立しませんが、提案していくライフスタイルと対象顧客が違えば棲み分けが可能になります。

現実にアメリカの百貨店を視察すると、ノードストローム、ブルーミングデールズ、ニーマンマーカスでは来館客が全く違うことが分かるはずです。例えばニーマンマーカスであれば、日本で言えば年収２０００万円ぐらいの50～70代を対象にして、客単価は８００～１５００ドルぐらいに固まっています。一方、メイシーズは客単価が80～１２０ドルです。同じ百貨店業態なのですが、客単価は10倍ぐらい違います。

ライフスタイル化のキーポイントは、

①生活者の生活向上や生活改善を提供できる

②生活者の新しいライフスタイルや、それを構成する商品のコンサルティングができることです。

第２ステップ―②「ディスカウント化」

業態はディスカウント化することにより、業態としての陳腐化を食い止め、成長することができます。ＧＭＳ（総合スーパー）では、アメリカのウォルマートは価格破壊力を持つことで、より強力な総合業態として勝ちパターン化しています。つまり、業態を次のステップへ進化させるためには、一つはライフスタイル化、もう一つはディスカウント化という二つの道があるのです。多くの業態が当たり前化しても、比較優位性のあるディスカウント化を行えば成長が持続されます。

ディスカウント化のキーポイントは、

①同一業態の標準より価格が２～３割安いビジネスモデル

②同一業態の中で価値（品質／価格）のバラ

表 3-1-2　品質と価格のバランス

	タイプ	内　容
①	プレステージプライス商品	上質かつブランド力があるため高価格でも納得する商品
②	アフォーダブルプライス商品	やや高いが、手の届く範囲内の贅沢な商品
③	アクセプタブルプライス商品	安くはないが、独自の特性があるので納得できる商品
④	リーズナブルプライス商品	品質のわりに低価格で、割安感があり、日常的に手頃に感じる商品
⑤	ディスカウントプライス商品	通常の価格（相場＝スタンダード価格）より３割以上の絶対的安さの商品
⑥	チーププライス商品	安っぽいが、それなりのストライクゾーンの品質を有する商品

ンスが良いビジネスモデル
であることです。

お客様が評価する品質と価格のバランスがとれた勝ちパターンの商品は、表3－1－2のようになります。お客様は商品の絶対的安さではなく、商品が持つ品質と価格のバランスを評価して購入します。絶対価格が高くても「全要素品質」（162頁「共通ステップ」参照）が高ければ評価は高く、逆にいくら安くても全要素品質が低ければ高い評価は得られません。高業績あるいは高成長を遂げるためには、全要素品質と絶対価格から算定される「商品の価値」づくりが重要になります。

第3ステップ―①「カスタマイズ化」

お客様を利用（来館・来店）頻度で見ると、「流動客」「固定客」「愛顧客」に区分することができます。この中で、常に施設や店を利用している固定客の信頼感を高めていくためには、「特定顧客のための御用達の店」という概念が必要になります。顧客（個客）の深層心理を解明し、そこから見えてきたニーズに応じて提案や対応をカスタマイズするのです。特定のお客様へのとっておきの提案によって、「私のために作ってくれた店」と思ってもらえるレベルにまで愛顧客化するビジネスモデルと言えます。生活提案レベルのライフスタイル化を超えた「あなたのため」のMD・ingとサービスの実践がカスタマイズ化です。

カスタマイズ化のキーポイントは、

①お客様が「自分のために作ってくれた店」と感じる顧客密着型のビジネスモデル

②お客様にとって「なくてはならない店」のレベルまで存在感を高めたビジネスモデルであることです。

第3ステップ―②「オリジナル化」

商品は、小売業や広義のサービス業の存在価値を体現します。独自商品（プライベートブランド＝ＰＢ）の開発や導入によって競争相手との異質化を図ることは、流通企業の成長ベクトルとなり、高い業績を上げることにつながります。多くの流通企業はナショナルブランド（ＮＢ）を中心に扱いますが、他店には存在しない独自商品であるＰＢをこだわりと斬新性を持って提供するのが、オリジナル化のビジネスモデルです。

オリジナル化のキーポイントは、

①今まで存在しなかった商品や、存在していたが切り口を変えることで新しい商品と感じてもらえる商品を提供する

②既存のコンテンツの結合やノスタルジーの付加によって新しい商品を創造することです。

第4ステップ―①「デジタル化」

デジタル化は流通企業の基盤（インフラ）強化として必須の方向性です。多くの競争相手の中で競争優位性を持つためには今や必要不可欠で、なおかつ高い完成度が求められます。ECのみならず、RPA（Robotic Process Automation＝ロボットによる業務の自動化）による店舗の自動化・合理化、さらに実店舗とネット販売のクロスチャネル（O2O）、オムニチャネル、OMO（Online Merges with Offline＝オンラインとオフラインの併合）が必要です。ここではリアルとネットの融合である「オムニチャネル」と「OMO」について説明します。

・オムニチャネル……顧客がオンラインとオフラインを意識せずに、さまざまな購入経路を統合して、あらゆる接点で情報収集や購買ができるようにするマーケティング

・OMO……オンラインとオフラインの垣根にとらわれず、人がモノやサービスに触れて得られる体験や経験を軸とするマーケティング。顧客の購入に伴う行動をデータとして蓄積し、分析することで、次にどのような体験をさせるかの策定が可能になる

デジタル化のキーポイントは、
①EC化やネットネイティブ化（ネットとリアルの融合）を前提とするビジネスモデル
②IoTやビッグデータ、RPAによるデータの蓄積・解析・活用を可能にするビジネスモデル
であることです。

第4ステップ―②「ウェルネス化」

ウェルネス化は生活者の物質的欲求ではなく、精神的欲求に発するニーズに対応することです。人間の健康や美意識に寄り添う安心・安全な商品を提供し、社会貢献することを意味します。

ウェルネス化のキーポイントは、
①医療（クリニック）や予防医療の切り口で健康をサポートする
②美容や美意識の切り口で健康をサポートする
③スポーツ&アスレジャー、アンチエイジングの切り口で健康をサポートする
④食品の切り口で健康をサポートすること
です。

第5ステップ—①「サステイナブル化」

サステイナブル化は地球環境への配慮、社会の問題解決、人間の精神的改善などに関する持続可能なビジネスです。SDGs（持続可能な開発目標）やESG（環境・社会・企業統括）、エシカル（倫理性）、フェアトレード（公正取引）を考慮することが重要です。

サステイナブル化のキーポイントは、

①地球・社会・地域・人間関係の課題解決を推進する

②リサイクルやリユース、リフォーム、リペア等による再生可能社会、あるいは商品開発を推進する

ことです。

第5ステップ—②「サブスクリプション化」

モノ離れした後の生活者のモノに対する価値観の変化（所有価値から使用価値へ）に対応したサブスクリプション（継続課金）のビジネスモデルです。

広義のサブスクリプションは次の通りです。

①一定額（あるいは＋α）で使い放題、食べ放題のシステム

②レンタル（短期）やリース（長期）の利用システム

③モノや空間のシェアによる共同使用システム（シェアリングエコノミー）
④リユース・リサイクルとしての再利用・再活用システム

共通点は「所有（保有）概念の希薄化」に対応するビジネスシステムであることです。ミレニアル世代は、１９８８年からの第１次モノ離れ（モノ自体を買うことに執着心がなく、モノの消費が減少）と２０１１年からの第２次モノ離れ（所有から使用への概念変化）を経た人類最初の世代です。働き方や家族のあり方が大きく変わり、暮らし方は「ライフステージ」から「ライフスタイル」へ、さらに「ライフシーン」へと変化し、生活の場やスタイルを固定化しない。すなわち、モノをできるだけ持たない暮らし、モノを長く使うことを前提としないモノ選びが当たり前になっています。サブスクリプションの「継続課金」「レンタル＆リース」「シェア」は、「所有せずに、身軽で多様なライフスタイルを体験したい」というニーズに対応しています。

サブスクリプション化のキーポイントは、
①非所有概念に基づく利用権の活用（リース・レンタル）、利用時間の共同利用（シェア）を、定額あるいは無料・一定量までのフリー料金によってサービス化したビジネスモデル
②利用者のＬＴＶ（ライフタイムバリュー＝顧客生涯価値）に応じた長期的な囲い込み

により、顧客にとっての価値創造を持続するビジネスモデルであることです。

共通ステップ「バリュー化」

第1～5ステップの進化のプロセスに共通する要素が「バリュー（価値）化」です。消費者は、流通企業が提供する商品としてのモノ・サービス・コンテンツが、自分の生活にとって有意義であるか否かを判断します。自分にとって価値がある商品であるか否かによって、買い物をするか、しないかを決めているのです。この顧客にとっての価値は、企業の進化のプロセスにおいては絶対的要素であり、各ステップに共通して必要不可欠です。

商品の価値（バリュー）は、下記の公式で表すことができます。

ここで言う価格は、絶対的安さ（絶対価格）を意味します。

一方、全要素品質には、消費者の嗜好が多様化している今、さまざまな要素があります。

①製品品質＝素材や作りなど商品の基本的品質
②機能品質＝使用者にとっての商品の利便性や効用

$$\text{商品のバリュー（価値）} = \frac{\text{品　質}}{\text{価　格}} = \frac{\text{全要素品質}}{\text{絶対価値}}$$

③感性品質＝デザイン性やアート性（芸術性）、情緒性、斬新性

④希少品質＝ここにしかない、これだけしかないという独自性・希少性

⑤付加品質＝商品を売るため・買うためのサービスクオリティー

これら全要素品質と絶対価格のバランスによって相対的に価値は決まります。価値は消費者にとって絶対的なものではなく、それぞれの価値観によって決まることに留意しなければいけません。

第2節　需要創造へのイノベーション事例

日米の総合業態の進化レベル

流通業界の総合業態（アメリカでは食品を除く、日本では食品を含む）は、①ハイクラスの総合業態（百貨店）、②ミドルクラスの総合業態（GMS）、③ロークラスの総合業態（DS＝ディスカウントストア）、④ECによる総合業態（ネット通販）の4タイプに大別されます。日米の総合業態を流通企業の進化のプロセスに沿って検証します。

GMSの「ライフスタイル化」

中所得層が旺盛に消費するモダン消費経済時代には、日米ともにミドルクラスの総合業態であるGMSが「業態レベル」で登場し、流通の覇権業態になりました。アメリカの流通業界では、戦前から1960年代まではシアーズ、JCペニー、モンゴメリーワードがGMS御三家と言われ、業態レベルの大量仕入れ、大量陳列、大量販売のチェーンストア展開で隆盛しました。日本では1960年代から1990年代初めまでダイエー、イトーヨーカドー、西友、マイカル、ジャスコ（現イオンリテール）が、業態レベルのGMSを全国にチェーン展開し、流通業界に君臨しました。

しかし、GMS業態は経済が成熟して消費が飽和状態になると、「何でもあるが買うものがない」という過渡期業態化（中途半端な状態化）し、長期低落化の道を歩むようになります。アメリカのGMSがこの過渡期（1960年代）に採った戦略は、脱GMSでした。「あらゆる客層にあらゆるモノを売る総合業態」を捨て、次の進化のステップである「ライフスタイル化」へと進んだのです。複数の核店舗を備えた多核モール型RSCの中の一つを核店舗に設定し、その客層を明確にしてライフスタイルを提案しながら生活全面に対応する「プロモーショナルデパートメントストア（PDS）」の道を選びました。結果、アメリカのGMS業態は、1970～90年代にはPDSとして再成長しました。

それに対して、日本のGMS業態は1990年代から開発が進んだ多核モール型RSCの唯一の総合業態として導入されたため、客層を明確にできませんでした。それゆえ、明確にした客層にライフスタイルを提案しつつ全面対応もするPDSへと脱皮できなかったのです。1960年代から1990年代の初めにかけては業態レベルで対応できましたが、1990年代のモノ離れと旧大店法の緩和・廃止以降は、脱GMSへと進化できずに長期低落化の道を歩みました。

日本のGMS業態はアメリカのようにライフスタイル化のレベルまで進化せず、業態化のレベルで止まってしまったため、総合業態が一核のみのCSC（コミュニティ型SC＝中型SC）にしか通用しない核店舗になってしまいました。それゆえ、1990年代から急速にパワーを失ったのです。ダイエー、西友、マイカルは倒産あるいは競合企業の傘下に下りました。イトーヨーカドーはセブン&アイグループの中で、ジャスコはイオングループの中でGMS部門を担っていますが、GMSの業績は悪く、長期低落化にあります。もしセブン&アイグループにセブン-イレブンがなければ、もしイオングループの中にイオンモールがなければ、両社ともダイエーや西友やマイカルと同様に倒産あるいは競合企業の傘下になったことが想定されます。

では、アメリカのGMSはその後、どうなったでしょうか。「業態化」レベルから「ライフスタイル化」レベルへと進みましたが、そこで進化の連続性が途絶え、1990～2000年代に急速にパワーを失いました。シアーズ、JCペニー、モンゴメリーワードのGMS御三家は、倒産あるいは競争企業の傘下になっています。

GMSの「ディスカウント化」

総合業態が進化するための一つの方向性はライフスタイル化ですが、もう一つの方向性としてディスカウント化があります。市場価格の20～30%という低価格で提供するビジネスモデルです。どのような流通業態であっても、従来の商品を20～30％安くすると、経済の成熟期や商品の飽和期にも通用します。アメリカの総合業態では、ウォルマートとターゲットがディスカウント化への進化に大成功しています。

シアーズやJCペニーがアップスケールの脱GMSとしてライフスタイルの提案性のあるPDSへの道を歩んだのに対し、ウォルマートやターゲットやKマート（一時は業界ナンバーワンとなりましたが、その後、ウォルマートとの戦いに負けてシアーズの傘下に入った）のDS御三家はディスカウント化を選んで大成功しました。ウォルマートとターゲットは今や、アメリカの流通業の覇権業態として君臨しています。しかも、ウォルマートはディスカウント化からリアル店舗の強みを活かしたデジタル化を強力に進め、ECの雄であるアマゾンと激しい競争を行っています。また、ターゲットは独自の商品開発によってウォルマートとは完全に差異化し、オリジナル化を進めました。現在は「おしゃれなDS」として、ウォルマートとは異質の進化過程にあります。

アメリカの百貨店も業態化からライフスタイル化まで進化を進めましたが、長期低落化の道を歩みました。ニーマンマーカスやロード&テイラーは倒産、バーニーズは競争企業の傘下になり、サックスフィフスアベニューやメイシーズは大苦戦しています。その中でノードストロームは、競争相手の百貨店がライフスタイル化のレベルで進化が止まってしまっているのに対して、自店の客層にとって「なくてはならない百貨店」を深掘りする「カスタマイズ化」を進め健闘しています。

アメリカの百貨店は今、もう一つの進化の道として百貨店の廉価版業態化（ディスカウント化）を進め、成功しています。ニーマンマーカスの「ラストコール」、サックスフィフスアベニューの「サックス・オフ・フィフス」、ノードストロームの「ノードストローム・ラック」、メイシーズの「バックステージ」が、それです。品揃えは百貨店の売れ残り商品3分の1、独自仕入れ商品3分の1、PB3分の1で構成し、価格は百貨店商品の50％引きという業態を作り上げ、好業績を保っています。

日本の百貨店もアメリカの倒産あるいは競争企業の傘下にある企業と同様に、業態化からハイライフ総合業態へのライフスタイル化まで進みました。しかし、その後の進化の連続性がないため、長期低落化の道を歩んでいます。

GMS、DS、百貨店に続いて4番目に登場した総合業態がアマゾンです。アマゾンはデジタル化を進化させることによってECで飛躍を遂げ、デジタル企業のトップ級の存在感を示しています。

このように、流通業界の総合業態は進化のレベルと連続性によって、成長か否かが決まります。日米の主な総合業態の流通企業の進化のプロセスは表3－2－1の通りです。参考ま

表 3-2-1　日米の総合業態の進化のレベル

進化のプロセス／企業名・店名			第1ステップ	第2ステップ		第3ステップ		第4ステップ		第5ステップ	
			業態化	ディスカウント化	ライフスタイル化	カスタマイズ化	オリジナル化	デジタル化	ウェルネス化	サステイナブル化	サブスクリプション(広義)化
進化レベル			陳腐化レベル	当たり前化レベル		今後の成長要素					
アメリカ	御三家 旧GMS	シアーズ(旧)	○		○						
		JCペニー(旧)	○		○						
		モンゴメリーワード(旧)	○								
	御三家 旧DS	ウォルマート	○	○	○	○		○			
		ターゲット	○	○	○		○	○			
		Kマート(旧)	○	○							
	御三家 百貨店	ノードストローム	○		○	○		○			
		メイシーズ	○		○			○			
		コールズ	○	○	○						
	コスコ（コストコ）		○	○		○	○				
	アマゾン		○	○		○		○	○		○
日本	御五家 全国GMS	ダイエー(旧)	○								
		イトーヨーカドー	○								
		西友(ウォルマート)	○								
		マイカル(旧)	○		○						
		イオンリテール	○								
	アマゾン		○	○		○		○			○
	ローカルGMS	イズミヤ	○								
		平和堂	○								
		イズミ	○								
		ユニー(旧)	○								
	DS	ベイシアスーパーセンター	○	○							
		トライアル	○	○							
		MEGAドン・キホーテUNY	○	○			○				
		コストコ	○	○		○	○				
		ザ・ビッグ	○	○							
	百貨店	三越伊勢丹	○		○						
		高島屋	○		○						
		大丸百貨店	○		○						
		阪急阪神百貨店	○		○						
		近鉄百貨店	○		○						

※ここでの進化のプロセスは、導入していても成果のあるもののみを○印とした。

表 3-2-2　日米の食品業態の進化のレベル

進化のプロセス / 企業名・店名		第1ステップ	第2ステップ		第3ステップ		第4ステップ		第5ステップ	
		業態化	ディスカウント化（廉価化）	グルメ化（ライフスタイル化）	カスタマイズ化	オリジナル化（珍品化）	デジタル化	ウェルネス化	サステイナブル化	サブスクリプション（広義）化
アメリカ	ウォルマート・スーパーセンター	○	○		○		○			
	スーパーターゲット	○	○			○	○			
	ホールフーズ・マーケット	○		○	○	○	○	○	○	
	ウェグマンズ	○	○	○		○		○		
	イータリー	○		○		○		○		
	セントラルマーケット	○		○						
	クローガー	○								
	ナゲットマーケット	○	○	○	○					
	スチュー・レオナード	○	○	○		○				
	トレーダー・ジョーズ	○	○	○	○	○		○	○	
	アルディ	○	○							
	コスコ（コストコ）	○	○		○					
	ディーン＆デルーカ	○		○						
	アマゾン・フレッシュ	○	○	○			○			○
	チェルシーマーケット	○		○		○				
日本	ヤオコー	○		○				○		
	阪急オアシス	○		○				○		
	RSCの核店舗としてのSM	○		○						
	成城石井	○		○		○				
	三和	○		○						
	ジュピター	○		○		○				
	ライフ	○								
	GMSの核店舗としてのSM	○								
	デパチカ	○		○						
	オーケー	○	○							
	ロピア	○	○							
	旬鮮市場	○	○							
	日本型市場	○	○							
	クイーンズ伊勢丹	○		○		○				
	関西スーパー	○								
	アマゾン・フレッシュ	○	○				○			○
	オイシックス・オイラ大地	○		○	○	○	○	○	○	○

でに、日米の食品業態の流通企業の進化のレベルも表3－2－2として挙げておきます。

ファーストリテイリング、大躍進のメカニズム

ファーストリテイリング（以下、ユニクロ）は、日本経済の閉塞感の中で日本市場を掘り起こしたうえで、新たな成長をグローバル市場に求め、日本と海外の消費者意識の違い（相反するニーズ）を見事に融合し、10年間で100倍、30年間で1000倍の売上規模に成長しました。その成長・成功のメカニズムを解明します。

「ユニクロ」を中心とするベーシックアパレルの製造小売業（SPA）ですが、イノベーションを伴う流通の進化という成長理論と、日本独自の特性を持ったガラパゴス市場と世界のグローバル市場の融合により、世界的な成功を果たしました。ユニクロの2020年8月期の売上高は世界のアパレル業界で3位の2兆1300億円となり、1位のインディテックス（3・4兆円／ザラ等）、2位のH&M（2・6兆円）、4位のギャップ（1・8兆円／オールドネイビー等）と激しい国際間競争をしています。国内のアパレル売上高ではしまむらの3・7倍、ワールドの7・7倍以上に相当し、圧倒的存在となっています。

流通業界で躍進するイノベーションノウハウ

日本では1988年に第1次モノ離れ（統計的に物理的欲望から精神的欲望へと消費者のニーズがシフト）、2010年に第2次モノ離れ（所有概念が希薄化し、シェア化、レンタル化、リユース化、フリー化）が起こりました。その中で大発展し、世界のアパレル企業となったのがユニクロです。このユニクロの大躍進のメカニズムを、「流通の進化のイノベーション経営」と「新しい需要創造のイノベーション経営」の面から解明します。

（1）流通の進化のイノベーション経営

総合業態の項で述べましたが、長期的に成長する流通企業は一定のプロセスを経て進化の新サイクルへとシフトしています。

消費が旺盛なモダン消費時代には、一般店（万屋《よろずや》）としてスタートした企業が、商品の調達方法と顧客に対する商品・サービスの提供方法のノウハウを生かし、「業態化」へと進みました。そして業態化した企業は、モダン消費（モノ離れする前の旺盛な消費）時代に大成長しました。しかし、業態化したレベルでイノベーションが停滞してしまったのが、多くの企業の実態です。モダン消費が終焉した後のモノ離れ時代＝ポストモダン消費時代には、ついに成長がストップしてしまいました。

モノ離れ後の流通の進化のキーワードは、「ライフスタイル化」と「バリュー化」です。この二つの方向へ進まないと、成長は止まります。モノ離れが起こった後は需要創造へ向けたライフスタイルの提案と、従来の商品を安くするバリュー性の提供という2方向への進化が必要となります。さらに成長を指向する企業は、モノ離れ後の顧客創造へ向けて「カスタマイズ化」を進め、顧客から「自分のことを常に考えてくれている存在」「自分にとってなくてはならない存在」と意識してもらえるよう変身する必要があります。

次のステップとして、近未来対応である「デジタル化（ソフト&ハードで情報化した店舗）」や「サステイナブル化（持続可能な地球・社会・人間生活上の課題を解決する店舗）」や「サブスクリプション化（モノの非所有概念や利用時間の共有概念に基づいて商品・サービスを提供する店舗）」への進化が必要です。

持続可能な躍進のためには流通の進化の連続性が必要であり、多くの企業は進化のイノベーションが停滞あるいは希薄化した段階で成長がストップします。アメリカと日本の流通企業の栄枯盛衰は、この流通の進化理論で説明できます。

（2）新しい需要創造のイノベーション経営

流通企業が躍進するには、成長に見合うマーケットの深掘り、あるいは新マーケットの創造が必要です。特に日本は少子高齢化や人口・世帯・労働人口の減少に伴い、マーケットのダウンサイジングが起こっています。躍進のためには、海外マーケットの取り込みが不可欠です。これまで多くの日本企業が得意分野である高品質・多機能性とこだわりを凝縮したアップグレード対応の商品を中心に、海外進出を図ってきました。しかし、海外マーケットは、品質や機能が希薄で汎用性の高い低価格志向のミドルグレード商品が主流です。このミスマッチにより、海外マーケットで躍進できないケースが続出しています。

日本の企業は品質を重視し、何かを犠牲にした安さが通用しない世界一賢い消費者を対象にしています。このような日本マーケットの特性を理解しなかった外国企業は、日本に進出して痛い目に遭《あ》っています。日本企業は世界一賢い消費特性を持つ日本のガラパゴス市場を取り込んできた物づくり力を、世界の汎用マーケットに適応させ、完成度の高いマッチングによって競争優位性を発揮することが成功の前提です。

この取り組みを各海外マーケットで行ってきたのがユニクロです。ヤングマインドの客層からスタートし、今やミドル層やシニア層まで客層を広げています。ヤングマインド層を核に、あらゆる層をフォロワー（追随客）化するターゲティング戦略なのです。いわば現代の国民服的戦略（誰もが定番で着る服装化）で幅広いマーケットを開拓して売り上げを著しく高めています。

ファーストリテイリングのビジネスモデル

ユニクロはどのようなステップを踏んで現在のポジションを築いてきたのでしょうか。進化のステップを解明します。

（1）業態化からライフスタイル化、バリュー化へ

ユニクロは現在のユニクロの原形であるロードサイド型店舗を１９８５年にスタートさせました。１９８９年にＳＰＡ（製造小売業）化し、流通の進化の第1ステップである「業態化」を確立しました。起業から躍進するためには、流通の進化の長期持続可能化と、新たな需要創造（自国マーケットの掘り起こし、あるいは成長する海外マーケットの取り込み）を、同時に行わなければなりません。ユニクロは１９９０年頃に飛躍の原形となる業態を確立し、この業態を基本に30年間連続して流通の進化と新たなマーケットの開拓を行ってきました。

次のステップは「ライフスタイル化」と「バリュー化」です。本来ならばライフスタイル化とバリュー化は相反する概念ですが、ユニクロは同時に行うというイノベーション（0から1を生む）を行いました。一般的には高品質・高機能化は高価格になりますが、ユニ

クロは一定の品質と機能を維持しつつ低価格を実現したのです。「相反する購買動機の融合」という革新をやり遂げました。

日本の消費者は質を重んじ、何かを犠牲にする商品は認めないという世界一厳しい消費行動を取ります。したがって、安いがゆえに品質・機能を低下させるビジネスモデルは日本の消費者には通用しません。それゆえ、日本企業は中価格・高品質志向で国際的な評価を得ました。国際的に活躍している自動車メーカーのトヨタは、日本の消費者が育てた企業と言うことができます。ファッション業界では、ユニクロは日本の消費者への適合を目指して「品質を重視し、ファッション性を犠牲にして安さを可能」にし、ザラやH&Mはヨーロッパの消費者への適合を目指して「ファッション性やトレンド性を重視し、品質を犠牲にして安さを可能」にし、オールドネイビーはアメリカの消費者への適合を目指して「アメカジスタイルを重視し、品質を犠牲にして安さを可能」にしました。

ユニクロの醍醐味は、ベーシックアパレルの価格をGMSの2分の1にし、なおかつ品質・機能性を2倍にして商品価値を4倍に高めたことです。この良品質・低価格戦略によるバリュー業態化は、1988年に統計的なモノ離れが、1991年にバブル崩壊が起こった後のデフレ時代に見事に適合しています。アメリカでも1970年代後半～80年のスタグフレーション（景気が悪いのに物価が上がる）の中で、多様なディスカウント業態が出現し、大成長しました。しかし品質は今一歩で、ライフスタイルの提案は少なく、圧倒的な品揃えと価格破壊を武器とする業態でした。それゆえアメリカのディスカウント業態（特にカテゴリーキラー）は、特定の企業を除いて、2000年代から長期低落化が始まり、2010年代にはネット通販に切り崩されて倒産あるいは大苦戦しています。

ユニクロはバリュー業態への進化と同時に、デイリーアパレルとしてはトレンド性こそ少ないものの、新素材の活用やカラーバリエーションの充実、多機能性、有名デザイナーを使ったファッション性を付加した新たなライフスタイルの提案に取り組みました。デイリーアパレルの世界観を変える、ライフスタイル化とバリュー化という二つの流通の進化を同時に果たしたのです。

(2) カスタマイズ化の時代

進化の次のステップは「カスタマイズ化」です。ターゲット顧客に「自分のための店」「なくてはならない店」と感じてもらえる店になることですが、ユニクロはすでに商品・店舗・企業レベルでカスタマイズ化ができています。多くのアパレル企業がライフスタイル化やバリュー化のレベルで停止しているのに対して、ユニクロはカスタマイズ化まで進み、進化のステップを次々と上っています。

カスタマイズ化は顧客の特性や購買などの情報に基づき、たゆまぬ革新を商品面や機能面や価格面で実行し、かつ斬新性と話題性を常に付加することにより達成されます。その結果、「なくてはならない店」になることで、「自分のために作られた店」になります。アメリカではウォルマートが、ディスカウント業態でありながらルーラルエリアや低所得層に圧倒的支持を得られるカスタマイズ化ができています。シアーズやＪＣペニーやメイシーズはカスタマイズ化ができず、ライフスタイル化のレベルで進化が終わり、長期低落化の道を進んでいます。

(3) サステイナブル化とデジタル化

過去から現在まで、流通企業の進化は「業態化→ライフスタイル化→バリュー化→カスタマイズ化」と進み、この四つの進化を連続的かつ完成度高く達成することで可能でした。次なる近未来にはフェーズが変わります。近未来の流通の進化の3本柱は、「サステイナブル化（持続可能な社会への対応）」「デジタル化（情報やＩＣＴへの対応）」「サブスクリプション化（脱所有概念への対応）」です。

ユニクロは今、「情報製造小売業」という新たなビジネスモデルを構築中です。デジタルイノベーションによって、顧客のニーズ・ウォンツをリアルタイムで把握し、企画・商品化するのです。顧客ニーズと生産・販売を直結するインフラを整備し、従来とは異なる小売りシステムを築こうとしています。

また、サステイナブル化についても、ユニクロは地球環境に配慮し、社会の課題解決に取り組み、エシカル（倫理的）やフェアトレードに対応したビジネスモデルやソーシャルビジネス（社会的良心を持った商売）に積極的に対応しています。「サステイナブルであることは全てに優先する」とし、「LifeWear（ライフウェア）」をコンセプトに「生活ニーズから考え抜かれた、進化し続ける、究極の普段着」を追求しています。

ユニクロが今後、より長期的に流通の進化に取り組むためには、デジタル化、サステイナブル化、サブスクリプション化が必須です。現在、最も流通の進化を着々と、完成度高く、競争優位性を持って進めているのはユニクロと考えています。

近未来の躍進を可能にするコンテンツ

日本のガラパゴス市場・クールジャパン市場を基軸としつつ、国際的な巨大汎用マーケットも組み込み、過去の延長線上ではない現状の成功のメカニズムを破壊するレベルのイノベーションによって近未来へ進もうとしている企業が、ファーストリテイリングとトヨタです。ともに世界一賢い消費をする日本のマーケットで育ち、世界に羽ばたいています。

ユニクロは生産と販売と顧客が情報で融合したイノベーション型の新小売りビジネスを、トヨタは次世代のモビリティサービスとしてCASE（コネクティッド化、自動運転化、シェアリング化、電動化）による新自動車ビジネスを模索しています。

日本の流通企業に求められるのは、モノ離れ、デジタル化、グローバル化が進む時代に日本独自の強みを世界市場で発揮するイノベーション志向のビジネスモデルです。時代は常に変化し、新しいビジネスモデルが登場しては淘汰されます。日本およびアメリカの流通ビジネスの栄枯盛衰を見渡すと、流通の進化の途中で思考停止して長期繁栄に結びつかなかったケースが多々あります。その中で、30年間にわたって流通の進化を完成度高く、優位性を持って持続してきたユニクロの歴史は見事です。その結果として、世界のアパレル企業で第3位（近未来は1位？）、日本の流通企業でも企業イメージは1位というポジショニングを確立しています。

トレーダー・ジョーズと成城石井と良品計画

一つの企業が成長するときのメカニズム（業態の進化論）では、成長の各プロセスでイノベーションを繰り返しながら次のプロセスへと進化することが必要です。この業態の進化論の視点で、明確なコンセプトで進化を続ける異色企業3社、アメリカの「トレーダー・ジョーズ」、日本の「成城石井」と「良品計画（無印良品）」を検証します。

独自化へのメカニズム

3社の概略・特徴は次の通りです。

●トレーダー・ジョーズ

教育水準は高いが必ずしも十分な収入を得ていないニュープア層（感性は高い低所得層）をコアターゲット層（30％）とし、この層の価値観に追随するフォロワー層（70％）を取り込むターゲティング戦略を採っています。トレーダー・ジョーズは「おいしくなければならない」「安くなければならない」「健康でなければならない」「珍しくなければならない」をコンセプトとする、異色かつ超高業績のスーパーマーケットです。過去には世界の珍しくておいしいものを収集していましたが、現在は独自商品（オリジナル商品）としてＰＢ化しています。

●成城石井

日本でグルメ志向スーパーとして定評のある成城石井は、「グローバルな食情報を集めながら健康・美容をテーマに半歩先のトレンドを歩む」「世界の食卓を世界のまち角の価格で提供」（日経新聞2019年8月9日付）する、独自商品（オリジナル商品）を持つ異色のスーパーマーケットです。

●良品計画（無印良品）

世界に数多く存在する「無名の逸品」を発掘し、日本人向けに品質・サイズ・機能をアレンジし、かつシンプルなデザインで再創出した商品を「無印良品」として販売したのが、このブランドの始まりです。ジャパンスタイルと自然・健康志向を備えた独自商品（オリジナル商品）を開発し、相対的にリーズナブルな価格で提供する総合生活雑貨の店です。

トレーダー・ジョーズも成城石井も良品計画も、世界の逸品をもとに独自に商品開発を行い、「オリジナル商品（他に存在しない個性がある参入障壁の高い商品）」としてPB

表3-2-3　優良企業の流通の進化のレベル①

	第1ステップ	第2ステップ		第3ステップ		第4ステップ		第5ステップ	
	業態化	ディスカウント化	ライフスタイル化	オリジナル化（商品）	カスタマイズ化	デジタル化	ウェルネス化	サステイナブル化	サブスクリプション化
トレーダー・ジョーズ	○	○	○	○	○		○	○	
成城石井	○		○	○			○		
良品計画	○		○	○	○		○	○	

化していることが共通点です。「真似をするにもノウハウが必要」という格言があります。世界で成功している企業や商品は卓越したノウハウに基づいています。その成功の根源である卓越したノウハウを解明せずに真似をすると失敗する、という意味です。

トレーダー・ジョーズや成城石井や良品計画は、世界の逸品を「真似をする」レベルからスタートしましたが、その後は逸品として成立しているメカニズムを解明し、ＰＢ商品として独自商品化しました。今や、本来の世界の逸品や珍品を上回る品質とブランドを持っています。価格的には、トレーダー・ジョーズはユニクロと同様に絶対的安さのプライス戦略ですが、成城石井や良品計画は「安くはないが、他に存在しない独自性があるので高くは感じない」という相対的安さのプライス戦略です。

これら３社のように、コンセプト（企業概念）を「プラットフォーム」として企業を多角化・多様化していくことを「コンセプト・プラットフォーム」化と言います。

ワークマンプラス、ユニクロ、ノードストローム

次に、業態の進化論の視点で、ワークマン、ユニクロ、ノードストロームの各流通企業

を比較し、共通点を検証します。ワークマン（ワークマンプラス）は、業態の進化で見ると「ユニクロ」、ターゲティング&カスタマイズで見ると「ノードストローム」のビジネスモデルと同一ジャンルであることが分かります。

業態進化の共通点

ワークマン、ユニクロ、ノードストロームの流通の進化のプロセスを整理すると、表3-2-4のようになります。

ユニクロは、全消費者対象の汎用性の高いGMSレベルのデイリーアパレルを、価格は2分の1、品質は2倍にして4倍の価値（品質／価格＝4倍）で提供して大躍進しました。

ノードストロームは、キャリア層（オフィスワーカー層）に対して「女性はエレガント&男性はトラッド」をコンセプトに、服をオフィスワーカー向けにカスタマイズ化して大躍進しました。

では、ワークマンとユニクロやノードストロームが同じジャンルのビジネスモデルであるとする理由は何か。共通点は四つあります。

①品質が高い（ワークマン、ユニクロ、ノードストローム）

品質は表3-2-5に示した四つの要素から成り立っており、ワークマン、ユニクロ、

表 3-2-4　優良企業の流通の進化のレベル②

	第1ステップ	第2ステップ		第3ステップ		第4ステップ		第5ステップ	
	業態化	ディスカウント化	ライフスタイル化	カスタマイズ化	オリジナル化	デジタル化	ウェルネス化	サステイナブル化	サブスクリプション化
ワークマン（ワークマンプラス）	◎	◎	◎	◎	◎		○	○	
ユニクロ	◎	◎	◎	◎	◎	○		○	
ノードストローム	◎		◎	◎	◎	○			

表 3-2-5　優良企業の流通の進化のレベル③

	素材品質	性能品質	機能品質	デザイン品質	価　値
ワークマン	◎	◎	◎	○→◎	4倍
ユニクロ	◎	◎	◎	○→◎	4倍
ノードストローム	◎	◎	◎	◎	2倍

ノードストロームの品質の高さは明白です。

②価値（品質／価値）が高い（ワークマン、ユニクロ）

ワークマンとユニクロは、価格は標準価値（7500円）の2分の1（ワンランク下の価格）から4分の1（ツーランク下の価格）で、品質（素材、性能、機能）は高いレベルで展開するビジネスモデルです。ともに日本の消費者の品質意識に対応した世界で初めての高品質のディスカウンターであり、特にワークマンは耐用性が必要な作業着を専門にしてきただけに品質の高さは抜群です。フォーエバー21やH＆Mのファストファッションとは真逆の道を歩んでいます。とはいえ、ワークマンもユニクロも、デザイン性はかつてよりも格段に高まっています。「廉価」「高い機能性」「シンプル性」が共通しています。

③ターゲティングの概念（ワークマン、ノードストローム）

ワークマンは、ブルーカラー層（工場や建築の労働従事者）やイエローカラー層（サービス従事者）のプロ作業員が着る丈夫な作業着をイノベーションすることで需要創造をしました。ノードストロームは、一般アパレルをホワイトカラー層（オフィス労働従事者）向けのアパレル（オフィスワーカーの作業着）にカスタマイズ化して需要創造をしました。

④商品開発・コーディネイトの独自性（ワークマン、ユニクロ、ノードストローム）

ワークマンとユニクロはPB中心のSPAで、独自商品を企画・デザイン・製造しています。ノードストロームは独自商品とナショナルブランド（NB）をノードストロームスタイルでコーディネイトし、独自のスタイルにして提供しています。

とりわけ、ここ数年で躍進しているのがワークマンです。同社は「働く人への3つの便利さ」を提供しています。

・家の近くに店舗がある（人口10万人に1店）
・値札を見なくても買える安心の価格
・プロ品質と高機能（仕事の必需品がすべて揃う）

さらにワークマンは、ナイキやアディダスのスポーツウェアをまち中で着こなすアスレジャーの分野を狙っています。アスレジャー分野では、すでにフランスのデカトロンがワークマンのような「機能性・廉価・シンプル」の商品を手掛けています。その中で、ワークマンはアウトドアやアスレジャーに向けたウェルネス化への進化に向かっています。

第４章

流通のイノベーションと成果の概念

第１節　見えないマーケットの「見える化」
第２節　流通の進化とイノベーションの事例

第1節　見えないマーケットの「見える化」

神の見えざる手によるテコ

世の中の変化が激しい現在は、過去の延長線上ではない発想によるイノベーション型の流通ビジネスモデルおよび商品・サービスの開発が必要になります。ただし、その成果は、ほんのわずかな努力行為の差で大きく違ってきます。これを「紙一重の差による天国と地獄の理論」と言います。

野球に例えれば、年間５００打席のうち１２５本の安打を打つ人は打率２割５分で年俸３０００万円程度です。もう25本多く１５０本の安打を打てば打率３割で年俸１・５億円程度になります。わずか25本の差で年俸は５倍になるのです。さらに、３割バッターより25本多く安打を打つと安打数１７５本で３割５分バッターとなり、年俸５億円となります。２割５分バッターの17倍、３割バッターの３倍の成果です。

わずかな努力行為の差が、このように飛躍的な成果をもたらします。これを「神の見えざる手によるテコ（レバレッジ理論）」と呼びます。

成果を生み出す努力行為

「神の見えざる手」は、世の中に存在していないもの、あるいは存在していても存在感の希薄なものを具体化する努力行為です。そのため、成熟しているビジネス社会においても高い成果をもたらします。一方、すでに存在するものに磨きをかけるだけの努力行為では、高い成果は期待できません。

成果を出すための努力行為には三つのタイプがあります。

①「0から1」を創出する努力行為＝今まで世の中に存在しなかったものを新たに創り出す創造的行為

②「1から10」を創出する努力行為＝世の中に存在していたものを飛躍的に発展させる行為

③「10から15」を創出する努力行為＝世の中にすでに存在しているものに機能を付加して精度

表4-1-1　成果を出すための努力行為

努力行為のタイプ	レベル		主体	内容
「0から1」を創出する努力行為	イノベーション（革新）	広義のイノベーション	イノベーター	創造的革新
「1から10」を創出する努力行為	ストラテジー（戦略）		ストラテジスト	戦略的改革
「10から15」を創出する努力行為	インプルーブメント（改良）		テクノクラート	戦術的改良

を高める行為

それゆえに、成果は「0から1」が一番高く、次いで「1から10」、さらに「10から15」という順になります。一つの物事を高い水準の成果にまで高めるためには、この3段階を連続的に進めることが必要です。これを経営者のレベルに置き換えると次のようになります。

・イノベーター（革新家）＝卓越した発想力と強力な指導力と重圧なリスク負担力をもとに、勝ちパターンのビジネスモデルを最初から創造する経営者

・ストラテジスト（戦略家）＝出来上がった勝ちパターンを飛躍的に向上させる、あるいは完成度の低いビジネスモデルを斬新かつ強力な勝ちパターンに変化させる経営者

・テクノクラート（実務家）＝すでに出来上がった勝ちパターンを、通常レベルで磨きをかけて精度の高いビジネスモデルに改善する経営者

このうち「0から1」と「1から10」のレベルのビジネスモデルの革新を「広義のイノベーション（Innovation）」と言い、「10から15」のレベルでビジネスモデルに磨きをかけて改善することを「インプルーブメント（Improvement）」と言います。

ここでのイノベーションとは、

・新発見→今までなかったビジネスモデルを創出する

・新機軸→今まで存在していたが、切り口を変えて新たなビジネスモデルを創出する

・新結合→複数の今まであったものを一つに結合して新たなビジネスモデルを創出する
・一　新→既存のビジネスモデルを全て見違えるように変えて斬新化したビジネスモデルを創出する

ことを言います。

共通点は「お客様（マーケット）自身が気づいていないニーズの創出」です。つまり、答えのないニーズをイノベーティブ発想でビジネスモデル化することなのです。お客様の潜在的ニーズを基点とする売り手発想の「提案型ニーズ」の創造と言えます。それゆえに、「0から1」あるいは「1から10」のイノベーションの努力行為は成果が高くなります。「10から15」のインプルーブメントは世の中の進歩に後れないようにするための努力行為であり、売り上げを落とさないためには必要ですが、次のステップへの飛躍とはなりません。

発想と発明による創造・創出

「0から1」発想は、世の中に存在しない、誰も知らない、気づかない概念を発見することです。この発想は、物理的なメカニズムの発見と抽象的なイメージメイキングによる発明によって得られます。

物理的なメカニズムの発見とは、現実には存在しているが誰もそのメカニズムを解明していないものを新しい発想に基づいて創造・創出することです。一方、抽象的なイメージメイキングによる発明とは、現実には存在そのものがないものを新たに概念として創造・創出することです。

2人の奇人・天才の偉人を新発想と成果の比喩として紹介します。

●アルベルト・アインシュタイン（1879〜1955年）

（目には見えない宇宙のメカニズムを論理の連続性の中で解析した偉大なる科学者）

137億年前に誕生した宇宙のメカニズムを「論理の連続性」と「論理の積み上げ」で解明しました。宇宙は現実に存在しますが、目には見えず、誰も行ったことがありません。そのメカニズムを解明するには、目に見えている一つひとつの事実を一貫した方法で解明し、飛躍のない論理として積み上げる努力が必要です。アインシュタインは、この論理の連続的な積み上げによって宇宙のメカニズムを証明しました。そのメカニズムが相対性理論です。

●パブロ・ピカソ（1881〜1973年）

（見えない分野にあった画風を感性の連続性により創造した偉大なる画家）

多くの人が「へんてこりん」と感じるであろうキュビスム（1枚の絵画に複数の視点を組み合わせる絵画技術）の画風を「感性の連続性と積み上げ」によって創造し、人々に認知させ、価値づけしました。ピカソは基本の画風である描写（見た通りに正確に描く）の時代から六つの画風を変遷し、それぞれの画風で最高の画家になりました。それまで存在していなかった画風を新たに創り出し、権威ある絵画として確立し、その最終局面で生み出したのがキュビスム（一見、変な絵）でした。

ピカソの成功のメカニズムを分析すると、「基本技術の高さ」「常に新しい分野に挑戦する」「異質性のある参入障壁の高い分野の確立」「第三者の評価」という四つのステップが見えてきます。ＳＣの開発・運営の成功のメカニズムには、ピカソが天才画家へと上り詰めたメカニズムとの共通点がたくさんあります。

以上のように、「0から1」のビジネスモデルは、過去の延長線上ではない、今までの常識を覆《くつがえ》す斬新かつ革新的な発想が求められ、それゆえに成果が著しく高まります。このように見えない世界、ビジネス的には見えないマーケットを見える化することが、ビジネスモデルを確立することになります。

イノベーション発想の思考概念

イノベーション発想の根源となる思考概念は「歴史的思考」と「国際的思考」と「自然

界的思考」であり、高い成果を導き出す思考概念です。思考とは、広義の事例研究と言えます。他の分野の社会的・自然的現象のメカニズムを解明し、新たなイノベーション発想の参考にするのです。

現象から発想を生む三つの思考

歴史的思考、国際的思考、自然界的思考とは、

・歴史的思考……過去・現在の社会的現象をメカニズムとして解明し、その解明した内容を自らが目的（領域）とするビジネスに新たな発想として波及させること

・国際的思考……先進事例であり、経済・流通の先進国（主としてアメリカ）の社会現象をメカニズムとして解明し、その解明した内容を自らが目的（領域）とするビジネスに新たな発想として波及させること

・自然界的思考 ………自然界で起こっている現象をメカニズムとして解明し、その解明した内容を自らが目的（領域）とするビジネスに新たな発想として波及させることを言います。

これら三つの思考概念によって現象のメカニズムを解明するのです。基点となる歴史や現象との相互比較により、「未来の見える化（未来の可視化）」が可能になり、「0から1」

あるいは「1から10」のイノベーション発想ができます。

歴史的思考によるイノベーション発想

歴史は常に繰り返しているため、「賢者は歴史から学び、愚者は現象から学ぶ」という言葉があります。

歴史を形として捉えると一つひとつが異なっているように見えますが、メカニズムとして捉えると同じレベルの出来事の繰り返しに過ぎません。歴史には「普遍の原則」があります。歴史上に起こったことは、時代の経過に伴ってその原則が変化しているのではなく、メカニズム的には同一現象です。時代を超えて戦略的に適用できる原則なのです。例えば、「孫子の兵法」や「ランチェスター理論」、「ニュートンの法則」の商業適用理論（ハフモデルやライリー・コンバースの法則）などは、経営およびマーケティング分野への応用版です。

歴史の研究は単なる過去の研究ではありません。未来の出来事を予測できるため、将来の計画に結びつけることが可能です。商業施設の開発やリニューアルに関する将来の戦略策定に向けた事例研究（過去の商業施設開発・運営における成功・失敗のメカニズム研究）は、まさに歴史的思考概念の研究です。

国際的思考によるイノベーション発想

もう一つ重要な研究に、国際レベルの現象と自らを比較検討する国際的思考による研究があります。国際的概念の研究であり、特に先進国の研究をすることによって自国の未来を探索したり、自国と他国を比較してそれぞれの特性を明らかにしたりすることです。

自国と他国の現状の違いの中に「国情格差」と「経済時差」と「グローバル無時差」があります。国情格差は国の特殊性によって異なる現象であり、未来においても基本的に違いは残ります。経済時差とは、経済レベルによって起こる現象の違いですが、未来に経済レベルが同一水準になると同じ現象が起こります。また、先進国と後進国の格差が起こらずに同時に進行することを「グローバル無時差」と言います。

イノベーション型流通ビジネスモデルの探索に際して先進国を参考にする場合は、この国情格差と経済時差とグローバル無時差を考慮しなければ、成功するどころか失敗することになります。

自然界的思考によるイノベーション発想

新たな発見に基づく努力行為の源泉は、自然界の中にも存在します。宇宙で言えば、137億年の歴史と、宇宙そのものの成立のメカニズムに発想の源が存在します。また地球であれば、46億年の歴史の中で、自然界に起こった根源的現象を体系的に調べて共通パターン化し、その成り立ちや生き残り・勝ち残りのメカニズムを解明することで、新たな発想の源泉を得られます。

人間を含む動物・植物の自然界は、ＤＮＡ的には「子孫を残すための生き残りと勝ち残り（子孫の繁栄）」が目的です。ニュートンの万有引力の法則やアインシュタインの相対性理論は、宇宙の生き残りと勝ち残りをかけた闘いが恒星や惑星間で起こっているという現象を理論化したものです。その宇宙の現象のメカニズムを解明する中で、新たなイノベーション型流通ビジネスモデルの発想の源泉が見えてきます。

発想力と解明力

以上の歴史的思考と国際的思考と自然界的思考による研究は、次の二つの根源的思考を導き出します。

・発想力……歴史的かつ国際的出来事を高次元で推察することにより、自分にとって初めての発見、あるいは世の中にとって初めての発見を可能にします。この初めての発見や発明の原点のことを発想力と言います

・メカニズムの解明力……世の中の成り立ち（メカニズム）は、自分にとって初めて

のメカニズムの解明（見抜く）、あるいは世の中にとって初めての解明（見抜く）によって、解明が可能になります

以上、発想力とメカニズムの解明力が、イノベーション型流通ビジネスモデルの構築の源泉となります。

イノベーション発想の具現化プロセス

流通業のみならず多くの業界において「成果」は絶対的要件です。成果のない行動は、ビジネス業界では必要ありません。また、「やってみなければ分からない」ではビジネスとしては失格です。成果を出すイノベーション型流通ビジネスモデルを構築するノウハウの思考プロセスを以下に示します。

実践理論化のメカニズム

思考プロセスは、情報の把握（知ること）から始まります。多くの経験や知識を持ち、起こっている現象から知ることが情報の把握であり、知ったことを体系立てたものを「情

報」と言います。この知識や情報を得ることが、その後の理論、戦略、戦術、運営へと進むために必要です。高いレベルで知ることを「見抜く」と言います。

この「見抜く」レベルで得た高い知識を体系化すると「理論」になり、理論から成果を創出すると「戦略」になり、戦略を具体化すると「戦術」になり、戦術を長続き（持続）させることを「運営」と言います。これをフォーマット化したものが図4−1−1（202頁）です。

また、機構論（本来はどのような性格の人が行う業務なのか）を比喩で示すと、情報は「評論家」、理論は「学者」、戦略は「経営者」、戦術・運営は「実務家」となります。

（1）第1段階「情報（知識）を得る」

成果を出す行動の第1段階は「情報（知識）を得る」ことです。情報（知識）とは知ることであり、学ぶこと、経験すること、情報を得ることによって知ることができます。より深い知識を得るためには、次の2点が必要です。

①正しい視点で情報（知識）を得ること

客観的（第3者の立場に立って）かつ正確（間違いのないように）に情報（知識）を得ることが必要です。

図 4-1-1　理論・戦略・戦術・運営のフォーマット

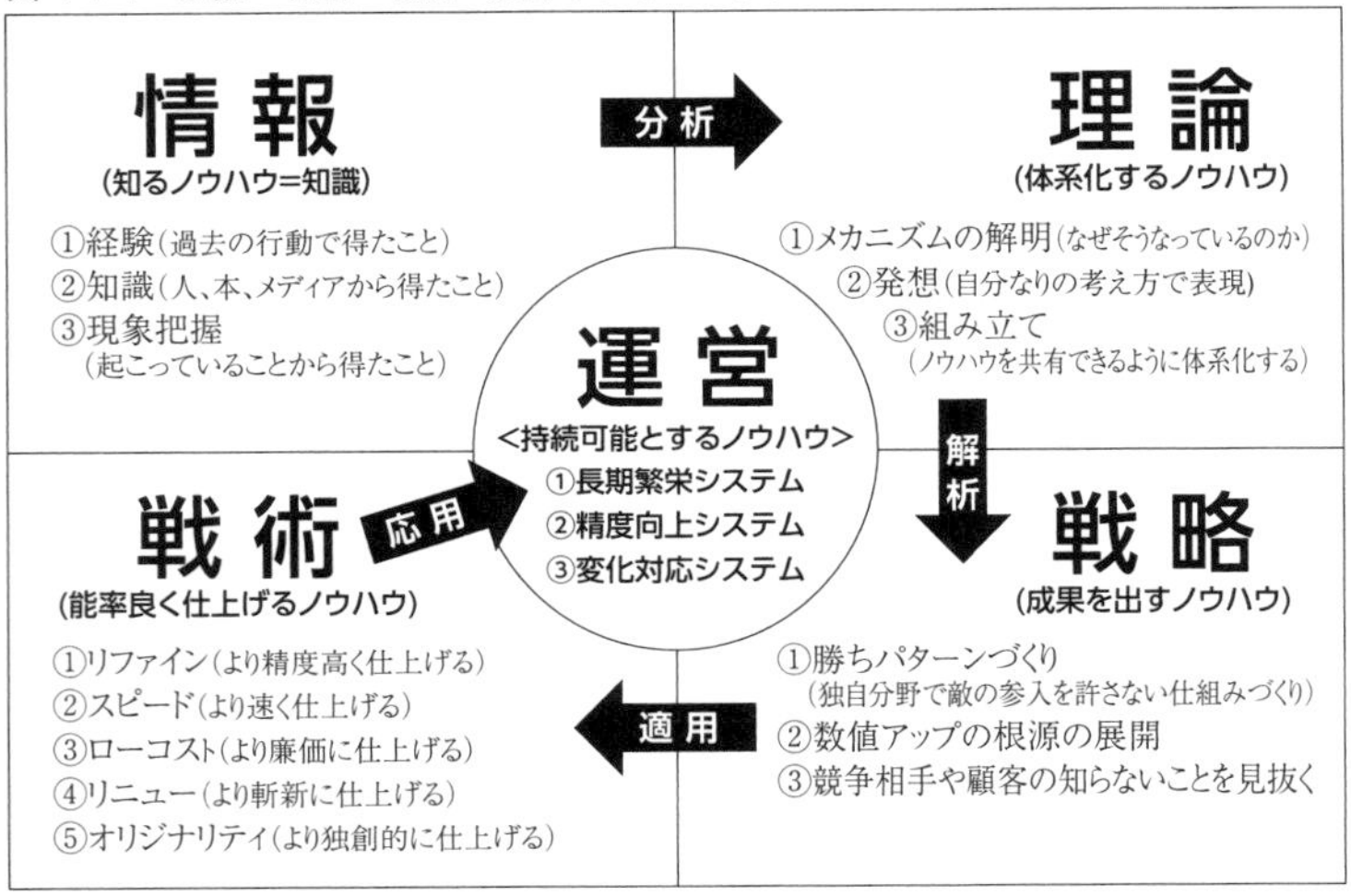

②知覚を持って情報（知識）を得ること

興味を持たないと、情報（知識）を見落としたりして深く知ることができません。それゆえ常に何事にも興味、問題意識を持つなどして知識を得ることが必要です。いわゆる「感じる（感性高く）」レベルの知識の取得であり、直感力や察知力とも言われます。

（2）第2段階「理論を構築する」

「情報（知識）を理論化する」ことです。理論化とは情報（知識）レベルの現象の普遍化であり、専門の知識を持った人であれば誰でも理解できるようにすることです。これを「知識の知恵化」と言います。そのためには次のことが必要です。

①因果関係を解明する

情報で得た現象について、その原因は何か、なぜ起こるのかをメカニズム的に解明し、必要十分条件に基づく因果関係を論理的に明らかにします。論理の飛躍があっては現象を解明したことにはなりません。論理に一貫性があると、そのメカニズムは証明されたことになります。

②体系化（普遍化）する

現象の因果関係が解明されると、第三者に体系的に理解できるように普遍化する必要があります。当事者ではない第三者が正確に理解でき、伝わるようにルール化するのです。第三者に伝わらないレベルであれば、それは体系化されていないことを意味します。

（3）第3段階「戦略を組み立てる」

成果を出す行動の第3段階は「理論に基づき行動すると成果が出るようにする」ことです。どんな行動も成果なくしては、単なる「学問・分析バカ」になってしまいます。より大きな成果を出すためには、次のようなことが必要になります。

①志や意欲（熱意）のある行動をする

志の高い行動（自分以外に成果が出ることを第1次目的とし、他人の成果が結果的には自分のためになる行動）や、意欲のある行動（目的を持って本気で取り組む行動）が、成果を高めるために必要です。

②紙一重の成果の原則を適用する

成果は紙一重の差で何倍もの違いになります。野球の打率の比喩で言えば、年間でたった25本のヒットの差で年俸（成果）は5倍以上異なります。同じ努力行為でも工夫と創意があるか否かによって、成果には天国と地獄の差が出ます。もう一歩の次元の異なる発想によるイノベーション型流通ビジネスモデルの構築が必要になります。発想を変えることによる成果のことを「コロンブスの卵の理論」と言います。

（4）第4段階「戦術を確立する」

成果を出す行動の第4段階は「戦略によって、創出しようとする成果を正確に実現させる」ことです。成果を正確に実現させるためには、次のことが必要になります。

①匠の技術をもって仕上げる

戦術とは能率であり、「より速く」「より精度高く」「よりローコストで」「より斬新に」「より独創的に」仕上げることが必要です。

②戦略を正確に具現化した形で仕上げる

戦術家は単なる仕上げ屋さんではありません。あくまで上位概念である戦略の目的（成果）を具体的かつ正確に仕上げることが必要です。

（5）第5段階「運営を策定する」

成果を出す第5段階は「戦術で確立された具体的な形を実際に動かし、長期繁栄させる」ことです。長期繁栄させるために次のことが必要です。

①常に磨きをかけて、精度高く行動すればするほどレベルアップさせる

戦術は成功のメカニズムを成果の出るように形づけたものです。実際の行動が始まったら、常に英知を創出し、より良い運営方法を作り出していくことが長期繁栄には必要です。

②常に世の中の変化に対応する

世の中は常に変化しています。その変化に対応し、進化させることが持続可能な経営にとって必要です。

発想の目的とレベル

「井の中の蛙《かわず》大海を知らず、されど天空の青さ（高さ）と水の深さを知る」という諺《ことわざ》があります。流通に携わる者（流通人）は「井の中の蛙」になってはなりません。自らが関連する業態の特定分野のみの小局的ノウハウを知り、自らが関連する業態を取り巻く大局的ノウハウを知らない専門家になってはならない、ということです。今後の日本の流通人は、現在接している常識とは異なる世界があることを知り、自分が知らない世界の多様性に触れることが必要です。

(1)〝脱〟井の中の蛙型研究

世の中の全ての現象は、大局(マクロ)と小局(ミクロ)の両面から成っており、小局よりも大局が勝ります。物事には全て優先順位があるのです。アメリカの流通についても、自らが関係する業態のみを重点的に視察・研修し、自らの業態以外の商業環境を視察・研修しない場合が多くあります。これを「井の中の蛙型視察・研修」と言います。

流通人が先進事例を視察・研修することは大切なことです。先進事例の視察・研修を綿密に積み重ねることにより、成功と失敗のメカニズムが解明されます。問題は事例研究の手法です。流通業界はお客様にとっての買い物の選択肢の中で多様な業態が切磋琢磨し、自らのポジショニングの優位性を構築する形で経営行動が行われています。それゆえに自らと同じ業態の視察や研修だけでなく、自らの業態を取り巻く異業態の視察や研修を行い、異業態を相対的・客観的に評価することも必要なのです。自らの業態がなぜ他の業態もある中で優位であり、他の業態からどのようにニーズを切り崩したのか。逆に、自らの業態がなぜ他の業態より劣位にあり、なぜ他の業態からニーズを切り崩されたのか。その要因と原因と手法をメカニズム的に分析し、解明することが、自らの業態の進化や改革にとって有意義です。

アメリカは日本より先に流通が進んでいたため、その歴史や現実の流通現象の中に多くのノウハウを持っています。まさにアメリカの流通はノウハウの宝の山と言えます。

（2）〝脱〟モノ真似型研究

真似をするにもノウハウが必要です。真似をする対象となる流通上の出来事のメカニズム解明なくして、単に真似をすると、失敗します。アメリカの流通を形だけで捉え、メカニズムを見ずに大失敗（あるいは倒産）した例があります。真似をしなければ大失敗しなかったのにと思う事例も数多《あまた》あります。多くの事例の中で、流通上の事業が成功しているノウハウには三つのレベルがあります。すなわち、「原理原則レベル」「例外の原則レベル」「奇跡の原則レベル」です。

①原理原則レベル

このレベルのノウハウは、成功している事業の一定の基本原則を学びシステム化することにより、他の業態でも同じように成功させることができます。しかし、その場合でも成功のメカニズムを探求し、再構築するノウハウを持っていなければ、単なるモノ真似となって失敗します。

②例外の原則レベル

多くは失敗しているが稀《まれ》に成功しているといった場合や、日本や世界でも数少ない事業でしか成功していない場合、例外の原則レベルにあると言います。このビジネスモデルは成功が稀なだけに、高度な成立・成功のメカニズムで成り立っています。真似をする者は自ら数少ない成功事業の本質をメカニズム的に見抜き、高度なレベルで再構築するノウハウを持っていなければ失敗します。

③奇跡の原則レベル

日本で一つ、あるいは世界で一つ程度の「唯一の成功」レベルで、真似すること自体が本来は困難です。自らの「超見抜く能力」を駆使して「唯一の成功」に挑戦し、再構築するノウハウを持っていなければ失敗します。事実、奇跡の原則レベルの事例を真似して、日本で失敗したケースがたくさんあります。

このように、真似をするには、真似をする事業と同じレベルのノウハウを持たなければなりません。ただ、真似をするとは後から追いかけることですから、「発想レベル」は容易に理解することができます。先駆者より若干低いレベルのノウハウでも成功させることができます。

（3）一を聴いて十を知る

「一を聴いて（あるいは一を知って）十を知る」という格言があります。奥の深い洞察をする天才が、一つの情報（聴く・知る・学ぶ・経験する）から、より深い大きな事実や正確な動きを解明するときに使われます。

「一を聴いて十を知る」という現象のメカニズムについて、東京大学名誉教授の和田昭允氏が以前、日経新聞に書かれていました。頭の中には、きれいに整理されきちんと説明できる「形式知」がある。加えて、その何千倍になる「暗黙知」が直感や勘の働きで取り込まれたまま、整理されずにフラフラ漂っている。この形式知と暗黙知が融合することにより、一を聴いて十を知ることができる、と述べています。

これを雪のできる現象に例えて説明しています。温度零下の高空の過飽和水蒸気が空中の極微粒子を核にして凝集し、精緻な六角形の美術品を創る、これが雪です。まるで暗黙知みたいにはっきりしない水蒸気が集まって六角結晶（まさに形成知）が姿を現します。「一を聴いて十を知る」には、聴いた「一」の中に、頭の中をフラついている風来坊たち（多くの暗黙知）を糾合する「核」を見出す鈍い勘が不可欠なのです。

私は常日頃から「井の中の蛙になってはいけない‼」と流通関係者に言い続けています。ミクロの専門家になってしまったら、時代の変化（自ら変わらなければならない進化の方向性）が見えなくなります。また、問題に直面しても、自分の少ない知識や経験のみからしか解決の方策を判断できなくなります。

そこで、形式知のことを「流通のノウハウ」、暗黙知のことを「流通の情報」と考えました。概念図で示すと図4－1－2の通りです。

形式知のみでノウハウを確立しても、井の中の蛙型ノウハウになり、世の中が変化していないときにしか使えないものになってしまいます。完成度の高いノウハウの追求や、変化する時代に対応するノウハウの確立には、暗黙知（多くの情報）が必要になります。ただし、単に暗黙知のみを単独で知るだけでは、モノ知りになることはできても、世の中の高い評価は得られません。多くの人々が同じ情報（暗黙知）を得る機会に面しても、得る人の感性によって感じ方は異なります。感性が低いと自らの専門領域に応用したときの完成度のレベルが低くなります。

一つの現象を見たときには、「何も感じない（理解できない）人」と「感じる（理解はできている）が行動に起こせない人」と「敏感に感じて行動を起こせる人」などがいます。いつも問題意識を持っている人は一つの現象を見る感性が高く、「一を聴いて十を知る」

人に近づくことができます。この問題意識が「雪を作るときの核となる極微粒子」です。いつも問題意識（極微粒子）を持っていない人は、いくら情報（過飽和水蒸気）があっても気づかないか、低いレベル（雪にならないレベル）でしか感じません。常に変革と挑戦の意欲を持つと、感性が高くなります。

（4）後の先戦略と新興国への進出スタイル

「後《ご》の先《せん》」は空手の攻撃法の一つで、第35代横綱の双葉山が未踏の69連勝を達成するために絶対に一度たりとて負けられないと、相撲技術として研磨（磨きに磨きをかけること）したノウハウです。

優勝するだけであれば14勝1敗や13勝2敗でもよく、1敗や2敗は許されます。また、全勝

図4-1-2
「一を聴いて十を知る」のメカニズム

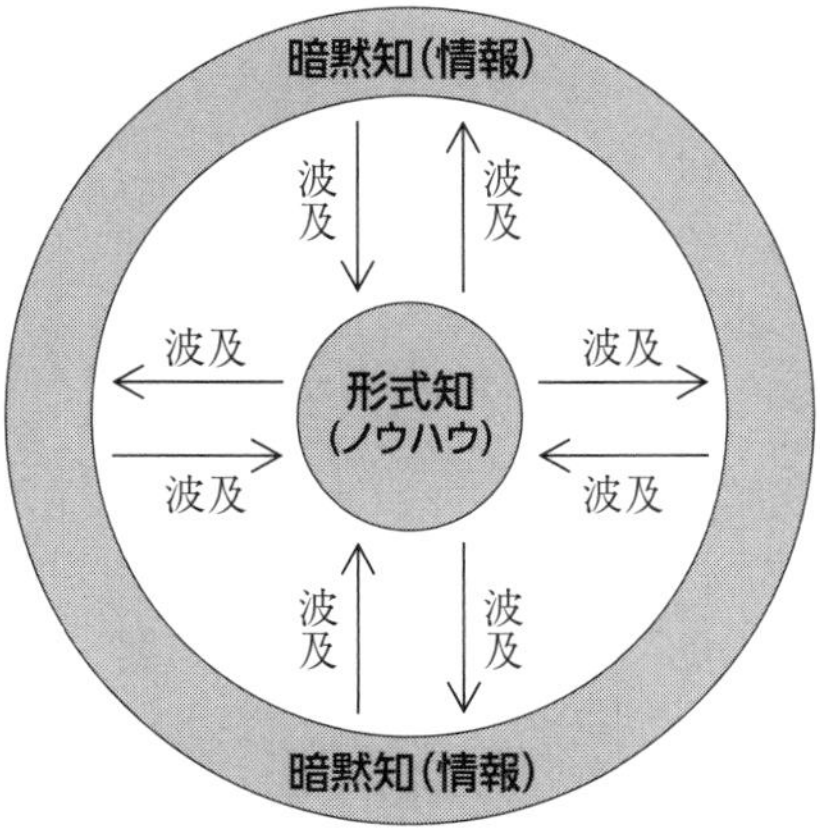

優勝を2~3回続けても69連勝にはなりません。連勝記録を作ることは、まさに1敗もできない「勝つことの連続性」を意味します。単に優勝回数を重ねるだけの強さでは69連勝ほどの大成果をあげることはできないのです。

一度も負けない相撲技術を習得するために、双葉山は「後の先」を研磨しました。土俵でにらみ合い、両者が立ち上がる瞬間の「間《ま》」をとり、「相手の動きをキャッチしてから、一瞬で次の手を先手を打って煥発(優れた才能が勢いよく外に輝き現れること)」する。相手の飛び技や変化技のリスクを見抜き、絶対に勝つ不動の体勢を確立したのです。

流通業界においても「後の先」の手法はケーススタディ(事例研究)の技術として使われています。流通業界で成功している事例を研究し、ノウハウ化する、まさに「後」から出発して自らの事業に適用する手法です。

先進国の企業が後進国(新興国や発展途上国や未発展国)へ進出する場合、先進国で解決できない課題を後進国で解決するという進出パターンがあります。例えば、先進国で人件費が高くなったから人件費の安い後進国に進出する。しかしやがて、さらに人件費の安い後進国へ移る。これを繰り返して最後には消えてしまうことを「課題先送り型海外進出」と言います。「後の先商法による新興国への進出スタイル」は、それとは意味が異なります。アメリカで学び、日本で実践し、成功と失敗が玉石混淆《ぎょくせきこんこう》として残っている流通事例上のノウハウを、その課題を解決したうえで新興国で再度成功させるために適用することです。「知らなかったからできなかったこと」「知っていたが、企業固有のさまざまな事情があってできなかったこと」「知っていたがノウハウ不足で失敗したこと」など、今から思えば「悔み言」を言うことがあります。この悔み言の原因を解決するためには、日本の流通歴（流通上の成功・失敗の歴史）の玉石混淆の事例の中から「玉の事例を抽出」し、（石を捨てて）新興国や発展途上国で成功させることです。すなわち「アメリカで学び、日本で実践した事例の玉の事例」を正確かつ感性高くノウハウ化し、それをもとに「後《ご》＝成功・失敗の見極め」から「高いノウハウで先《せん》＝計算し尽くされたリスクで先手を打って事業展開」する商法です。

今、新興国で起ころうとしている流通現象は、アメリカ・日本の経済プロセス（経済歴）と流通プロセス（流通歴）から正確に見極めることができます。その見極めた経済現象と流通現象からはリスクを計算することができるので、限りなく低い失敗確率予測で新興国へと進出することができます。

以前の日本の流通企業は「アメリカの流通を単に学ぶ（研究する）だけ」でした。「アメリカの流通を模倣しながら実践」してきました。結果、「大成功した企業」もありましたが、「最初は大成功したが、今は長期低落化の企業（あのとき、ああすればよかった!!）」

「たいした成功も失敗もしなかった普通の企業」「結局、失敗してしまった企業」もあります。流通後進国はアメリカや日本の成功のノウハウを適用する「後の先商法」で新興国に進出すれば、過去の「悔み言」や「チャンス逃し」を白紙状態のマーケットや流通業界で「神が与えたチャンス」にすることができます。人生二毛作理論と同じ現象です。

後の先戦略は、イノベーション型流通ビジネスモデルを確立する際にも、また後発流通企業による「残りものには福がある」式のマーケット開発にも効果があります。

(5) 絶対的進化と相対的進化

ダーウィンの『進化論』にある通り、強いものが生き残るではなく、変化に適応するものが生き残ります。世の中の変化に対応し、自らを進化させることが生き残りの基本原則ですが、問題は世の中の進化の速度と自らの進化の速度との関係です。

自分は進化していると感じていても、世の中がそれ以上進化していれば、自分は退化していることになります。多くの努力行為が成果にならない原因は努力行為の完成度ですが、進化の速度が世の中の進化の速度より遅い場合が多々あります。

自らの進化が過去より進んだレベルを「絶対的進化」と言います。この絶対的進化が、世の中の進化の速度より速くなることが成果です。一方、世の中より速い進化を「相対的進化」と言います。絶対的進化を相対的進化まで高めることが成果を出す基本です。努力行為を常に行っているのに成果が今一歩なのは、絶対的進化はしているが相対的進化にはなっていない場合が多いのです。

ノウハウの模倣と流通イノベーション

成果の大きい新たな発想を伴うビジネスモデルは、先進国や歴史、自然界の先進事例から学ぶことができます。

アメリカに学ぶ流通ノウハウ

前述した国際的思考によるイノベーション発想の内容を、より詳細に説明します。各国の流通の発展状態が異なるのは、次の3点に起因します。

(1) 第1の要因＝経済時差

経済の発展レベル（先進国・中進国・発展途上国・未開発国等）の差異によって、流通やＳＣの実態も異なります。しかし、現在は異なりますが、経済が成長して同じようなレベルまで高まると同じ現象が起こります。このことを経済時差による流通・ＳＣの相違と言います。１人当たりの所得が５０００～１万ドル、車の世帯保有率が30～50％になり、地方から都会へ、都会から郊外への人口の大移動が起こる段階で、どの国でもＳＣが大量に開発されます。

（2）第2の要因＝国情格差

国情格差は、経済時差とは逆に、経済レベルが同一になっても、各国が持つ特殊性によって流通・ＳＣの実態が異なることを言います。

例えば、アメリカの国土面積は日本の25倍ですがローカル立地が多く、日本は３大都市圏は大量交通手段が著しく充実しています。そのため、日本とアメリカのＳＣの立地や形態は著しく異なります。アメリカは都心商業が稀で、郊外立地がほとんどであり、日本は都市の中心商業街区と郊外の商業が両立しています。それゆえアメリカは郊外立地の「自動車利用マーケット」で、日本は都心と郊外が両立し、さらに郊外には「徒歩・自転車利用マーケット」「自動車利用マーケット」「大量交通機関利用マーケット」が存在します。立地の相違により、流通の形態と成り立ちが異なるのです。

アメリカは立地条件が単一なため、平原型マーケット（戦争の場合、互いに全体を可視化できている状態での闘いの場）です。日本は立地条件が複雑であるため、密林型マーケット（いろんな自然的条件が複合し、互いが全体を可視化困難な状態での闘いの場）です。それゆえアメリカは規模の優位性を発揮でき、日本は立地条件の違いによる棲み分けや差別化による優位性の発揮が可能になります。

（3）第3の要因＝グローバル無時差

経済時差や国情格差は各々の国の流通の発展に違いを生じさせますが、最新技術（デジタル技術）は先進国も後進国も関係なく世界同時に波及します。むしろ後進国はインフラ整備が遅れているがゆえに、先進技術を優位に取り込むことができます。そのため流通の発展が先進国と後進国で同時進行、あるいは後進国が先進国を上回ることがあります。例えば、リアルの商業インフラが未成熟な中国では、インターネット通販が日本やアメリカ以上に発展しています。

以上のように、先進国（先に流通が発展した国）から後進国（後から流通が発展した国）への流通の波及は、経済時差と国情格差とグローバル無時差の3要因によってそれぞれの国で起こり、独自化と同質化が同時に進行します。

自然界に見る流通ノウハウ

筆者は流通ノウハウを構築する際に自然界のメカニズムを参考にすることが多く、その考え方を比喩でよく説明します。

(1) マダガスカルのキツネザルの多様化

流通の多様化を説明する普遍のモデルに「マダガスカルのキツネザルの多様化現象」があります。この理論を使い、流通業界の覇権業態(流通業界で最も努力をしている業態)を事例として、「流通業界の覇権業態であるSC」について解説します。

マダガスカルはアフリカ大陸から400キロ

図 4-1-3
流通ノウハウの波及システム

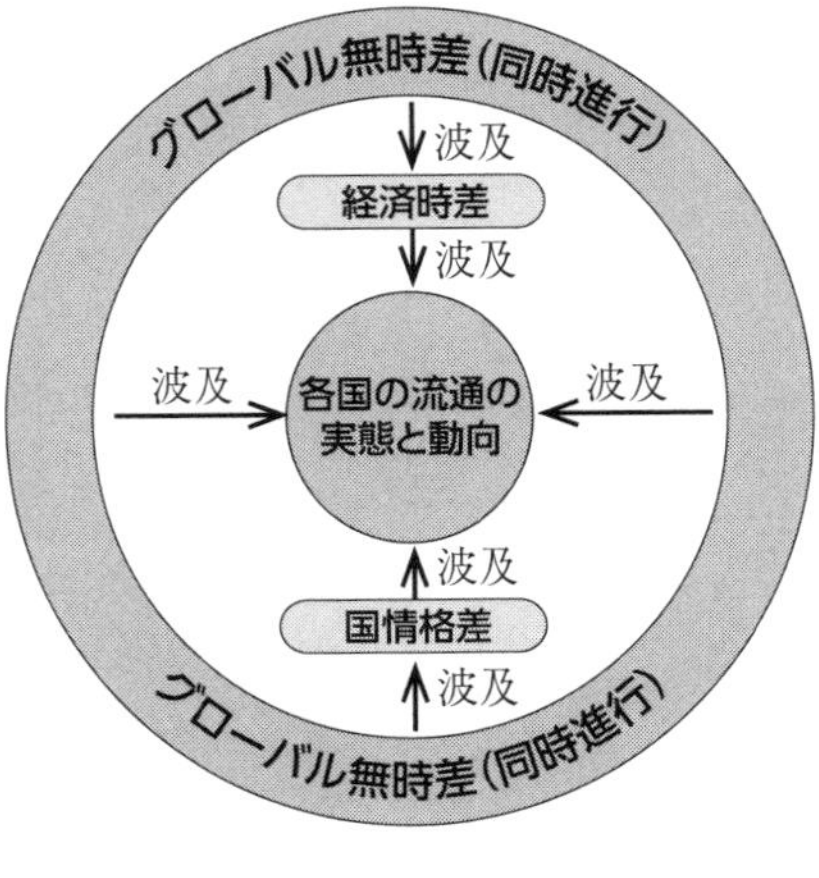

離れた孤立した島で、面積は日本の1・6倍です。この島でのキツネザルの増加・多様化は、流通の覇権業態としてのSCがそのポジショニングを形成するプロセスと似ています。

マダガスカルには太古、サルは棲んでいませんでした。しかし、5000~6000年前にアフリカ大陸からキツネザルの集団が何らかの理由（アフリカ大陸のジャングルの大洪水により流木に乗って集団で流れ着いたと推定）で棲み着きました。ライバルになるサルがおらず、熱帯雨林には果実や木の実などが豊富にあったため、キツネザルは増えに増えました（エアポケットマーケットの中でSCが増えに増えた成長期と重なる）。しかしながら、やがてキツネザルの数と従来型の食べ物（果実や木の実）の量が均衡し、キツネザルにとって食べ物の飽和状態になりました。さらにキツネザルが増えると、食べ物が不足する状態（SC的にはSCの飽和期）になりました。

本来ならばキツネザルの増加（特定の流通業態の増加）はなくなるはずですが、マダガスカルの動物界（強力な肉食動物がいない）ではキツネザルが勝ち組だったので、食べ物を求めて新たな地（特定の流通業態にとっては新たなマーケット）を開拓しました。新たな地で得たのはそれまでとは異なる木の葉や草の実、昆虫、毒のある竹の子等でしたが、やがて体の大きさや仕組み、消化機能、棲む場所などの変化がDNA（遺伝子）レベルで進み、これがキツネザルかと思うほどの80種に多様化（SCの多様化・これがSCか?というレベルまで変化）したのです。キツネザルは現在、マダガスカル島の動物の中で高いシェア（ＳＣはアメリカでは小売業の50％以上のシェア）を取っています。

マダガスカル島の中で「雨量差」「気温差」「地形の高低差」「地形の多様性（熱帯雨林、平原、山岳、砂漠、渓谷）」「植物の多様性」等により食べ物の多様性が形成され、この食べ物の多様性がまたキツネザルの多様化を促しました（これまでのアメリカのライフスタイルの多様化、これからの日本のライフスタイルの多様化は流通業態の多様化を導きます）。

マダガスカルのキツネザルが、特定の好みの食べ物が飽和状態になると別の食べ物を食べるように進化し、結果的にはＤＮＡが変化して多様化した現象を「マダガスカルのキツネザルの多様化理論」と言います。参考事例としてのＳＣも、特定の適合したマーケットが飽和状態になると別のマーケットを獲得するように進化して、結果的には業態が変化し、多様なＳＣが出現しました。これを「ＳＣの成熟化によるＳＣ業態の多様化理論」と言います。マダガスカルのキツネザルもＳＣも、もともとは1種類あるいは1タイプでしたが、食べ物やマーケットの飽和・成熟により進化が起こって多様化し、もとのサルやもとのＳＣとは同じと思えないような形態になります。しかし、サルの生態メカニズムやＳＣの成立メカニズムは、形は変わってももともとは同じです。

では、マダガスカル島のサルは、密林の中の美味な果実以外はおいしくないけど仕方なく食べているのでしょうか。確かに最初は美味な果実に馴染んでいたので、それ以外の食物はおいしいと感じなかったかもしれません。しかし、特定の食べ物を長時間食べ続けるとその味に馴染み、おいしくなるようにＤＮＡは変化します。それゆえ、それぞれの「種」のサルが食べているものは、それぞれの「種」のサルにとって美味なのです。しかし、このようになるまでには自ら、自分が食べる食物が美味になるメカニズムをＤＮＡ的に体内に獲得しなければなりません。例えば「危険な岸壁にある草」や「毒のある木の実」を食べるためには、次の三つのプロセスが必要です。

①第1のプロセス「危険な岸壁にある草や毒のある木の実を食物にするための意識革命と挑戦する精神」

②第2のプロセス「危険な岸壁で自由に動ける体形や毒を解消させる胃や腸づくり」

③第3のプロセス「そして美味となる舌と脳づくり」

この三つのプロセスを「サルが特定の食物を美味とするためのカスタマイズ化」と言います。別名「パンダの竹のおいしい理論」とも言います。

(2) パンダの竹のおいしい理論

一定のマーケットが飽和状態になったり、新しい分野のマーケットに挑戦するときのマーケティング戦略に「パンダの竹のおいしい理論」があります。

パンダは、現在は竹を食糧とし、中国の山奥に棲んでいます。パンダはもともとは別の場所に棲んでいたのですが、生存競争に負けて竹のある山奥の地域に棲まざるを得なくなったと推定されます。パンダがそれまでの食糧とは異なる竹を、おいしくないと嫌々食べていたのでは、おそらく絶滅していたでしょう。しかし、パンダは動物園で観ても、竹をおいしそうに食べています。あのカサカサした堅い竹が、なぜおいしく感じるのでしょうか。

流通業界は飽和時代になり、マーケットが多様化しました。イノベーションを起こし、新しいマーケットを開拓しなければなりません。SC業界ではアメリカのSCが小売販売額の54%を売り上げているのに対して、日本のSCは24%でしかありません。この差は、日本のSCがまだ、マーケットの開拓・創造をできていないからです。「日本中にシニア層が増えている。商圏の中にもシニア層が増えている。SCの来館者もシニア層が増えている。テナントもシニア対応の店が増えている」のに、なぜかSCやテナントの売上高が低下しているケースが多々あります。

これはSCやテナントが、シニア層に「私のためのSC、私のためのテナント」と感じてもらえるカスタマイズ化ができていないからです。パンダの理論で言うと、「新たな食事である竹をおいしいと感じていない」。すなわち、シニア層に対して「あなたのためのSC・テナントですよ!!」という仕組みができていないのです。

ここで「パンダの竹のおいしい理論」を「おむすび理論」で比喩的に説明します。

1人でテレビを観ながら食べているおにぎりの味を「1」とします。同じおにぎりを山の上の景色の良いところで食べるときの味は「5」になります。さらに、隣に好きでたまらない彼氏・彼女がいると、5倍の「25」になります。このように同じおにぎりのおいしさが25倍にもなるのは、理論的に説明すると次の通りです。1人で食べているときは「胃」で食べています。景色の良いところでは「舌」で食べています。彼氏・彼女と一緒にいるときは「脳」で食べているのです。

同じモノでも「意識改革（脳レベルでの改革）」と「仕組み改革・システム改革（舌レベルでの改革）」をSCとテナントが自ら行い、お客様が「自分のためのSC・テナント」と感じるカスタマイズ化ができていないと、いくらシニア層が拡大しても売り上げとして獲得することはできません。

（3）カスタマイズ化によるマーケット創造

パンダは生き抜くために新たな食糧である竹を「意識を変え（今までの食糧はもうない

のだ!! 竹によって自らの繁栄を勝ち取るのだ!!）」て、竹が適合するように「自分の体の仕組みを変え（舌・歯・胃・腸を竹に適合するシステムに変化）」て、竹がおいしくなるようにしました。流通業界はマーケットの飽和・多様化時代です。産業革命以後の大量生産・大量販売・大量消費の経済は、すでにモノ離れ現象により希薄化しています。新たなマーケットを創造（新たな顧客を創造）しなければジリ貧となり、次世代の勝ちパターン企業にはなれません。カスタマイズ化が多様化のためのノウハウなのです。

ＳＣ業界は、飽和期（ほぼＳＣが行き渡った段階）から成熟期（ＳＣの多様化の段階）に突入しています。今までとは異なるマーケットを創造しなければなりません。そのためには、特定のマーケットに向けたカスタマイズ化（あなたのためのＳＣづくり）が必要になります。このカスタマイズ化ができていないと、「日本中にシニアが増大している。商圏の中にもシニアが増大している。ＳＣの来館者もシニアが増大している。さらに、テナントもシニアＭＤｉｎｇ化している。それなのにＳＣの売上高は減少している」という現象が起こります。それはマーケットがないからではなく、カスタマイズ化（パンダの竹のおいしい理論化）していないからです。

第2節　流通の進化とイノベーションの事例

流通の進化をめぐる成功と失敗

イノベーションによって流通の覇権企業は変遷します。イノベーションを常に行う企業と一定の段階で止まる企業があるからです。その事例として、シアーズ（過去の覇権企業）、ウォルマート（現在の覇権企業）、アマゾン（近未来の覇権企業）の3企業の変遷について解説します。

シアーズの栄枯盛衰物語

アメリカのシアーズ・ホールディングスが破綻しました（2018年10月15日に連邦破産法11条＝日本の民事再生法相当に申請）。今のところ清算か再建かは分かりません。1980年代まで、シアーズはアメリカの流通企業のトップに君臨し、傘下のKマートもDS（ディスカウントストア）業態の中ではトップの位置にいました。しかし、ウォルマートとの激しい戦いに敗れ、かつアマゾンのネット通販に切り崩されて、この20年間は苦戦を強いられていました。

シアーズHDは2005年にPDS（プロモーショナルデパートメントストア＝GMSのアップスケール版大衆百貨店）の「シアーズ」とディスカウントストアの「Kマート」が合併してできた会社です。シアーズもKマートも一時は全米一の流通企業で合併当時は3500店舗（売上高530億ドル）ありましたが、「負け組同士の合併」と評されました。現在は900店舗（167億ドル）にまで減少し、そのうち142店舗を閉鎖途中です。

（1）イノベーション志向のビジネスモデル

シアーズは1893年（破産の2018年で125年の歴史）にシカゴで創業しました。最初はカタログ通販（無店舗販売）で大成功し、その後、都市人口が増大し、車社会が到来した1930年頃から実店舗を出店しました。シアーズの全盛期は1970年ですが、ここに至るまでには二つの「0から1の発想（誰も気づかなかった、あるいはすでに存在していたが希薄な状態であったことを発想する）」に基づくイノベーション志向のビジネスモデル（過去の延長線上ではないビジネスモデル）を創造しました。全米のトップ流通企業へと導いたイノベーション志向のビジネスモデルとは次の通りです。

①カタログ通販（無店舗販売）で大成長

アメリカの国土面積は日本の約25倍と超広大です。しかしローカル＆過疎地が多く、実店舗の成立性が低い立地でもあります。そこに着目したシアーズ（当時はシアーズ・ローバック）は、無店舗で展開できるカタログ通販を選択しました。商品が満載の分厚いカタログを見本として家庭に配布し、郵送で注文・配達するシステムを開発したのです。豊富な品揃えと、その商品を使うライフスタイルを提案するカタログは「お茶の間の擬似店舗」の役割を果たして大成功しました。まさに「0から1の発想」に基づくイノベーション志向のビジネスモデルの確立です。

②GMSからPDSへ、さらにRSCの核店舗として大成長

1930年代のアメリカでは都市化・郊外化・車社会化が進みました。この一大変化を背景にシアーズは脱カタログ通販へ舵を切り、実店舗販売に転換してCSC（シアーズが核店舗となる1核中型SC）をスタートさせたのです。CSCはGMSを核店舗とするSCのことで、この段階では「GMS＝非食品のフルラインによる総花型メガストア」でした。

その後、SC間競争が激しくなると、自前のCSCのディベロッパーとGMSの核店舗を廃止（CSCは売却）し、自らは多核モール型RSC（複数の核店舗とモール専門店が一体化した大型SC）における3~5ある核店舗の一つとして出店する道を選びました。複数の核店舗の一つになるため、従来の総花型のGMSからPDS（シアーズスタイルの独自のライフスタイルを提供する大衆百貨店）へと進化したのです。

このGMSやPDSは当時、「0から1の発想」に基づくイノベーション型ビジネスモデルでした。シアーズは多くの独自ブランドを開発し、中の中レベルの中流志向のフルライン業態として大発展したのです。このGMSのビジネスモデルは日本の量販店(大型スーパー）のモデルになりました。

このように、シアーズは1920年から始まったアメリカの大量生産・大量販売・大量消費を起因とする「モダン消費（モノを買うことにより、モノを消耗し、所有し、使用することの連続性に喜びを感じる生活向上志向の消費）」を背景に大発展しました。この消費経済の中でアメリカのライフスタイルの変化と進化に対応し、初期はカタログ通販、中期はPDSという二つのイノベーション（0から1の発想）を伴う大変革を完成度高く実行して大成長したのです。

しかし、シアーズの発展はここまでで、後期の1990年代以降は長期低落化の道を歩むようになります。

（2）カテゴリーキラーの攻勢

消費を基軸とするアメリカの消費経済は1920年に始まり、1970年に統計上の終焉を迎えました。モノ離れが起こり、GMSやPDSが提供する大量消費型のライフスタイルに陰りが見えてきたのです。

同時に、新たな競合の猛追もありました。DSのウォルマート（当時はウォルマートストアーズ）です。1960年代から実店舗が困難と言われてきたローカル立地に近代的店舗を展開し、新しいビジネスモデルを確立（0から1の発想）してきました。このウォルマートがローカル立地から都市周辺立地に攻め上がり、全国展開してシアーズと直接競争をするようになったのです。

モノ離れをした後の総合業態は、ディスカウント志向でないと勝ち残れません（日米共通の原則）。ウォルマートは強力なディスカウント性（安さ）と圧倒的な品揃えで、シアーズが展開する中の中志向のPDSを切り崩しました。特に強みを発揮したのが、1980年代後半に出店を始めたウォルマート・スーパーセンターです。アメリカでは総合業態に初めて食品売り場を導入（0から1の発想）したイノベーション志向の業態で、シアーズを圧倒しました。

さらに、シアーズは2000年頃からは新たな脅威に曝《さら》されます。ネット通販で急速に成長（0から1の発想）したアマゾンです。その「安さ」「便利さ」「品揃え」「選択肢」の強みによって、シアーズだけでなく、中価格志向のリアル店舗が切り崩されています。

このようにシアーズはウォルマートとアマゾンというカテゴリーキラーに対抗できず、有力なブランドの売却にも追い込まれ、ブランド力が低下し大苦戦中です。しかし、実はシアーズも過去には時代の常識を打ち破るカテゴリーキラーだったのです。

「中途半端」は淘汰される

シアーズHDのもう一つの傘下企業であるKマートにも栄枯盛衰がありました。

Kマートは DS業態としてはウォルマートと同時期（1962年）に登場しました。出店立地は、ウォルマートがローカルかつ過疎立地だったのに対して、Kマートは都市周辺。その後、両企業ともモノ離れ以降（特に1970年代後半から1980年代のスタグフレーション＝不景気なのに物価高）の中で大成長しました。スタグフレーション経済下ではDS以外にアウトレットストア、オフプライスストア、カテゴリーキラー、シングルプライスストア等のディスカウント志向の業態が大躍進し、消費者の購買意欲を高め、消費の面でアメリカの経済を支えました。

①Kマートとウォルマートの激突

両社が激突したのが1990年代のことでした。それ以前は棲み分けができていましたが、ウォルマートがローカル&過疎エリアから、Kマートの主戦場である都市周辺へ進出してきたのです。当初は都市周辺の比較的先進性を持つ消費者を客層としていたKマートが有利に展開し、「やはりウォルマートは田舎の後進性を持った消費者にしか対応できない」と言われました。しかし4~5年が経過すると、都市周辺でもウォルマートがKマートを徐々に圧倒するようになったのです。2000年頃にはKマートを大苦戦に陥れ、最終的にはシアーズと合併するまでに追い詰めました。

すでにウォルマートは小商圏立地の過疎マーケットで成立するビジネスモデルを確立し、Kマートの大商圏型ビジネスモデルを上回っていたのです。ウォルマートが当初攻めあぐねたのは、後進性の高い消費者を相手にビジネスをしてきたため、提供する商品が都市周辺の先進性に適合しなかっただけです。ウォルマートはKマートの商品や都市周辺消費者のニーズを分析し、4~5年後には独自商品を開発して持ち前のビジネスモデルを駆使し、Kマートを撃退しました。MDingよりもビジネスモデル優位の原則を適用したのです。

②一つの固有マーケットの中で2企業が基準の原則

GMS業態はハードに強いシアーズ、衣料に強いJCペニー、中間のモンゴメリーワードの3本柱でしたが、最もビジネスモデルとしての精度が低く中途半端なモンゴメリーワードが倒産し、シアーズとJCペニーが残りました。DS業態は圧倒的な品揃えと価格破壊力を持つウォルマート、おしゃれなDSのターゲット、さらにKマートの3本柱でしたが、最もビジネスモデルのレベルが低く中途半端なKマートが倒産しました。

いずれにしても、一つのマーケット（業態）の中では「2・5の成立原則（2つの正規型と複数のゲリラ型企業が存続するという原則）」が適用されました。

ウォルマートの戦略と戦術

企業が突出した売上規模に成長するためには、世の中の常識を変える画期的なイノベーション志向のノウハウ（過去の延長線上ではない革新的ノウハウ）をビジネスモデル化することが必要です。それを為したのがウォルマートでした。

「ホップ→ステップ→ジャンプ」の連続性

ウォルマートの売上高は円換算で50兆円を超え、アメリカの実店舗の小売りチェーンでは2位を5倍以上引き離した独走的なポジションにあります。これは、敵の参入障壁の高いイノベーション志向のビジネスモデルの創出を過去に2回実施したからこその大発展です。イノベーション志向のビジネスモデルの創出を「戦略」、確立されたビジネスモデルを持続可能にするための運営を「戦術」と言います。この新たな戦略と戦術を2回行ったのです。

イノベーション志向のビジネスモデルを創出することを、概念的に「0から1の創造（世の中に存在しないレベルのノウハウの創出）」と言います。また、概念的に世の中に希薄なレベルで存在しているものを切り口を変えて創出することを「1から10の創造」と言い、一般的に確立された概念をより完成度高く、より長期間持続可能にすることを概念的に「10から15の創造」と言います。敵の参入障壁の高いノウハウを持ち大飛躍する企業は、「0から1」「1から10」「10から15」の創造的概念を「ホップ→ステップ→ジャンプ」の3段跳びの連続性でビジネスモデルとして完成させています。

ウォルマートの3回のイノベーション

ウォルマートは超大企業になるまでに過去2回、次のようにイノベーション志向のビジネスモデルを確立しました。

（1）第1回目の「0から1のイノベーション志向ビジネスモデル」の構築

ウォルマートは1960～70年代、新興エリアとして成長していたアーバンエリアやサバーバンエリアではなく、万屋《よろずや》や通信販売（カタログ販売）に依存していたルーラルエリア（田舎エリア）で、小商圏型・近代型店舗運営システムのディスカウントストア業態（非食品）を展開しました。誰も手を出さない空白マーケットで独占マーケットを確立し、競争優位性を高め、圧倒的シェアで適正な売り上げを獲得できる「0から1の需要創造」を行ったのです。大飛躍への「ホップ（第1段階）」レベルのビジネスモデルを構築しました。

（2）第2回目の「1から10のイノベーション志向ビジネスモデル」の構築

ウォルマートは1983年、アメリカの総合業態（百貨店・GMS・DS）として初めて食品を本格的に扱う中商圏・中品種大量販売業態「ウォルマート・スーパーセンター（ディスカウント志向の総合業態＝低価格訴求のGMS）」を出店しました。ウォルマートは過去に大商圏・少品種大量販売の「ハイパーマーケット」を開発し失敗していますが、この経験から習得した食品の取り扱いノウハウを生かしたのです。1990年にかけて食品を取り入れた総合業態を完成度高くビジネスモデルとして確立しました。

当時のアメリカでは食品と非食品は購買動機が異なるという理由で、食品を扱う総合業態はありませんでした。日本やヨーロッパでは食品業態を基軸とする総合業態が常識化していましたが、アメリカでは誰も手をつけていなかったのです。そこでウォルマートはハイパーマーケットの課題を解決し、スーパーセンターという業態を精度高く仕上げたのです。これが大飛躍への「ステップ（第2段階）」レベルのビジネスモデルです。

これら二つの戦略志向のイノベーションで勝ちパターン体制を構築したうえで、インプルーブメント（改善）によって持続可能なビジネスモデルにしました。チェーン展開のストアオペレーション、サプライチェーン&プライベートブランド（ＰＢ）、エブリデイロープライス（ＥＤＬＰ）に磨きをかけ、長期間の持続可能なビジネスモデルを確立したのです。

特にＥＤＬＰのノウハウは、単にバーゲンのときだけ安いのではなく、「ウォルマートで一年間、他の競争相手の価格を気にせずに買い続けると、消費金額が20～30％少なくて済む」という概念をマーケットに浸透させました。その背景には、バイイングパワーを発揮するためのチェーン展開やローコスト開発・オペレーション、さらには多様かつ廉価なＰＢ化があります。それぞれの完成度を高める、まさに「10から15」の戦術レベルのビジネスモデルによって、「ジャンプ（第3段階）」レベルのビジネスモデルを構築したのです。

（3）ウォルマートの近未来の課題と展望

二つのイノベーション志向のビジネスモデルの確立以外にも、ウォルマートの成功メカニズムには重要なポイントがあります。「新たに完成度の高い業態を確立」したうえで、次のステップである「ライフスタイル化（お客様である中下所得層の消費者に新中所得層のライフスタイルを提案）」を進め、さらに「カスタマイズ化（中下所得層にとってなくてはならない存在の店）」にまで進化しました。現在は「デジタル化（リアル店舗とネット通販の一体化＝クロスチャネル＆オムニチャネル化）」へと進化中です。

一つの流通企業が長期的に大発展するためには、「完成度の高い業態の確立」→「お客様に生活提案ができるライフスタイル化」→「お客様に自分のために作ってくれた店と思わせるカスタマイズ化」→「ネット通販と融合するデジタル化」の4段階が必要です。ウォルマートはこれら四つの段階をクリアしていますが、日本のウォルマート（西友）は第1段階のGMSとしての業態化のみで、まだライフスタイル化まで進んでいません。第4段階まで進みつつあるアメリカのウォルマートとの進化の差は、日本のウォルマートが飛躍できない理由でもあります。

（4）第3回目の「10から15のイノベーション志向ビジネスモデル」の構築

しかし現在、2000年～10年に始まったデジタル化の進展を背景に、売上高20兆円超に急成長したＥＣ企業のアマゾン・ドット・コムがウォルマートを追撃しています。リアル店舗とデジタル店舗（ネット通販と無人店舗）の競争、あるいはリアルとデジタルの融合が急速に進み、リアル店舗の雄が勝ちパターンになるとは限らなくなりました。ウォルマートもＥＣによる販売のデジタル化、運営システムのデジタル化、マーケティングシステムのデジタル化を強力かつ急速に進めています。

世の中を変える画期的なイノベーションである「０から１」「１から10」の開発は、アマゾンが一歩先んじています。しかし、ネット通販からリアル店舗へ進出するアマゾンに対して、ウォルマートはリアル店舗の優位性を活用したネット通販への進出で対抗しています。ウォルマートはこれまで勝者であったがゆえに、変革力が劣る「イノベーションのジレンマ」に陥らないよう、ネット通販に巨額の投資を行っています。

ウォルマートはアマゾンとは異なる視点でネット販売を強力に推進しています。全米に４７００店舗超を展開し、店舗の半径16キロ圏（10マイル圏）内に全米人口の90％が暮らしています。この店舗網を活用したエリア戦略に、ネット販売をしっかりと組み込んだのです。店舗を基地（配送拠点）にして、モバイルオーダーとキャッシュレス決済によって店舗内での受け取りやドライブスルーでの受け取りに対応する一方、サブスクリプションシステムで生鮮のみならず全商品の宅配を実施しています。

ネット販売ではアマゾンに先んじられましたが、リアルの多店舗展開の優位性を最大限に生かすシステムの構築・運用によって、アマゾンを急速に追い上げています。これがウォルマートの「10から15」のイノベーションであり、企業内の成長ベクトルです。

アマゾン・ドット・コムの大躍進

アマゾン・ドット・コム（以下、アマゾン）は1994年に設立され、現在はネット通販の雄となり、売上高は約41兆円（2020年）でウォルマートを猛追しています。書籍のネット通販でスタートした企業ですが、今やオンラインショッピングの総合モールとして君臨しています。業態の進化の中の「デジタル化」による完成度の高いビジネスモデルで大躍進中です。

一石二鳥・一石三鳥のシステム

ウォルマートを脅かし、シアーズを倒産させた「アマゾンエフェクト」はリアル店舗の驚異となっています。アマゾンはこのビジネスモデルを、いかに作り上げたのでしょうか。

①強力なネットのインフラ（基盤）を確立し、自社および第三者企業の共用による一石三鳥の「1から10の発想」のビジネスモデルを確立

アマゾンは書籍のネット通販に始まり、モール型ECのマーケットプレイスへと総合業態化し、さらに強力な物流システムやクラウドのインフラを備え、他の企業に提供しています。このアマゾンウェブサービス（AWS）やアマゾンマーケットプレイス、アマゾンの物流システムは完成度が高く、独自利用と他社利用による一石二鳥（三鳥）の成果をもたらし、高収益事業に成長しています。

②強力なプラットフォームによる価値創造システムで経済圏を形成し、「1から10の発想」のビジネスモデルを確立

総合ネット小売業化したうえで、音楽・ゲーム・映像のコンテンツの配信業、リアル店舗（書籍のリアル店舗のアマゾン・ブックスや自然食のホールフーズ・マーケット、アマゾン・ゴー等）の顧客を囲い込み、有料のアマゾンプライム会員として多大な利便性とメリットを与える経済圏を確立しました。膨大な相互利用により巨大な収益を生む価値創造経済圏を形成しています。

③高度な情報活用システムによる「1から10の発想」のビジネスモデルを確立

独自の経済圏から得られるビッグデータを生かすノウハウ、レコメンドデータとしてのノウハウ活用、デジタル広告としてのノウハウ活用、リアルとネットの融合、経済圏のデータ活用による価値創造、ＩＣＴ（情報通信技術）の一石三鳥活用という、完成度が高いビジネスモデルと、たゆまない先行投資で覇権企業へと邁進しています。

プラットフォームビジネスのメカニズム

アマゾンはネット通販の雄ですが、ＩＣＴの企業でもあります。次のようなビジネスを展開しています。

①プラットフォーム機能を駆使して価値創造システムである経済圏を展開するビジネス
②自らのプラットフォームの中のインフラ（基盤）を自ら活用するだけでなく、他社へも提供・開放するダブルビジネス
③ＩＣＴ技術と金融を一体化した金融ビジネス

図４－２－１にアマゾンのビジネスコンテンツを提示します。

アマゾンのビジネスのキーは、「経済圏による価値創出」「自社と他社の兼用による一石二鳥」「巨大利益の企業内再分配による先行投資」「データのノウハウ化ビジネス」の４点です。金融面と情報・デジタル面でそのビジネスの流れを整理すると図４－２－２のようになります。

図 4-2-1　アマゾンのプラットフォームビジネス

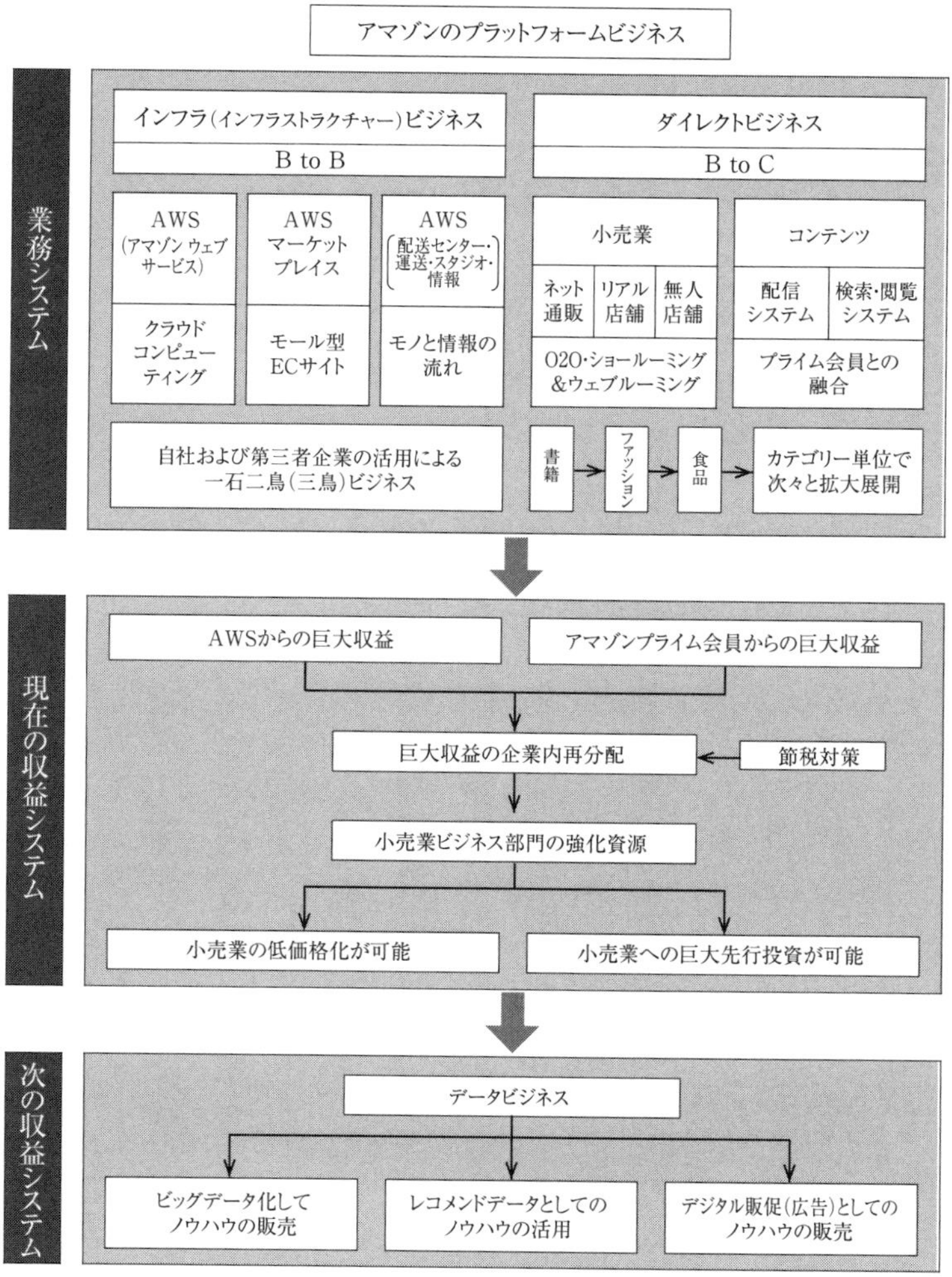

図 4-2-2　アマゾンの金融ビジネスと情報・デジタルビジネス

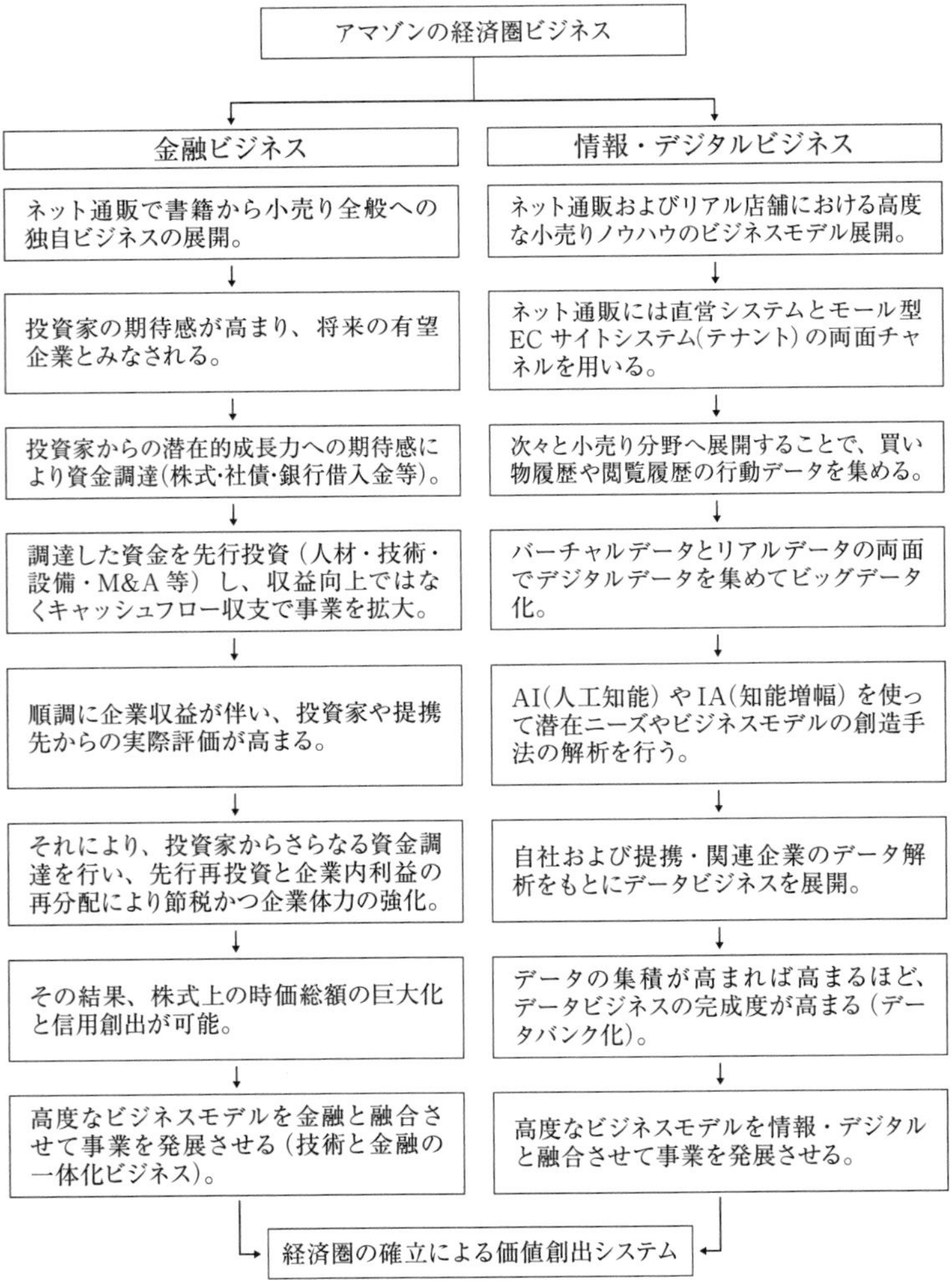

アマゾンの経済圏ビジネス
金融ビジネス
ネット通販で書籍から小売り全般への独自ビジネスの展開。

投資家の期待感が高まり、将来の有望企業とみなされる。

投資家からの潜在的成長力への期待感により資金調達(株式·社債·銀行借入金等)。

調達した資金を先行投資（人材・技術・設備・M&A 等）し、収益向上ではなくキャッシュフロー収支で事業を拡大。

順調に企業収益が伴い、投資家や提携先からの実際評価が高まる。

それにより、投資家からさらなる資金調達を行い、先行再投資と企業内利益の再分配により節税かつ企業体力の強化。

その結果、株式上の時価総額の巨大化と信用創出が可能。

高度なビジネスモデルを金融と融合させて事業を発展させる（技術と金融の一体化ビジネス）。

情報・デジタルビジネス
ネット通販およびリアル店舗における高度な小売りノウハウのビジネスモデル展開。

ネット通販には直営システムとモール型 EC サイトシステム(テナント) の両面チャネルを用いる。

次々と小売り分野へ展開することで、買い物履歴や閲覧履歴の行動データを集める。

バーチャルデータとリアルデータの両面でデジタルデータを集めてビッグデータ化。

AI(人工知能) や IA(知能増幅) を使って潜在ニーズやビジネスモデルの創造手法の解析を行う。

自社および提携・関連企業のデータ解析をもとにデータビジネスを展開。

データの集積が高まれば高まるほど、データビジネスの完成度が高まる（データバンク化）。

高度なビジネスモデルを情報・デジタルと融合させて事業を発展させる。

経済圏の確立による価値創出システム

以上のように、アマゾンの事業の成立・成功モデルは「独自ノウハウの創造→資金調達→先行投資→時価総額の拡大→さらなる資金調達によるキャッシュフローの増大」という循環システムです。すなわち、情報・デジタルビジネスを基軸として金融ビジネスを融合させ、それを自らの基盤として活用する仕組みと他社のインフラとして提供・開放する仕組みによる拡幅経営なのです。

日本のウォルマート「鳴かず飛ばず」のメカニズム

鳴かず飛ばずには二つの意味があります。

①下積み時代が長く、思うような活躍ができないこと
②実力のある者が活躍の機会に備えてじっと待っていること

アメリカのウォルマートは、米国内で２０２０年には売上高が３４１０億ドル（国際的には５２４０億ドル）、店舗数４７５６店の世界一の流通企業です。ＥＣ旺盛時代で総合業態が大苦戦や淘汰にある中にあって健闘し、現在も新たな成長に向かっています。

一方、世界最強の流通企業であるウォルマートの傘下の西友（２００７年に総買収金額

２５００億円で完全子会社化）は、鳴り物入りで再出発したにもかかわらず、２０２０年には売上高約７０００億円、店舗数３２９店（２００８年は３８７店）で鳴かず飛ばずの状態（２０２１年に実質的に日本から撤退）です。これは、①の「思うように活躍ができないというネガティブな状態」なのでしょうか、それとも②の「実力があって活躍の機会に備えているポジティブな状態」なのでしょうか。

敵を知らずして進化なし

アメリカのウォルマートは、過去の延長線上ではないイノベーションを過去に2回行い、現在は3回目のイノベーションを行っています。

①第1のイノベーション

１９７０〜80年代に誰も対象としなかった低所得層とルーラル（ド田舎）エリアで、現代的・チェーン型店舗を確立し、ＧＭＳの廉価版として大躍進しました。

②第2のイノベーション

１９９０〜２０１０年代に誰も展開しなかった食品を総合業態に導入し、衣食住の揃ったアメリカで唯一の食品を導入したスーパーセンター業態を開発、カテゴリー単位で特化型の巨大店舗を確立して大躍進しました。

③第3のイノベーション

２０１５年頃からＥＣ（主としてＥＣのＧＭＳであるアマゾン）に対抗して、有名店舗を基軸としたクリック&コレクトによるリアル店舗とＥＣを融合した新販売システムを確立し、次の大躍進に向かっています。

アメリカのウォルマートは画期的な業態を開発して、敵の参入障壁の高い破壊的イノベーション（競争相手から見ても自らの店舗から見ても過去の延長線上ではないイノベーション）を連続して行い、世界一の流通企業に成長しました。

一方、西友は、強力な日本のＧＭＳの包囲網の中でアメリカのウォルマートのエブリデイロープライスのコンセプトで展開していますが、価格破壊力はなく、低価格志向のポジショニングは希薄な状態で、価格面の競争優位性はありません。また、アメリカのウォルマートと同様にＥＣ戦略を楽天と提携して、ウォルマート楽天市場や楽天西友ネットスーパーを展開しつつあります。アメリカのウォルマートは４７５６店舗を基軸として、半径10マイル圏（16キロ圏）で全米人口の90%を網羅する、いわばアメリカ全土をドミナント化した有店舗ネット販売戦略（店舗を基軸としたオムニチャネル戦略）を導入しています。それに対して、西友は３２９の有店舗で、アメリカのウォルマートのようにマーケットのドミナント化はできていません。その意味で、西友の低価格戦略もネット戦略も、競争優位性の高い店舗戦略へのハードルは高い状態にあります。

このアメリカのウォルマートと日本のウォルマート（西友）のイノベーションと成果を、表4－2－1にマトリックス化しました。アメリカのウォルマートはAゾーン（新規ノウハウによりマーケットで優位性を発揮するゾーン）、西友はDゾーン（既存ノウハウを活用し、かつマーケットの優位性が発揮できないゾーン）であり、ネガティブの鳴かず飛ばず状態が続いています。

その西友で劇的な展開が始まりました。ウォルマートは西友の株を2021年3月にKKR（コールバーグ・クラビス・ロバーツ）に65%、楽天に20%売却し、ウォルマートは15%になり、企業の再編成に向かっています。

ウォルマート（西友）は、アメリカで大飛躍し

表 4-2-1　ウォルマートと西友のイノベーションと成果

ノウハウ		ノウハウの既存・新規の区分	
マーケット		既存の完成度の高いノウハウ	新規開発されたノウハウ
マーケットでの優位性	優位性はない	（D ゾーン） ・西友　・日本の ICT 企業 （多くの後期追随型企業）	（C ゾーン） （アイデア優先型の企業）
	優位性はある	（B ゾーン） ・イオンモール　・ららぽーと ・BATH（中国） （先行の完成度高い追随型企業）	（A ゾーン） ・ウォルマート（米国） ・アマゾン ・ファーストリテイリング ・GAFAM（ICT）

た世の中を変える画期的なイノベーション志向のノウハウを、日本では展開できませんでした。日本にはいわゆる超過疎（ルーラル）は存在せず、アメリカほど所得の2極化に基づく低所得者は存在しなかったからです。また、日本のGMS（大型スーパー）はアメリカと異なり、食品を基軸とする総合業態であり、食品を初めて扱ったウォルマートのスーパーセンターは日本では画期的な存在にはなりませんでした。ウォルマートは、先に日本に進出して失敗したカルフールやテスコと同様に、日本を流通後進国として評価し、敵を知らずして進出してきたのに違いありません。

ウォルマート（西友）は、日本ではイノベーション志向のノウハウを確立できず、完成度の比較的高い日本のGMSとの直接競争に負けてしまいました。それは単に、成熟した日本に空白マーケットが存在しないため需要創造ができなかったからではありません。総合業態は競争が激化すると中道業態化（何でもあるが、欲しいものがないという中途半端な業態化）し、勝ちパターンではなくなります。しかし、市場価格より2〜3割安い廉価業態は、総合業態でも勝ちパターンのまま勝ち残れます。そのことはアメリカでもヨーロッパでも日本でも実証されていますが、この勝ちパターンへは進みませんでした。

そもそも、なぜウォルマートは大躍進できたのか。創業者のサム・ウォルトン氏は、誰も開拓しなかったマーケットのマイノリティ（少数派）ニーズを、イノベーションによる需要創造でマジョリティ（多数派）ニーズ化したからです。

仮説ですが、ウォルマートが進出してきた当時の日本で成功するには、二つの道が存在しました。

（1）日本独自の空白マーケットのビジネスモデル化

アメリカで行った「0から1」あるいは「1から10」の発想に基づくイノベーション志向のノウハウの確立を、日本で新たな分野で再現することです。それができることは、すでに実証されています。

例えば「GMSの半値で機能性と品質性を付加したファーストリテイリング（ユニクロ）やしまむら」「安さと楽しさと珍品を融合させたドン・キホーテ」「安さに鮮度やバザール性を付加したオーケーやロピア」「PBとローコスト開発・ローコストオペレーションにより食品業態を基軸とする総合業態（日本式スーパーセンター）を完成度高く仕上げたベイシア」などがあります。

日本の成熟した消費マーケットにも、アメリカのウォルマートが行った空白マーケットのビジネスモデル化を果たした企業はたくさんあるのです。

（2）完成度の高いＥＤＬＰを確立する

競争相手より価格が20～30％安いと、お客様は絶対的安さとして高満足評価をします。アメリカのウォルマートはＥＤＬＰ（毎日安い）の価格戦略を採り、ウォルマートで買い続けることで、一年間を通して最少消費の生活ができることを訴求しています。究極のＥＤＬＰです。それに対して西友は、絶対的安さにおいても、ＥＤＬＰにおいても完成度が低く、日本のＧＭＳの中で競争優位性を持てていませんでした。西友が独自のサプライチェーンやＰＢで日本の商慣習を打破し、カルフールやテスコの失敗を克服してＥＤＬＰを完成度高く仕上げる方法もあったのです。しかし西友はサプライチェーンシステムでもストアオペレーションシステムでも後れを取りました。

以上のように、日本のウォルマート（西友）は、アメリカのウォルマートが持つ戦略的レベルのイノベーションに挑戦していません。カルフールやテスコが歩んだ道＝失敗の検証もしていません。現在の西友の経営者は民間テクノクラート（戦術的ノウハウを駆使する高技術幹部）であり、新たなイノベーションノウハウを創出するクリエイター（イノベーションを伴う創造的高技術幹部）ではありません。

アメリカのウォルマートが大飛躍するために確立したイノベーション志向のビジネスモ

デルが日本には伝承されずに「10から15の創出」、すなわち戦術レベルの店舗運営を行っているに過ぎないということです。ちなみにウォルマートは現在、海外では韓国、日本、カナダ、イギリス、メキシコ、ブラジルで退店・縮小・転換しつつあり、中国でも過去には一応の成果を出していますが、今は「鳴かず飛ばず」の状態で通販事業に転換中です。戦略レベルで勝ちパターン化し、完全制覇(制空権)が完結しているアメリカ以外では、ウォルマートが持つノウハウは通用しないことが実証されています。

3社連合による大転換の行方

日本市場で鳴かず飛ばずの苦戦状態にあった西友（ウォルマートの100％子会社）が大転換しようとしています。ウォルマート（日本法人）は、2002年に西友に出資し、2008年に完全子会社化（総買収額2500億円）しました。

アメリカのウォルマートは、過去の延長線上ではない2回の破壊的イノベーション(ルーラルエリアと低所得者へのターゲティング、総合業態で初めて食品業態を導入したスーパーセンターによるイノベーション）により大成長し、さらに現在は有店舗ネット販売による3回目のイノベーションを進行中です。一方、西友はEDLP程度の低価格戦略で、日本の国内市場で一度もイノベーションレベルの大変革ができず、日本のGMSの包囲網の中で埋没していました。

そもそも、西友の苦戦の最大の原因は次の通りです。

①ウォルマート同様に低価格政策を日本で導入したが、ＥＤＬＰ（日本では当たり前化）のレベルで価格破壊力まで深化しなかった

②アメリカで淘汰が進んだＧＭＳ（例えばシアーズ、ＪＣペニー）は日本でも長期低落化状態にあるが、日本のＧＭＳは比較的完成度が高く、ウォルマートはその牙城を崩すことができなかった

アメリカのウォルマートは、前述したように全米を網羅する４７５６の実店舗を基軸としたデジタルとの融合型流通戦略で成功しています。一方、ウォルマートの最大のライバルであるアマゾンは、ネット通販を基軸とするリアル店舗との融合型流通戦略で成功しています。

しかし、西友は３２９店舗（１店舗当たり支持人口38・３万人）のマーケットのドミナント化ができていないため、アメリカのウォルマートのような有店舗ネット販売戦略は困難です。そのような状態にある中でウォルマート傘下の西友が選んだのが、３社連合としての西友でした。３社連合とは次頁の図４－２－３の通りです。

ＫＫＲ（コールバーグ・クラビス・ロバーツ）の資金力、楽天のＤＸ技術力、ウォルマー

トの商品提供力という得意分野を持つ3社の連合による連邦型企業へ転換する計画です。推定ではありますが、西友の今後の展開の可能性は次の通りです。

①KKRの資金力で日本国内の流通企業のM&Aや業務提携を進めることで、日本市場（リアル市場およびデジタル市場）における覇権争いに参画できる可能性がある

②楽天のプラットフォームと一体化して、EC市場やDX技術による流通のデジタル化で日本市場における覇権争いに参画できる可能性がある

しかし、日本でもイオングループとイギリスの「オカド」のネットスーパーや自動倉庫ノウハウ、アマゾンとライフの生鮮配達システム、セブン&アイのネットスーパーやオムニチャネルなどが存在します。これらとの闘いの中で、後期追随型・同時並行型ではない競争優位性のあるシステムを確立できるかが課題です。

図 4-2-3　西友と 3 社連合

西　友

	KKR	楽　天	ウォルマート
持株比率	65%	20%	15%
内　容	投資ファンドとしての資金力や傘下に持つ小売業から得たノウハウの提供	EC 化や RPA、楽天のプラットフォーム（楽天ポイント会員 1 億人）の活用や DX 技術の提供	商品の提供や開発、小売業の運営支援

いずれにしても、チェーン店が発展するためには「商品力」「店舗運営システム」「店舗（リアル&サイバー）開発力」が必要であり、とりわけ基本的コンテンツである商品の魅力と選択肢がないと、自らのポジショニングを飛躍的に高めることはできません。

日本のECの物販比率は6・8％で、アメリカの11・0％、中国の36・6％、世界平均の14・1％より著しく低いのが現状です。近未来にはEC化率は30～50％が想定されるので、EC化戦略は逆に言えば潜在的に成長性の高い分野と言えます。

日本に進出した外資系小売企業で、失敗と評価されているのがテスコ（イギリス）、カルフール（フランス）、ウォルマート（アメリカ）です。一方、比較的成功していると評価されているのが、コストコ、イケア、H&M、ザラ、アマゾンです。

失敗と評価されている企業の共通点は次の通りです。

①廉価性を基軸とした業態だが、競争優位性を持つだけの価格破壊力を持っていなかった
②生活密着の品揃え型業態だが、日本のGMSのきめ細かな品揃え型業態より完成度が低かった
③少品種大量の買い物の選択肢を犠牲にするロット販売のビジネスモデルが、日本の消費者に馴染まなかった
④日本は成熟したマーケットであり、海外より中流志向が強く、かつ世界一の賢い消費

者（価格と品質のバランスを重視し、特に何かを犠牲にした安さは通用しない）だが、このライフスタイル観から生じるニーズに対応できなかった。これはテスコ、カルフール、ウォルマート（西友）のすべてに適用される課題

海外の小売企業が日本で成功するためには、日本の成熟したマーケットの中で新しいライフスタイルの提案ができる需要創造志向でないと困難です。

第5章

勝ちパターンのメカニズム

第1節　流通覇権業態「SC」の勝ちパターン
第2節　過渡期業態「GMS」の勝ちパターン
第3節　長期低落化の「百貨店」の勝ちパターン
第4節　小商圏業態の雄「SM」の勝ちパターン

第1節　流通覇権業態「ＳＣ」の勝ちパターン

アメリカのＲＳＣの大躍進とデッドモール化

流通業界で圧倒的競争優位性を持つＳＣの中で、ＲＳＣ（リージョナル型ＳＣ＝複数の核店舗とエンクローズドモールで一体化した専門店やエンターテインメント施設が複合した大型ＳＣ）が、アメリカでは１９９０年代初めから、日本では２０１０年頃から飽和状態になっています。ＲＳＣの飽和期とは、生活者から見て「当たり前化（斬新さを感じない状態化）」し、従来型のＲＳＣはこれ以上の必要性を感じなくなった時代のことです。その中で流通の新業態であるネット通販が旺盛になり、ＲＳＣのデッドモール化現象が起こっています。デッドモール化とはＲＳＣが淘汰あるいは長期低落化の道を歩み、視覚的にはＲＳＣに空スペースが多くなっている状態を意味します。

アメリカでは時代変化に対応した次世代型ＲＳＣが積極的に開発あるいはリニューアルされ、デッドモール化した従来型ＲＳＣとの２極化が進んでいます。やがて日本にも波及（２０２０年以降）する前者のＲＳＣの成功・失敗のメカニズムについて解明します。

SCの発展要因と変遷

SCは現在、流通業界で最大シェアを誇る覇権業態となっています。このSCが日米で覇権業態となった強さの要因は次の4点です。

①SCはコラボ業態

SCは競争優位性を持つために、マーケットに最適にマッチングするよう計画された複数のテナントの集合体であり、互いの相乗効果により競争優位性を創出する業態。

②SCはマーケットイン業態

SCは性格の異なるテナントの構成により、立地条件や競争条件や市場条件が異なる立地であっても、自らのコンセプトを変えることで容易にマーケットに適合することができる業態。

③SCは運営と営業が分離した業態

SCはディベロッパー（建物所有および全体運営企業）とテナント（物販およびサービスの営業企業）が賃貸借の関係にあり、常に全体的視点からテナントミックスを変え、マーケットや時代の変化に対応できる業態。

流通業界の中で著しく完成度の高いビジネスモデルを持つSCは飛躍的に発展してきました。この強力な競争優位性を持ち発展してきたSCが、現在は飽和状態になり、競争劣位のＳＣがデッドモール化しているのがアメリカの状況です。アメリカのＳＣの過去から現在までの変遷は表５－１－１の通りです。

アメリカではＳＣが誕生して１００年になります。覇権業態としてのＳＣは、他の流通業態に対する競争優位性を維持している段階では多様化して拡大します。すなわち、ＳＣという業態の骨格（原形）を維持しつつ、自らを変身させ、今までとは異なるターゲットやニーズを得意分野として取り込み、顧客から見たスタイルは多様になり、かつ棲み分けることにより成立・成功するようになります。アメリカのＲＳＣは１９９０年代初期に飽和状態（同じＳＣならば、もうこれ以上必要ない状態）になり、その後はコンセプトやビジネスモデルの異なるＳＣが多様化する時代になりました。あらゆる立地やあらゆる客層、あらゆるニーズにマッチングすることで

表 5-1-1　アメリカの SC の変遷

	アメリカの SC の変遷		備考欄
SC の成長期	1920 ～ 1960 年（40 年間）	CSC（中型 SC）の時代	GMS を核とする単純モール型 SC
	1960 ～ 1990 年（30 年間）	RSC（大型 SC）の時代	複数の百貨店や PDS（GMS）を核店舗とする複数モール型 SC
SC の成熟期	1990 ～ 2010 年（20 年間）	RSC の多様化の時代	エンターテインメント志向のランブリングモール型 SC
	2010 年以降	RSC の激しい新陳代謝の時代	リニューアルによる新生 SC と淘汰の 2 極化の時代

マーケットに対応し、アメリカのSCは発展してきたのです。

アメリカでは1990～2010年のSC多様化時代を経て、2010年以降はRSCがオーバーストア状態となり、出現と淘汰の激しい新陳代謝が起こっています。

日本では1960～1990年代の30年間がCSCの時代、1990～2020年がRSCの時代です。モノ離れが1988年（統計的に精神的欲望が物質的欲望を上回り50％超になった時代）に起こり、当然ながらアメリカと同様に低迷経済になり、かつデフレ経済になりました。日本ではモノ離れ以降、消費が停滞しましたが、SCはモノ中心のCSCからシネコンやアミューズメントやランブリングモールなどのエンターテインメント施設と融合させた体験型RSCへと変わり、大飛躍しました。

RSCのデッドモール化のメカニズム

SCのマーケットデザイン理論（SCと顧客が適正なマッチング状態にあるか）の観点で見ると、アメリカのRSCは20％のオーバーストアで、逆に日本は20％の不足と想定されています。アメリカのRSCはオーバーSCで、日本は若干の余裕がある。しかし、2020年以降の日本はECの普及によりアメリカ同様のオーバーSC現象が起こることが想定され、SCの余裕はなくなります。

アメリカのＲＳＣは減少して適正数に向かっていますが、一方で「斬新なＲＳＣが続々と出現」しています。従来型ＲＳＣが当たり前化し、顧客が望むＲＳＣは「もう一つあって欲しいＲＳＣ」になったのです。実際、今までに存在しなかったＲＳＣ、あるいは次世代型コンセプトのＲＳＣの集客力は強力です。

アメリカのＲＳＣのデッドモール化現象はモノ離れ現象の中で起こっていますが、この直接的原因は、①ＲＳＣの経年劣化と②ネット通販の旺盛化です。

第一の経年劣化によるデッドモール化とは、ＲＳＣがソフト面（ビジネスモデル）とハード面（耐久性や機能性）で時代の変化と時間の経過に対応できず、相対的な競争優位性が低下していることを意味します。アメリカでは第２次世界大戦後のＳＣの本格化時代から70年も経過し、経年劣化に対応できていないＲＳＣが多く存在します。それが淘汰、あるいは長期低落化してデッドモール化しています。

第二のネット通販の旺盛化によるデッドモール化とは、アマゾンに出店するネット通販企業が大躍進する一方、ＳＣのテナントとなる主力小売企業のネット活用が進んでいないことに起因します。後者のネット売上比率は20％程度で、近未来には30％になることが想定されます。ちなみに、日本の主力小売企業のネット売上比率は約10％（小売業全体では５％）、中国の主力小売企業のネット売上比率は30～35％と想定されます。

　このネット通販の売り上げ急増が、ＲＳＣの核店舗やテナントの専門店に打撃を与え、ＲＳＣのテナントの淘汰や長期低落化を招き、ＲＳＣからの退店を加速させているのです。アメリカではＰＤＳのシアーズやＪＣペニー、メガストアのトイザらスやスポーツオーソリティが破産し、専門店も毎年８０００～１万店以上が閉店しています。ＳＣの核店舗であるメイシーズも大量の閉鎖を予定しています。すべての要因がネット通販ではありませんが、デッドモール化に大きな影響を与えています。

　アメリカのＲＳＣのデッドモール化はレベル０～５に分類できます（表５－１－２）。いろいろなレベルのデッドモールが存在する中で、ＲＳＣ全体としては「リニューアルによる斬新なＲＳＣの出現」と「ＲＳＣのデッドモール化」

表 5-1-2　アメリカのデッドモールのレベル

<table>
<tr><th colspan="6">デッドモールのレベル</th></tr>
<tr><th>レベル「5」</th><th>レベル「4」</th><th>レベル「3」</th><th>レベル「2」</th><th>レベル「1」</th><th>レベル「0」</th></tr>
<tr><td>閉館したRSC</td><td>40 ～ 50%が空店舗のRSC</td><td>20 ～ 30%が空店舗のRSC</td><td>RSC が過渡期業態なのでデッドモール化する可能性のあるRSC</td><td>RSC は好調だが、核店舗が企業の都合で抜けているRSC</td><td>全く問題のない勝ちパターンのRSC</td></tr>
<tr><td colspan="3">デッドモール</td><td>準デッドモール</td><td colspan="2">非デッドモール</td></tr>
<tr><td>死んだRSC</td><td>瀕死のRSC</td><td></td><td>長期低落化のRSC</td><td colspan="2" rowspan="2">デッドモールではない</td></tr>
<tr><td colspan="4">広義のデッドモール</td></tr>
</table>

の２極化が進展しています。日本でも経年劣化したＣＳＣ（中型ＳＣ・コミュニティ型ＳＣ）やランブリングモール化していない完成度の低い初期のＲＳＣで、アメリカと同じようなデッドモール化が現実に起こりつつあります。

相次ぐメガストアの破綻

ＳＣのサブ核を担ってきたメガストア（特定分野のニーズに対応する大型専門店）も大苦境に陥っています。この何年かの間にＣＤ販売の「タワーレコード」、書店の「ボーダーズ」、家電の「ラジオシャック」「サーキットシティ」、玩具の「トイザらス」、スポーツの「スポーツオーソリティ」といったメガストアが破綻し、今後もこの傾向は続くことが想定されます。

これらはアマゾンのネット通販の影響で破綻したと言われていますが、実際は複合的要因によります。多核モール型ＲＳＣの核店舗の大量退店と同様に、ネット通販が旺盛になる前にウォルマートに負けて弱体化（ボディブロー）していたところへ、アマゾンのネット通販によるカウンターパンチでノックアウト（破綻）されたのが現状です。

いずれのメガストアもカテゴリーキラーと言われ、特定の分野で圧倒的品揃えと価格破壊力を武器として１９７０〜80年代のスタグフレーション（景気が良くないのに物価が上昇する経済）期に消費者の人気を得て急成長したディスカウント業態です。カテゴリーキラーは１９８０～90年代には力がありました。しかし、商品カテゴリー単位で圧倒的品揃えと価格破壊力を持ち、しかも総合業態化したウォルマートのスーパーセンターの優位性に負け、業態としてのパワーを失ってしまいました。そこにアマゾンのネット通販が進出して止《とど》めを刺され、破綻したのです。

総合業態はディスカウント化しなければ勝ち残ることができないという原則がありま す。アマゾンとの競争優位性を確保しているウォルマートやターゲットといったディスカウントストアのほか、「ノードストローム・ラック」「サックス・オフ・フィフス」「ラストコール」「ラストステージ」等の百貨店の廉価業態、「ＴＪマックス」「ロス」等のオフプライスストア、「コストコ」のようなホールセールクラブは健在です。

一方、カテゴリーキラーのメガストアは、ＭＤｉｎｇや価格戦略で総合ディスカウントストアのウォルマートに負けた後に、短期的にアマゾンに依存して売り上げを伸ばすというチャネル戦略を採りました。しかし、顧客および商品の購買データをアマゾンと共有したことにより、データそのものの独自性が希薄化してしまいました。さらに、ウォルマートに負け始めたときには、金融緩和により豊富な資金を持っていた多くのファンドに助けを求めましたが、立ち直ることができず、高い有利子負債のまま再売却（出口戦略）できませんでした。これも原因の一つです。

いずれにしても、ウォルマート（リアル店舗の雄）とアマゾン（ネット通販の雄）という2大流通覇権企業の「ゼロサムゲーム」に巻き込まれた結果です。

SCのタイプ別特性と現状

SCの現状について、日本とアメリカの調査データに基づいて比較し、多様化した現世代型SC業態の個々の特徴と、これから流通上に登場する次世代型SC業態が備えるであろう機能を見ていきます。

日米SCの実態比較

表5－1－3は日本（2018年度）とアメリカ（2019年度）のSCの数と店舗面積を業態別に比較したものです。

アメリカと日本のSCを比較する場合は、多核モール型の本格的SCであるRSCを比較することが適切です。RSC以外は日米の国情（例えばアメリカではNSCやCVSが

表 5-1-3　日米 SC の業態別実態

SC の業態			アメリカ		日　本	
			SC 数	GLA	SC 数	店舗面積
			施設	万㎡	施設	万㎡
総合 SC（ゼネラライズタイプ）	RSC	スーパーRSC	597	6,883	59	508
		RSC	572	3,145	303	1,356
		小計	1,169	10,028	362	1,864
	CSC		9,707	17,789	790	1,470
	NSC		31,641	21,331	1,141	842
	コンビニエンスセンター（CVC）		69,039	8,657	189	46
	合計		111,556	57,805	2,482	4,221
特殊 SC（スペシャライズタイプ）	スペシャリティセンター		–	–	498	58.6
	パワーセンター（パワータウン）		2,324	9,450	173	37.7
	アウトレットセンター&バリューセンター		405	894	32	93
	テーマ・フェスティバルセンター		141	201	26	35
	エアポートセンター		58	94	9	8
	ライフスタイルセンター		578	1,830	–	–
	合　計		3,506	12,469	738	1,099
総合計			115,062	70,274	3,220	5,321

※アメリカのデータは国際ショッピングセンター協会（ICSC）、日本のデータは日本ショッピングセンター協会（JCSC）の調査結果をもとに加工

表 5-1-4 ①　SC の実態

総 SC 数	3,209 施設	前年の 2018 年末より 11 施設減少
総売上高（推）	31 兆 9,694 億円	1SC 当たり 99.6 億円
総店舗面積	5,365 万㎡	1SC 当たり 16,719㎡
総テナント数	163,437 店舗	1SC 当たり 50.9 店舗

表 5-1-4 ②　SC の総数の変化

	2016 年	2017 年	2018 年	2019 年
SC 数	3,211	3,217	3,220	3,209
増減数	※プラス「16」	プラス「6」	プラス「3」	マイナス「11」

表 5-1-4 ③　マイナス「11」の内訳

新規オープン	46 施設	結果 「11 施設減」と なった	ただし、 店舗面積は 「46 万㎡の増加」、 テナント数は 「1,477 店の増加」
閉鎖 SC	45 施設		
リニューアルにより SC の基準を満たさなくなった SC	30 施設		
既存の施設が SC の基準を満たした SC	18 施設		

表 5-1-4 ④　SC の売上高と他業態との比較

総売上高	31 兆 9,694 億円	前年より既存 SC のマイナス 6,901 億円 （※△ 2.1%）

		2019 年度	2001 年比	2011 年比	
他業界との比較	SC	百万円 31,969,400	% 120	% 117	※印は 年度が 異なる
	チェーンストア	12,432,474	78	101	
	百貨店	5,754,715	67	91	
	コンビニエンスストア	12,184,143	178	150	
	小売業販売額	145,047,000	107	106	
	外食市場規模	25,769,200（※）	100（※）	113（※）	
	EC 市場規模	17,984,500（※）	520（※）	213	

※『SC 白書 2020』（日本ショッピングセンター協会）より

SC の売上比率	小売販売額に対する比率	22.1%	32 兆円÷ 145 兆円
	小売飲食販売額に対する比率	18.7%	32 兆円÷（145兆円+26兆円）

人口比	アメリカの人口	3 億 3,100 万人（2020 年）	米国／日本比 2.6 倍
	日本の人口	1 億 2,590 万人（2020 年）	

多いが、日本では商店街が1・5万カ所以上存在する）によって異なるため、比較してもあまり意味がありません。

日本のSCの実態は表5－1－4（①②③④）の通りです。2019年度に初めてSC数がマイナス「11」となりました。表5－1－4③はその内訳になります。

日米SCの現世代型・次世代型

流通の行動空間はリアル空間（フィジカル空間）からデジタル空間（サイバー空間）へと拡大し、SCは定義的にも概念的にも異なる次元へと進化しています。現世代のSCと次世代のSCについて、流通業態の垣根を越えたシームレス化の観点からタイプ分類すると表5－1－5（268頁）のようになります。

次世代型SCの五つの方向性

SCの飽和状態の中で、次世代型SCの登場が期待されています。本項では次世代型SCとして五つのタイプについて説明します。

表 5-1-5　現世代型 SC と次世代型 SC のタイプ

SCの概念			SC業態		内　容		
現世代型SC	リアル空間基軸のSC	利便型SC	1	CVC	店舗面積 1,500 ～ 3,000㎡未満の利便 SC		
			2	NSC	店舗面積 3,000 ～ 12,000㎡未満の利便 SC		
			3	CSC	店舗面積 12,000 ～ 30,000㎡未満の利便 SC		
			4	ライフサポートセンター	生活サポート＋交流の場の超小型 SC		
		廉価型SC	5	パワーセンター	ディスカウント型のメガストアがオープンエアで集積した SC		
			6	アウトレットセンター	有名ブランドの廉価版が集積したオープンエアの SC		
		モール型SC	7	多核モール型 RSC	複数のメガストアとスモールテナントの融合 SC	店舗面積 30,000㎡以上の大型 SC	<モール型 SC の要素> ①メガストアとスモールテナントの複合型 SC ②各テナントの相乗効果発揮システム型 SC ③物販からサービス、エンターテインメントまで含めた出向動機誘発型 SC ④ワンストップ&コンパリゾンショッピング型 SC
			8	バリューセンター	廉価性と遊びが一体化した SC		
			9	ライフスタイル・パワータウン	メガストアとスモールテナントが複合したパワフル SC		
			10	スペシャリティセンター	メガストアのないスモールテナントの複合体		
			11	エンターテインメントセンター	遊びを基軸とした SC		
			12	館型 SC	総合百貨店やスペシャリティ百貨店のテナントミックス型 SC		
			13	マルチユース型 SC	多目的な複合（商業・住宅・オフィス・ホテル・公共施設・文化&スポーツ施設）化した SC（7 と兼用）		
	サステイナブル志向	新ライフスタイルセンター型SC	14	地域密着ライフスタイルセンター	生活必需品中心の小商圏対応		<ライフスタイルセンターの要素> ①地域に溶け込んだ居心地の良いサードプレイス ②地域の交流の場となるコミュニケーション&コミュニティの場 ③自然環境や健康志向の SC ④まちづくり&ストリート型のまち並 SC ⑤おしゃれなデザインで演出された SC <マルチユースの中身> 商業・宿泊・オフィス・住宅・公共施設・文化&スポーツ施設
			15	タウンセンター	まちづくり型あるいはストリート型の SC		
			16	レジャー型ライフスタイルセンター	レジャーやエンターテインメント志向の集客強化型 SC		
			17	テーマ型ライフスタイルセンター	テーマを明確にしたコンセプト型 SC		
次世代型SC			18	アンチモール&ノスタルジー志向のライフスタイルセンター	アンチモールや古き良き時代のノスタルジーを志向する SC		
			19	ハイブリッド型ライフスタイルセンター	RSC の隣接エリアに付随する SC		
			20	マルチユース型ライフスタイルセンター	多目的な目的を持つ複合 SC（14 ～ 19 と重複）		
		SC2型SC	21	スマート・コミュニティセンター	スマート（①賢明・堅実消費②しゃれたデザイン③サステイナブル志向④デジタル志向）とコミュニティ（ショッピングより生活シーン重視）が融合したリアル SC		
	デジタル志向	EC型SC	22	EC モール	EC テナントが集合した SC		
			23	仮想 SC	買い物や滞在にリアリティ感やエモーショナル感のあるバーチャル SC		

RSCの次世代版「スマート・コミュニティセンター」（SC2）

アメリカでは従来の多核モール型RSCは、オンラインショッピングの旺盛やRSCとしての斬新さの希薄化から長期低落化、あるいはデッドモール化していいます。オンラインショッピングは、近未来にはオーダーレベルで30％、未来には50％になる可能性を持っています。今後はリアルショッピングとオンラインショッピングが融合した時代になり、オンラインなくしてリアルなしの買い物意識・環境に対応したSCづくりが必要です。

また、リアルな業態であるSCは、従来のRSCの集客要素ではすでに限界があります。新たな集客要素をオンラインとの戦略的同質化（オンラインと同じ要因の導入）と戦略的異質化（オンラインではできない要因の導入）の2面で構築しないと、RSCのデッドモール化に引きずられ、一世代前のCSCのように長期低落化の道を歩みます。その中で次世代型SCの一つのあり方が「スマート・コミュニティセンター」です。

（1）スマート・コミュニティセンター（SC2）出現の背景

時代対応できず長期低落化の道を歩みつつある従来型RSCを「標準型RSC」と称し、今後の次世代型SCとは区別して述べます。

標準型RSCとは、

①多核モール専門店街のＲＳＣ
②そぞろ歩きのランブリングショッピングモールのＲＳＣ
③エンターテインメント志向のＲＳＣ
④ファミリーのライフスタイル志向のＲＳＣ
⑤物販比率70～80％のＲＳＣ
のことです。

アメリカでデッドモール化が２０００年頃から潜在化し、２０１０年頃から顕在化しているのは、この標準型ＲＳＣです。過去にＣＳＣが中道業態（中途半端な機能を持つＳＣ）化したのと同様に、標準型ＲＳＣが中道業態の道を歩んでいます。

日本で標準型ＲＳＣが、長期低落化の道を歩む要因は次の3点です。

①モノ離れ（１９８８年からのモノへの執着心の低下による第1次モノ離れ、２０１０年からのモノの所有概念の低下による第2次モノ離れ）による消費の相対的低下
②ネット通販の旺盛によるリアル店舗での消費の相対的低下
③ＳＣの飽和（賞味期限切れによる業態劣化）によるＳＣ価値の相対的低下
④広域かつ大商圏でないと成立しない低頻度・低マーケットシェア型ＳＣは、地域密着の近場マーケットのウエートが高まることにより立地の相対的低下を起こす

これら四つの要因により、日本でも1995～2020年に全盛期を形成した標準型RSCが長期低落化をたどることになります。そこで、2020年から25年目の2045年までの大変革に対応する次世代型SCが必要になります。

SCはショッピングセンターの略で「買い物をする場」という語意ですが、モノ離れやネット通販によって意味をなさない言葉になっています。とはいえ、SCは現在でも流通の覇権業態であり、売り上げの大半がモノの購買で占められていることは変わりません。

このようなSCや生活者の変化から、次世代型SCの概念は「スマート・コミュニティセンター（SCC）」となります。生活者がSCに愛着を感じ、SC自体が次の進化段階へと大きく変化することを語意として、次世代型SCを「SC2」と名づけます。

デジタル化とサステイナブル化を基軸とする「スマート・コミュニティセンター」がSC2であり、その登場の背景は次の通りです。

①標準型RSCの飽和化（場合によってはオーバーストア化）により、SCの業態としての斬新さ（目新しさ）が希薄化し、SCへの来館頻度と集客数が低下

②オンラインショッピング（ネット通販）がオーダーレベルで近未来に30%、アラウンドレベル（購買まで何らかの形でオンラインを活用する）では80%の時代になり、リアル業態としてのSCの存在性が低下。しかも、未来（2045年）にはオンラ

インショッピングは50％を超えることが想定される

③オンラインショッピング旺盛時代に、リアル業態としてのSCはオンラインショッピングと競存共栄するために、戦略的同質化（オンラインが持つ機能をリアルのSCも同じように持つ）と戦略的異質化（オンラインショッピングができないリアルならではの機能を異質的に持つ）の必要性が高まる

④近未来の現役世代となるミレニアル世代やZ世代、アルファ世代という新人類のライフステージの2大特性（デジタル化とサステイナブル化）を適切に取り入れないと勝ちパターン化できない

このようなことから、従来の多核モール型RSCに次世代のライフステージやライフスタイルやニューコンセプトを融合した業態であるスマート・コミュニティセンター（SC2）が登場します。リアルの良さを基軸としてオンラインの良さを付加した「リアル軸×デジタル志向」のSCです。

（2）スマート・コミュニティセンター（SC2）のコンセプト

標準型RSCである多核モール型RSCの次世代型SCであるスマート・コミュニティセンターは、標準型RSCを基軸としつつ、次の四つのコンセプト・機能を付加したSC

です（図5－1－1）。

①タウンセンター

SC2の第1のセンター機能になるのがタウンセンターです。「地域のプラットフォーム」となるSCであり、生活圏（生活者のライフインフラ）と経済圏（SCと生活者の経済行為）という二つのプラットフォームで成り立っています。一つの固有マーケット（距離の抵抗要因が希薄な生活行動圏）において、多数のSCの中で居住者（住んでいる人や働いている人）の「誰もが認める、抜きん出た存在感のあるSC」です。

タウンセンターのコンテンツは次の通りです。

図5-1-1　SC2の2つの“場”と4つのセンター機能

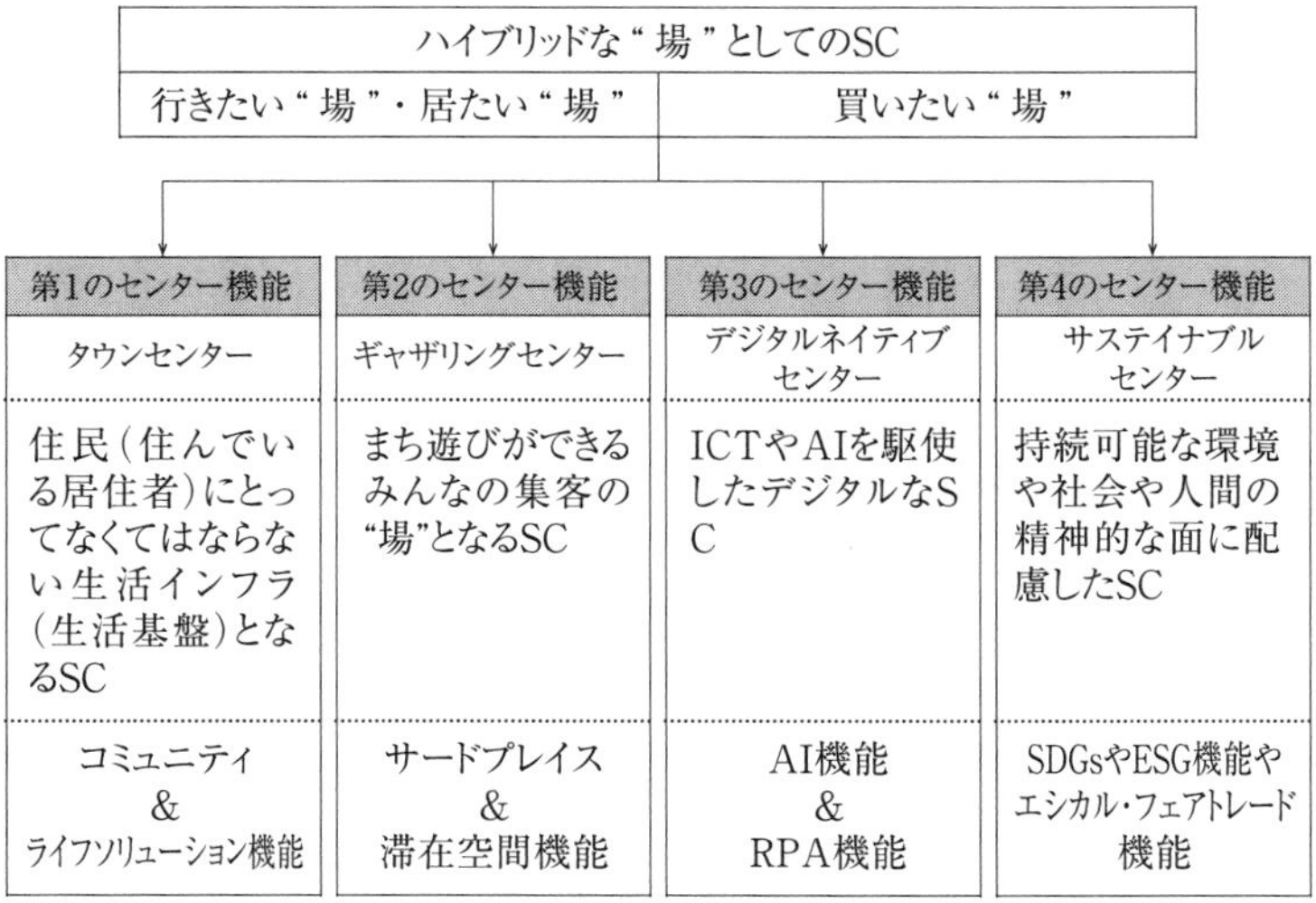

ハイブリッドな"場"としてのSC			
行きたい"場"・居たい"場"		買いたい"場"	
第1のセンター機能	**第2のセンター機能**	**第3のセンター機能**	**第4のセンター機能**
タウンセンター	ギャザリングセンター	デジタルネイティブセンター	サステイナブルセンター
住民（住んでいる居住者）にとってなくてはならない生活インフラ（生活基盤）となるSC	まち遊びができるみんなの集客の"場"となるSC	ICTやAIを駆使したデジタルなSC	持続可能な環境や社会や人間の精神的な面に配慮したSC
コミュニティ & ライフソリューション機能	サードプレイス & 滞在空間機能	AI機能 & RPA機能	SDGsやESG機能やエシカル・フェアトレード機能

イ．生活のインフラ（基盤）としてのＳＣ

一つの固有マーケットの中で、生活行動にとって最も重要な「場」であり、生活に不可欠なインフラ機能と新しい生活の提案機能を抜きん出て持っているＳＣ。テナントから見ても出店に際して外すことのできない安心・安全の旗艦型ＳＣです。

ロ．地域密着ニーズを深掘りしたＳＣ

生活ニーズの総花型ＳＣではなく、日常生活ニーズをワンパッケージで取り込みつつ、非日常生活ニーズとロングテールニーズ（商圏外の超広域・影響圏からも吸引するニーズ）をも取り込む日常の中の「新」のニーズ（日常ニーズ70％、非日常・ロングテールニーズ30％）に対応する地域ニーズを深掘りした地域密着型ＳＣです。

ハ．まちづくり志向のＳＣ

エンクローズドモールのアメリカ型ランブリングモールを基軸としつつ、まち並み・まち角型でオープンエア感覚のヨーロッパ型異次元モールを付加して、新たな出向動機・ニーズを創出するハイブリッドモール型ＳＣ（基軸モール70％、異質特化モール30％）です。

②ギャザリングセンター

ＳＣ２の第２のセンター機能であるギャザリングセンターとは、モノ離れやＥＣ旺盛の時代にリアル店舗の優位性を確保する「行きたい場」と「居たい場」としてのサードプレイス（住居でも職場でもない第３の場）による集客を重視したＳＣです。サードプレイスライフシーン（生活者の自由裁量時間と生活行動が融合した生活シーン）というサードプレイスと交流の場（地域の人々のコミュニティとなりコミュニケーションを醸成する場）のある「誰もが認める現代の井戸端会議」としてのＳＣです。

イ．トリップ（旅行）化したＳＣ

ＳＣ内で興味のあるものを散策することは日常であり非日常。このトリップ（旅行）を楽しめることは、ＥＣ旺盛時代には大切なリアル店舗の機能です。ＳＣ内のトリップに向けては、商品（モノとサービス）を生活者が手に入れ使用するまでの行動プロセスをリアル店舗とネット通販の融合で実現する「カスタマージャーニー理論」、ＳＣ内で興味のある商品と場の回遊を可能にする「ショッピングトリップ理論」があります。ＳＣが出向動機や購買動機でトリップ化することで集客力が高まります。

ロ．デザインにより見栄えのある異質空間化したＳＣ

独身者が部屋の中で一人で食べるおにぎりよりも、景色の良い山の上で食べるおにぎり、さらに山の上で恋人と一緒に食べるおにぎりは２～10倍おいしいと感じます。その意味でリアル店舗という「ナマ（生）」の空間はやはり最高であり、日常とは異次元の見栄えあるデザインによって、デジタル空間（ＶＲ・ＡＲ・ＭＲ）の異次元と差異化できます。それゆえ、精度の高い日常・芸術空間の世界観と一体化した買い場は集客力が高まります。

ハ．モノ・コト・ココが融合したＳＣ

モノ離れした後のＳＣは、モノ消費（買い物の経験）の場としての吸引力が希薄化するために、コト消費（体験）を買い物の誘引機能にすることが必要になります。このモノ・コトに加えて今後大事になるのが、ココ消費（イマ消費・ココ消費）の取り込みです。

イマとは、買い場にいるこのトキ（時）のみという瞬間（ライブ感）です。発見の瞬間、興味を持つ瞬間、ニーズを実感する瞬間、遭遇する瞬間、開放される瞬間、使用する瞬間、購入する瞬間といった多様な瞬間から発生する、経験・体験・体感の「何か」を消費することを、イマ消費と言います。またトキ消費とは、過去・現在・未来の時間を活用（使用）するときのニーズから発生する、経験・体験・体感の「何か」の消費。ココとは「特定の場」を意味し、ＳＣの棲み分け時代やネット販売旺盛時代には、他の場所では買えない、ここでしか買えない「何か」の消費がココ消費です。ココという場にイマとトキという時間があることから、ココ消費と総称します。

このモノ・コト・ココ（トキ・イマ）の融合は、SC内での生活者の「一石二鳥・一石三鳥買い」となり、客単価を高めます。

③デジタルネイティブセンター

SC2の第3のセンター機能がデジタルネイティブセンターです。ICTやIoTの技術を駆使してリアルとネットを融合することで、ネットネイティブ&デジタルネイティブなSCを形成し、ネット通販との戦略的同質化を図ります。その特徴は次の通りです。

イ．ECネイティブ志向のSC
ロ．パーソナライズ志向のSC
ハ．買い物行動のアルゴリズム志向のSC
ニ．デジタル販促とアナログ販促の融合志向のSC

④サステイナブルセンター

SC2の第4のセンター機能であるサステイナブルセンターとは、持続可能な環境や社会や人間の精神に配慮した社会貢献型のSCを指します。

イ．地球環境に配慮したSC
ロ．社会現象に対応したSC
ハ．地球の課題を解決するSC

二．人間の精神的向上を促進するSC

RSCとパワーセンターの融合版「ライフスタイル・パワータウン」

次世代型SC（SC2）とは、現状のSCが持つ潜在的な課題を先見性を持って解決し、現状のSCが長期低落化する前に勝ちパターン化したSCのことです。多核モール型RSCは現在、日米とも全国的に行き渡って飽和状態になり、業態としての斬新性が希薄化し、パワーが低下しています。中道業態化により、とりわけ希薄化しているのがライフスタイル提案力です。そこで今、アメリカでは「ライフスタイル・パワータウン（LPT）」への再生が進んでいます。

(1) ライフスタイル・パワータウンの出現の背景

従来型SCの多核モール型RSCに顕在化しつつある課題は次の通りです。

・核店舗である総合業態に独自集客力がなくなり、集客を買い物以外のエンターテインメント機能に過度に依存している

・RSCはエンクローズドの「密・遊楽にぎわい空間」であり、ウィズコロナ時代の「疎・開放にぎわい空間」にはなっていない

・ＲＳＣはギャレリア型かつ豪華型の高コスト開発・高コスト運営のＳＣであり、近未来に経済条件が崩れると、限られた特定のＲＳＣしか高収益を確保できなくなる
・ＲＳＣはターゲットのライフスタイルに包括的に対応し、特定の複数の分野のＭＤｉｎｇを深耕する勝ちパターンのスペシャリティライフスタイルを提供できていない

現在、アメリカではこのような課題に対応するために多核モール型ＲＳＣの再生がテーマになっていて、二つの方向性が見られます。

①巨額の資本を投入して大改革（リニューアル）を実施し、デジタル化やサステイナブル化、ハイブリッドモール化、マルチユース化した次世代対応のニューＲＳＣに挑戦している
②マーケットの中で競争優位性を失ったＲＳＣが、ＲＳＣではない新たな勝ちパターンのＳＣ業態への業態転換に挑戦している

業態転換による再生戦略の一つが、ライフスタイル・パワータウンです。ここで言うライフスタイル・パワータウンは、アメリカのパワータウンを日本式に改善し、完成度を高めた日本スタイルのパワータウンです。多核モール型ＲＳＣの長期低落化を防ぐために、多核モール型ＲＳＣの本来の機能を維持しつつ、パワーセンター（オープンエアのメガストアの集積型ＳＣ）の要素を取り入れて再生させた次世代型ＳＣを指します。パワーセン

ターも、アメリカではメガストアの集積のみの殺風景なSCから、スモールテナントやエンターテインメント施設を導入し、集客力を高めるためにアップスケール化して、ライフスタイル・パワータウンに業態転換しています。

（2）ライフスタイル・パワータウンのコンセプト

ライフスタイル・パワータウンはその名称が示す通り、「ライフスタイル」と「パワー」と「タウン」という三つの概念で形成されています。

●ライフスタイル

・通常のRSCが行っている包括的なライフスタイルの提案ではなく、生活のカテゴリー単位で強力なMDingを編集し、ライフスタイル提案を展開する

・ライフスタイルセンターの本質であるサードプレイス（第3の場）「自宅でもない、職場でもない、身近な交流の場（ウィズコロナの近場ライフスタイルに対応）」を強力に展開する

●パワー

・カテゴリーキラー型やライフスタイル型メガストアの導入によるパワフルMDingを展開する

・SC全体による包括的集客ではなく、強力なメガストアが独自に集客し、その後全体へと波及する

●タウン

・まちづくり型のオープンエアスタイルでストリート&プロムナード型モールを展開する
・大型のメガストアと小型のスモールテナントのテナントミックスで比較購買のできるMDingを展開する

このライフスタイル・パワータウンは次の六つの長所を持っています。

①多核モール型RSCが飽和状態にある中で、近隣に強力なRSCが立地していても、ライフスタイル・パワータウンは異質型SCとして「お客様から見てもう一つあって欲しいSC、ディベロッパーから見てもう一つ成立・成功するSC」になることができる

②オープンエアスタイルであるため、建築の単価や建築延床面積に対して売り場有効率が著しく高く、イニシャルコストがRSCの半分のローコスト開発が可能になる。また、SCのランニングコストである水道光熱費や共同販促費等のメンテナンスコスト（共益費や共同販促費）が5分の1以下のローコスト運営が可能になる。それゆえに、RSCの2分の1の経済条件でSCの事業性が確保される

③テナントであるメガストア（賃貸面積１５００平方メートル以上の店、スーパーメガストアは５０００平方メートル以上の店）は、大きな面積でありながらリーズナブルな経済条件で入居可能になる。かつ、ディベロッパーもスモールテナントの導入により、賃料を高く徴収することができる。すなわち、テナントに対する経済条件は低くても運営管理費も低いため、真水の利益は確保できる

④ライフスタイル・パワータウンのメガストアは、ダイレクトアプローチショッピング（目指す店舗に直接アプローチできる導線）によって目的買いが可能になるため、ロードサイドに単独で出店するのと同じフリースタイル効果が期待できる

⑤オープンエアスタイルであるため、ＲＳＣの密・遊楽のにぎわい空間に対して、疎・開放のにぎわい空間である。そのため、サステイナブル社会やウィズコロナ社会に適したにぎわい空間を形成できる

⑥カテゴリーキラー型やライフスタイル型のメガストアによる生活カテゴリー単位の深掘りしたＭＤｉｎｇで、モノの力を発揮した直接的なライフスタイル提案ができる

（3）ライフスタイル・パワータウンのショッピングトリップ理論

ＳＣにおけるショッピングトリップとは、マーケットからお客様がＳＣに来館し、ＳＣ

内行動を経て帰宅するまでの消費者行動を旅に例えた概念です。「導入（どこから来館し）」、「モール（どのように回遊・散策し）」、「マグネット（何をアンカーに引き寄せられ）」、「プレイス（どこで滞留し）」、「導出（どこから帰宅したのか）」という五つの要素を適切に組み合わせて、お客様に高い満足を提供することを言います。ＳＣでのショッピングトリップには二つのタイプがあります（表５－１－６）。

多核モール型ＲＳＣはモノ機能よりもコト（体験）機能を重視するため、均等なシェア（共有）パーキングスタイルになり、巨大なモール型のＳＣ全体をランブリングショッピング＆ウイ

表 5-1-6　ショッピングトリップの 2 つのタイプ

	第1のタイプ	第2のタイプ
タイプ	多核モール型 RSC の場合	ライフスタイル・パワータウンの場合
概念	ランブリングショッピング （そぞろ散策&ウインドーショッピング） ＋ ショッピングトリップ	ダイレクトアプローチショッピング （直接・目的買い行動のショッピング） ＋ ショッピングトリップ
内容	① SC 全体のワンストップ&コンパリゾンショッピングの魅力による集客が基本 ②集客のエントランスは多方面かつ均等な導入 ③ SC の中で均等に分散と集中を繰り返す回遊 ④駐車場は均等なシェア（共有）パーキング	①複数のメガストアの深耕型 MDing・ライフスタイルの提案力・バリュー性を魅力とした集客が基本 ②集客のエントランスをアラウンドメガストア（メガストアの周辺）とする直接導入 ③複数のメガストアから分散・派生して全体回遊 ④駐車場はダイレクト（独自）&シェア（共有）パーキング

ンドーショッピングするショッピングトリップになります。一方、ライフスタイル・パワータウンは、メガストアへの直接的誘導を基軸とするダイレクトアプローチショッピングを経て、全体回遊するというショッピングトリップになります。

すなわち、ライフスタイル・パワータウンは、ロードサイドのフリースタンディングの店舗と同様のメガストアへのダイレクトアプローチができるショッピング機能を限りなく維持しながら、SCのワンストップショッピング機能、コンパリゾンショッピング（比較購買）機能、エンターテインメント&快適・居心地機能を低コストで提供可能にするSCなのです。具体的には、①強力な独自集客力を持つメガストアと個性あるスモールテナント（物販＋飲食＋サービス）が相乗効果を発揮しつつ、②SCの中央ゾーンにオープンエアスタイルの散策モールやギャザリングプレイスを導入し、③周辺には平面・立面・屋上・沿道駐車場を配置すると同時に、④購入した商品のテイクアウト&ピックアップシステムやオンラインオーダー&ドライブスルーシステム等を導入した、次世代のリアル&オンラインショッピングスタイルに対応したSCです。

まちづくり型SC版「地域密着タウンセンター」

SCは所有・運営のタイプによって「大手チェーン型SC」と独立系の非チェーンの「イ

ンディーズ型ＳＣ（一般的には単館ＳＣと呼んでいる）」に分類されます。

日本やアメリカのＳＣの業績は３極化しており、高業績の上位はインディーズ型ＳＣで、中業績は大手チェーン型ＳＣが占め、相対的に低業績のＳＣもまたインディーズ型ＳＣが占めています。大手チェーン型ＳＣ（例えばイオンモールや三井不動産のＳＣ）はマーケットのボリュームニーズを基軸にＭＤｉｎｇを構築し、ＳＣの王道の開発・運営システムを導入しているため、個性は希薄化するが、中業績の安定したＳＣになるからです。

一方、インディーズ型ＳＣの多くは、大手チェーン型ＳＣのようにマーケットのボリュームニーズを取り込むためのリーシングノウハウやＳＣの開発・運営ノウハウのレベルが必ずしも高くなく、結果的に相対的低業績となっています。しかし、同じインディーズ型ＳＣでも地域の固有のニーズをきめ細かく取り込み、手づくり型の独自の開発・運営を行えば、日本でもアメリカでも大手チェーン型ＳＣを上回る高業績型ＳＣとなっています。日本では玉川高島屋Ｓ・Ｃ、アメリカではサウスコーストプラザの超優良ＳＣが、インディーズ型ＳＣです。このように、インディーズ型ＳＣは多数のＳＣの共有商圏の中で独自スタイルのＳＣづくりを行えば高業績型ＳＣとなり、一方、共有マーケットの中で独自スタイルではなく、大手チェーン型の類似ビジネスモデルを実施すると、競争優位性が発揮できず、相対的低業績型ＳＣになっています。

ここで言うインディーズ型ＳＣとは、次の３タイプを指します。
①地元商業者が脱商店街として開発した「共同店舗型ＳＣ」
②ニュータウンや新興住宅地で、中央センターや地区センターとして開発された「センター型ＳＣ」
③工場の跡地利用として開発された「遊休地活用型ＳＣ」

これらのインディーズ型ＳＣの多くは、地域に根ざした地域密着の独自性あるＳＣとして開発されました。しかし結局は長期低落化のＧＭＳを核店舗とし、かつ規模不適合で開発されたＣＳＣ（中型ＳＣ）でした。このＣＳＣの多くは、１９９０年代からＲＳＣ（大型）の出現によって長期低落化や相対的に低業績化の道を歩んでいます。

このような共同店舗型ＳＣやセンター型ＳＣや遊休地活用型ＳＣによって、各ＳＣの共有商圏の中で大手チェーン型ＳＣには真似できない地域独自のニーズの掘り起こしや、地域住民の生活の場としてのインフラ（基盤）の中心センターとして開発されたのが「地域密着タウンセンター（ＣＴＣ＝Community-based Town Center)」です。

（１）地域密着タウンセンターの出現の背景

ＧＭＳは本来、地域に根差した地域密着の独自ＳＣとして開発されました。このＧＭＳ

を核店舗とするＣＳＣ（中型ＳＣ）はＲＳＣの出現により、また地元商業者が脱商店街として開発した共同店舗型ＳＣは大手チェーン型ＳＣの模倣とＳＣとしての完成度の低さにより、さらに遊休地の活用やニュータウンのセンター機能として開発された単館ＳＣは立地不適合や完成度の低さにより、多くは長期低落化や低業績の道を歩んでいます。

これらの地域密着型ＳＣや単館ＳＣは、本来は地域の経済や生活を振興する役割を持つＳＣとして開発されましたが、二世代前の覇権業態であった商店街や一世代前のＣＳＣと同じ道を歩む危険性を持っています。このようなＳＣが、大手チェーン型ＳＣには真似のできない地域独自のニーズの掘り起こしや、地域住民にとっての中心の場としてのセンター機能の考え方に基づいて再編された業態を「地域密着タウンセンター（ＣＴＣ）」と言います。その出現の背景は次の通りです。

①従来のＲＳＣのような広域対応ゆえに低頻度の利用に留まるＳＣではなく、生活全面を支援する中域対応の近場のＲＳＣへのニーズが高まっている

②一つの固有マーケットの中でＳＣが飽和状態になり、性格の異なる「もう一つのＳＣ」へのニーズが高まっている

③ＳＣが商圏単位の成立性で成り立っているのに対して、住民の立場で「ここが住む人にとって中心である」と実感できる商業施設へのニーズが高まっている

④ＲＳＣの規模拡大に伴って、もう少しコンパクトで、住民のニーズに対応するＭＤｉｎｇや生活機能を持ったＳＣへの選択と集中のニーズが高まっている
⑤従来のファッション性やエンターテインメント性志向ではなく、もっと住民のニーズを深掘りした高い生活密着性と斬新性（日常の中の「新」）へのニーズが高まっている
⑥マーケットは人口動態（少子高齢化・単身化）的、所得格差（２極化）的、ライフステージ的に多様化し、地域の個性・特性を活かしたＳＣづくりへのニーズが高まっている

以上のことから、今後の中商圏型ＲＳＣはタウンセンターとして捉え直す必要があります。地域密着の概念と住民のサポートを基軸に、まちづくり型の形態で開発するのが地域密着タウンセンターです。

（２） 地域密着タウンセンターのコンセプト

地域密着タウンセンターは、地域に根ざした固有のマーケット特性を深掘りし、新しいライフスタイルを探索する生活総合センターです。そのコンセプトは次の通りです。

①多核モール型ＲＳＣのコンパクト化

多核モール型ＲＳＣ（ファミリー志向のランブリング＆エンターテインメントショッピ

ングの大型ＳＣ）の性格を持つが、地域密着タウンセンターはＲＳＣよりコンパクトで、より小商圏の中域を対象とし、より生活に密着した機能を備えた中型ＳＣです。ＳＣとしてのポジショニングは多核モール型ＲＳＣとＮＳＣ（近隣型ＳＣ）やＣＳＣの中間で、ＲＳＣの機能を凝縮して本来のＣＳＣへのニーズに対応する生活総合型ＳＣです。

②生活に密着し、日常の中の「新」を創出

地域固有のニーズを徹底的に深掘りし、住民の生活動向を忠実に反映した圧倒的に強力な食品売り場と生活サービスを提供します。このような日常性マーケットの充実と並行して、日常の中に潜在する新しいライフスタイル＝日常の中の「新」を体現するＭＤｉｎｇを実行することで独自化し、他のＳＣや流通業態に負けない優位性を確保します。

③地域内に住む「住民」の視点

ＳＣの客層は、単に利便性と廉価性で買い物をする「消費者」、新しいライフスタイルを求める「生活者」、地域内や社会の課題解決や権利を求める「市民」の3タイプに分類されます。ＲＳＣは生活者と消費者を対象としますが、地域密着タウンセンターの対象は地域内に住む「住民」です。住民のニーズを追求する住民のためのＳＣです。

④まちづくり志向のまち並み型街区

地域密着タウンセンターは、地域とのソフト（ビジネスモデル）やハード（耐久性や機

表5-1-7　SCでのお客様の行動と時間の関係

				平日・日祝日（別々に作成）																															
				SCの利用形態（動機）														SCの利用シーン																	
				ファミリー行動			カップル行動						パーソナル行動					買い物ニーズ			生活サービス用利用シーン	アニバーサリー&セレモニー用利用シーン	おもてなし・接待&ギフト用利用シーン	フレンドリー（お友達感覚）用利用シーン	ウェルネス・スポーツ・リラクシング用利用シーン	アッシー用利用シーン	自己啓発用利用シーン（スクール・文化・趣味教室）	サードプレイスニーズ		通勤途上のコンビニエンス用利用シーン	通学途上のコンビニエンス用利用シーン	勤務用利用シーン	業務用利用シーン	レジャーニーズ	
				2世代（親と子）行動	3世代（祖父母・親・子）行動	1.5世代（祖父母・孫）行動	夫婦カップル行動	友達とのカップル行動（ママ友含む）	ヤングカップル行動	シニアカップル行動	親子カップル行動	ペットとのカップル行動	主婦の単独行動	男性のパーソナル行動（グループ行動含む）	女性のパーソナル行動（グループ行動含む）	シニアのパーソナル行動（グループ行動含む）	子供のパーソナル行動（グループ行動含む）	ショッピング用利用シーン	ランブリングショッピング用利用シーン	クロスショッピング&ショールーミング用利用シーン								井戸端会議用利用シーン	居心地体感用利用シーン					国内観光客ニーズ 日帰りレジャー用利用シーン	インバウンドニーズ 観光（宿泊）用利用シーン
オンタイム	午前	10:00～12:00（2H）	12H																																
	正午	12:00～14:00（2H）																																	
	午後	14:00～16:00（2H）																																	
	夕方	16:00～18:00（2H）																																	
	夜（アフターセブン）	18:00～22:00（4H）																																	
オフタイム	夜中	22:00～6:00（8H）	12H	ネット販売30%時代・リアル&ネット融合時代 SCが営業していない場合のマーケット&カスタマーのコミュニケーションシステム																															
	早朝（ビフォアテン）	6:00～10:00（4H）																																	

能性）の融合性が要です。そのため、街区はまち並み型で構成します。エンクローズドモールを基軸とし、オープンエアモールやハイブリッドモール（エンクローズドモール70％、オープンエアモール30％）によるＳＣづくりが有効です。また、ノスタルジー＆アンチモールの概念で商店街スタイルを導入することも必要です。

⑤地域のライフシーンの深掘りと創出

地域住民のライフスタイルに対応することはもちろん、ライフシーンを深掘りし、それぞれのシーンから派生するニーズを創出することが重要です。地域内のＳＣの利用形態（動機）と利用シーンを明確にして、商圏内の人々の生活行動に対応します。

ＳＣの利用形態と利用シーンを時間との関係で捉えたものが表５－１－７です。

超小型の生活支援型ＳＣ版「ライフサポートセンター」

アメリカでは超小商圏・超小型のＳＣであるコンビニエンスセンター（ＣＶＣ）が、全ＳＣ数11・５万カ所の60％に相当する７万カ所に立地しています。日本ではＣＶＣは２００カ所程度で、衰退化した商店街や飽和化しつつあるコンビニエンスストア（ＣＶＳ）がアメリカのＣＶＣの役割を担っています。しかし今後は、コロナショックによる近場マーケットの拡大や高齢化・単身世帯化・脱車社会（新・徒歩＆自転車型移動）化などにより、日本でもＣＶＣが望まれます。ただしアメリカ型そのままではなく、日本スタイルに改善し完成度を高めたアメリカには存在しないＣＶＣが必要です。この日本の人口動態や立地特性に適合したＣＶＣが「ライフサポートセンター（ＬＳＣ）」です。

（１）ライフサポートセンターの出現の背景

ライフサポートセンターの出現の背景は次の通りです。

①コロナショックによる近場マーケットの拡大で、ＮＳＣ（近隣型ＳＣ）より小商圏で一定の生活を支援できる商業施設へのニーズが高まっている

②高齢者の増加や新・徒歩＆自転車利用の広がりによる公共交通機関の廃止などから買い物弱者（５００メートル圏や車で５分圏に商業施設がない人々）が拡大し、超小商圏ニーズが高まっている。農林水産政策研究所の調査によると、買い物弱者は高齢者の４人に１人で、近未来には１０００万人に迫る恐れがある

③日本の消費支出はモノよりサービスが１・４倍（アメリカは１・９倍）多く、しかもサービス業は分散立地しているため、１カ所に集積した商業施設へのニーズが高まっている

④日本の超小商圏業態は、飽和状態のコンビニエンスストア（６万カ所）と、衰退化し

ている商店街（1・4万カ所）。これらは生活支援商業としては完成度が低く、あくまで利便性レベルの満足度しかない

⑤SCは通常、スーパーRSC（超広域商圏）、RSC（広域商圏）、CSC（中域商圏）、NSC（狭域商圏）、CVC（超狭域商圏）がバランス良く配置されているのが適正。だが、日本は人口密集エリアが多いにもかかわらず、超狭域商圏のCVCがアメリカの適正理論値から見て著しく少ない

以上のような日本の立地特性や人口動態により、超狭域商圏の生活を支えるフルライン業態を1カ所（場所・建物）に集積したSCスタイルの商業施設が求められています。この役割を日常的に担うのが、ライフサポートセンターです。

（2）ライフサポートセンターのコンセプト

ライフサポートセンターはアメリカの超小商圏型SCであるコンビニエンスセンター（CVC）の日本スタイルのSCです。そのコンセプトは次の通りです。

①基本コンセプト「近場（身近）なSC」

希薄な品揃えのCVS型やNSCの不完全な品揃え版のSCではなく、小商圏でありな

がら日常生活の利便性をサポート（支援）する近場のSCです。近場とはどういうマーケットなのか。SCの業態別の一つの固有マーケット（SCへの出向に際して時間・距離を意識しない範囲）は表5－1－8の通りです。

SCの業態別の一つの固有マーケットで最も狭い小商圏であるCVCの圏域が、ライフサポートセンターの対象マーケットです。コロナ禍やSCの飽和により商圏が狭小化し、家まわりの身近な近場マーケットが拡大し、買い物弱者も増大します。

表 5-1-8　SC の業態別の 1 つの固有マーケットの圏域

エリア			RSC（30,000㎡以上）	CSC（12,000～30,000㎡未満）	NSC（3,000～12,000㎡未満）	CVC（1,500～3,000㎡未満）	ロングテール商圏（ex:スーパーRSC＝7万㎡以上）
3大都市圏	中心市街地エリア（生活圏のみ）		3km圏	1.5km圏	500m 圏	250m 圏	6km圏
	周辺市街地エリア		5km圏	2.5km圏	1km圏	500m 圏	10km圏
	第 1 次郊外エリア		5km圏	2.5km圏	1km圏	500m 圏	10km圏
	第 2 次郊外エリア	タイプ①	5km圏	2.5km圏	1km圏	500m 圏	10km圏
		タイプ②	10km圏	5km圏	2.5km圏	1km圏	20km圏
	近郊カントリーエリア		20km圏	10km圏	5km圏	2.5km圏	－
3大都市圏以外	拠点型政令指定都市エリア（札幌・仙台・広島・福岡）	都市部（郊外）	10km圏	5km圏	2.5km圏	1km圏	20km圏
		地方ローカルエリア	20km圏	10km圏	5km圏	2.5km圏	40km圏
	県庁所在地都市エリア		20km圏	10km圏	5km圏	2.5km圏	40km圏
	地方ローカルエリア		40km圏	20km圏	10km圏	5km圏	80km圏

３大都市圏では５００〜１０００メートル圏、３大都市圏以外では１０００〜２５００メートル圏がライフサポートセンターの対象マーケットとなります。

②機能（役割）コンセプト「エッセンシャルニーズに対応するＳＣ」

ライフサポートセンターは小商圏の近場ＳＣであると同時に、生活に欠くことのできないエッセンシャルなニーズに対応するＳＣです。

その内容は次の通りです。

イ．多頻度な生活必要ニーズに対応する

　超狭域エリア内で「なくてはならない」と感じてもらえる必需性、あるいは「あれば便利」のニーズに、コンパクトな規模ではあるが、できるだけ多くの業種・業態を揃えて対応し、生活を支援する。

ロ．日常の生活利便サービスのウエートが高い

　ＳＣは基本的に物販・飲食のウエートが高いが、ライフサポートセンターは生活利便サービスのウエートが高い。

ハ．一石三鳥のタイムパフォーマンス

　一度の多頻度な用事（買い物）で、同時に他の用事も済ませられる一石二鳥・一石三鳥の時間の有効利用ができる。

図 5-1-2　ライフサポートセンターのコンセプトイメージ

ライフサポートセンター（LSC）

居住者に密着するオアシス志向の生活総合支援センター

↓

物販も含むが

生活サービスを基軸とした
超地域密着のワンパッケージセンター

- 身近な生活利便センター（タイムパフォーマンスの場）
- コンビニエンスストアより大きく、かつ総合業態で、NSCより小商圏
- あちこち行かなくても生活ニーズが一堂に揃う一石三鳥の場（超身近業態のSC化）
- 高齢化社会・単身化社会およびパーソナルの超利便社会の買い物弱者に対応

図 5-1-3　ライフサポートセンターの業態イメージ

基礎的日常生活ニーズ
- SM やグローサラント
- ドラッグストア（調剤薬局含む）
- 100 円ショップ（バラエティショップ）

健康サービスニーズ
- クリニックモール
- フィットネス
- エステ・マッサージ
- ビューティサロン
- 介護サービス
- 料理教室

↓

地域の交流の場

コミュニティ
カフェ
イート&フードホール
時間差利用・井戸端会議

地域のオアシスの場

↑

オフィス系ニーズ
- 通販&宅配デポ（基地）
- シェア&サテライトオフィス
- 保育園&幼稚園
- 金融サービス

生活サービス系ニーズ
- リペア&リフォームショップ
- コインランドリー
- クリーニング
- カーシェア&レンタルショップ

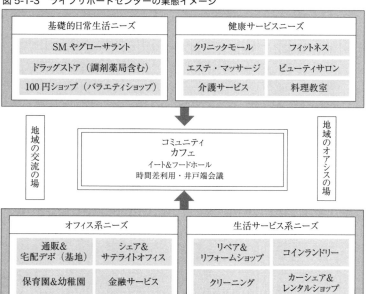

ニ．地域の交流の場や溜まり場

近場マーケットの拡大に伴い、近場での地域の交流の場や溜まり場へのニーズが高まります。ライフシーンの場としてだけでなく、働き方の変化によるホームオフィスやシェアオフィスなどの身近な「働く場」としても、交流の場や溜まり場は有望な「場」です。また、買い物の時間を有効利用するための「場」も必要になります。このような交流の場や溜まり場としてコミュニティ＆イートカフェの導入が必要です。

以上の内容を図5－1－2に要約しました。

（3）ライフサポートセンターの機能計画

ライフサポートセンターの全体像と実践機能は図5－1－3の通りです。

ＥＣモールの次世代版「仮想ＳＣ」

流通を取り巻くマーケットは、リアル空間（フィジカル空間＝現実の空間）だけでなく、デジタル空間（サイバー空間＝インターネット上の空間）やバーチャル空間（仮想空間＝コンピュータグラフィックス上の空間）にも存在します。これら異次元の空間マーケットを現在・

近未来・未来に区分し、SCの変遷を予測したものが表5－1－9です。

（1）仮想SCの出現の背景

過去にモビリティ革命（人やモノの移動の大変革）が起こったときには、流通上の業態も大変化し、覇権業態が変遷しました。車社会以前の時代（1970年以前）は商店街と市場《いちば》と百貨店が主力業態であり、商店街が流通の覇権業態で全小売業の売り上げの80％以上を占めていました。その後の車社会の時代（1970～2020年までの50年間）はSCやロードサイドのメガストア（特定の分野で「百貨」を提供するスペシャリティGMS）が流通の覇権業態で、全小売業の売り上げの50％以上を占めるようになりました。結果、車社会以前の覇権業態は長期低落化の道を歩み、売り上げを2分の1以下（ただし売り場面積は70％程度）に減少させました。

表 5-1-9　異次元空間マーケットと SC の変遷予測

現在	近未来（2030年）	未来（2045年）	
リアル空間マーケット	フュージョン空間マーケット	デジタル空間マーケット	
		タイプ①	タイプ②
リアル上の **SC**（ショッピングセンター）	リアルとデジタルの融合した **SC2**（スマート・コミュニティセンター）	ネット上のSC **ECモール**（ECのショッピングセンター）	バーチャル上のSC **仮想SC**（体験型ECモール）
リアル基軸のSC	リアル基軸だがデジタル時代対策付加のSC	デジタル基軸のSC	デジタル基軸にリアル機能付加のSC

今後はデジタル化によって人の移動を伴わないネット上での交流や情報の移動が基軸となるモビリティ革命によって、非車社会から車社会に変わったときと同じ社会現象が起こり、デジタル空間マーケットの覇権業態が出現します。現在までの非デジタル空間のビジネスマーケットは未来的には売上高で50％、売り場面積（機構）は70％になり、今までの覇権業態は長期低落化の道を歩むことになります。

流通業の新陳代謝は、まず売上高（機能＝成果）に起こり、売り場面積（機構）が一歩遅れて追随します。長期低落化の道を歩み始めると、メカニズム的には旧業態の売り場面積はそのままで売上高が50％になり、その結果、売り場効率は2分の1になります。

ＳＣも時代変化に対応しながら新陳代謝を繰り返すことになります。まずデジタルへの同質化（デジタル機能を持つ）と異質化（デジタルとは異なる機能、あるいはデジタルにはできない機能を持つ）の両方の戦略を導入し、できるだけ次世代のニーズに対応しようとします。いわばネオ・リアルＳＣ戦略であり、これによって誕生するリアルとデジタルの融合型ＳＣが「ＳＣ2（スマート・コミュニティセンター）」です。

しかし、まだ本格的なデジタル空間（売上高等の実際成果が50％）にはなっていません。現在のＥＣモールの拡大に加え、今後はバーチャル上の「仮想ＳＣ」が必要です。この二つが未来の主力業態になります。

ＥＣモールや仮想ＳＣには、
①提供する商品アイテムはリアルＳＣの10～１００倍以上かつ無限大
②設備としてのハードを全く必要としない、ソフトとコンテンツへの投資のみのローコスト開発が可能
というメリットがあります。

従来のＥＣモールは「多アイテムを展開でき、選択肢が豊富」「店まで行かなくてもよい利便性」「店舗を持たなくてもよいローコスト出店」が武器ですが、本来の買い物の喜びや楽しさは希薄な状態です。買い物の半分の機能は果たしていますが、もう半分の機能を果たしていません。リアルなＳＣで買い物や滞在をするときの「リアリティ（実際に買い物や滞在をする際の臨場感）」と「エモーション（実際に買い物や滞在をする際の情緒感）」が希薄です。そこで仮想ＳＣでは、ＶＲ（仮想現実）やＡＲ（拡張現実）、ＭＲ（複合現実）、五感感知システムを用いて、リアリティとエモーションを補完します。仮想上で現実の買い物や滞在を体験・体感できる未来型ＳＣです。

（２）仮想ＳＣのコンセプト

仮想ＳＣのコンセプトは図５－１－４の通りです。その特徴を解説します。

図 5-1-4　仮想 SC のコンセプト

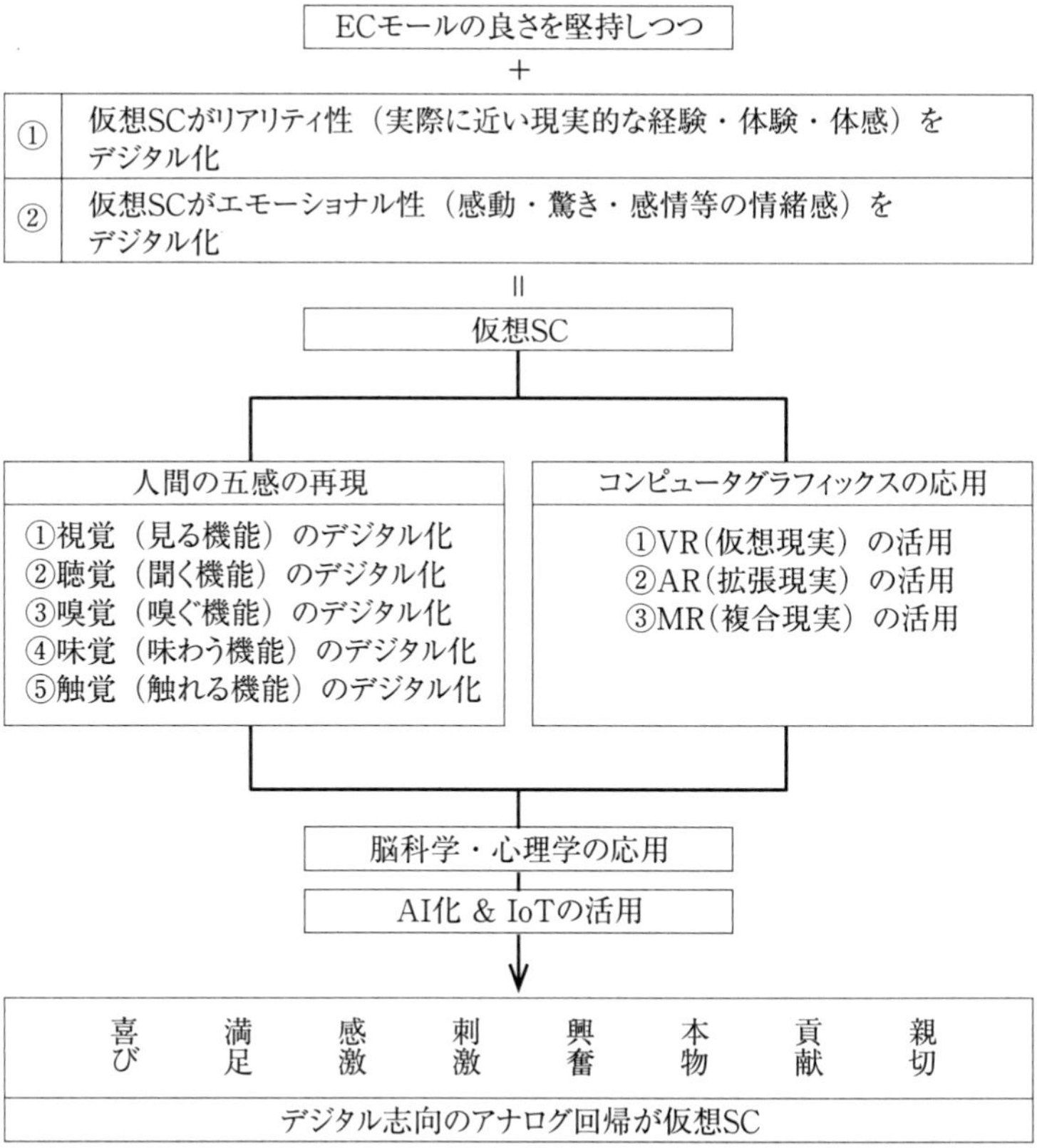

①ＥＣモールのアップスケール改革版としての次世代型ＳＣ
②ＥＣモールの課題をリアル店舗の視点で改革したＳＣ。ＥＣモールにリアリティ（現実的体験）やエモーション（感情体験）を付加し、リアルＳＣより良い体験・体感ができる
③内容
・ＥＣモールの良さを堅持しつつ、リアルＳＣの持つ買い物機能や買い物体験や買い物体感ができる
・ＥＣモールにデジタル化によりリアリティとエモーションを付加
・人間の五感（視覚・聴覚・嗅覚・味覚・触覚）をＡＩやコンピュータグラフィックスに反映
・デジタル志向によるアナログ回帰
④仮想ＳＣのＡＩ化
・商圏内居住者および来館者の生活・買い物データをＡＩ化し、適切なマーケティング化
・ＳＣ自体の運営データをＡＩ化し、自動的に賢いＳＣ運営を行う

第2節　過渡期業態「ＧＭＳ」の勝ちパターン

ＧＭＳの過渡期業態化と長期低落化

ＧＭＳ（総合スーパー）は、アメリカでは１９５０～60年代に最盛期となり、１９７０～90年代にＰＤＳ（プロモーショナルデパートメントストア＝特定の客層にフルライン対応する大衆百貨店）に脱皮し、多核モール型ＲＳＣの核店舗として発展しました。しかし、１９９０年代以降は進化が止まり、独自性がなくなり長期低落化。現在は「ＧＭＳ業態は崩壊した」と言われています。

日本のＧＭＳは１９６０年代から１９８０年代までは繁栄しましたが、１９９０年前後のモノ離れや旧大店法の規制緩和によるＧＭＳを核店舗とするＣＳＣ（中型ＳＣ）の長期低落化に伴い、衰退化しています。１９９０年以降、ダイエー、西友、マイカル、寿屋、ヤオハン、イズミヤ等は他の流通企業の傘下になり、またジャスコ（現イオンリテール）やイトーヨーカドーは連邦経営（イオングループやセブン＆アイＨＤ）の一角として発展していますが、小売業としてのＧＭＳのビジネスモデルは希薄化しています。

ここではＧＭＳの成立・成功のメカニズムを解明し、今後の方向性を探索します。

総合業態のタイプとＧＭＳ

日米の総合業態には「百貨店」「ＧＭＳ」「総合ＤＳ（ディスカウントストア）」があり、タイプとランクで分類すると表５－２－１のようになります。

ＧＭＳは基本的に中の中レベルの消費ニーズに対応した業態ですが、消費者のニーズの２極化により、上位レベルの百貨店と下位レベルの総合ＤＳに挟まれ、中道化（中途半端な存在化）しています。

業態の進化プロセスとＧＭＳの長期低落化要因

総合業態の成立・成功の基本要素は「選択肢（品揃え）の幅」「品質・機能性」「付加サービス」です。ただし、全ての流通業態を飛躍させ、長期繁栄させるためには、単に総合業態の選択肢の幅や品質・機能や付加サービスの精度を高めるだけでは成果は出ません。流通の進化のプロセス理論を適用する必要があります。日米の主要総合業態の進化を整理すると、表５－２－２（３０６頁）のようになります。

アメリカのシアーズ（旧）やＪＣペニー（旧）は、業態化（商業の仕方による分類）か

表 5-2-1　日米の総合業態のグレード表

<table>
<tr><th colspan="3">業態</th><th>ランク区分</th><th>日　本</th><th>米　国</th></tr>
<tr><td rowspan="4">RSCの核店舗可能</td><td colspan="2" rowspan="3">百貨店</td><td>スリーランク上の総合業態</td><td>●三越日本橋本店
●高島屋日本橋店</td><td>●ニーマンマーカス（旧）
●バーグドルフグッドマン
●サックスフィフスアベニュー</td></tr>
<tr><td>ツーランク上の総合業態</td><td>●阪急百貨店
●大丸百貨店
●近鉄百貨店
●高島屋
●三越</td><td>●ノードストローム
●ブルーミングデールズ
●バーニーズ（旧）</td></tr>
<tr><td>ワンランク上の総合業態</td><td>●マルイ
●京王百貨店
●京阪百貨店
●阪神百貨店
●地方百貨店
●郊外型百貨店</td><td>●メイシーズ</td></tr>
<tr><td rowspan="3">広義のGMS</td><td>GMS</td><td>スタンダードの総合業態</td><td>●イオンリテール
●イトーヨーカドー
●平和堂
●西友（ウォルマート）
●イズミ
●イズミヤ</td><td>● JC ペニー（旧）
●コールズ
●シアーズ（旧）</td></tr>
<tr><td rowspan="2">CSC・NSCの核店舗可能</td><td rowspan="2">総合DS（ディスカウントストア）</td><td>ワンランク下の総合業態</td><td>● MEGA ドン・キホーテ UNY
●コストコ
●アマゾンジャパン</td><td>●ターゲット（スーパーターゲット）
●百貨店の廉価版
●アマゾン
●コストコ</td></tr>
<tr><td>ツーランク下の総合業態</td><td>●トライアル
●ザ・ビッグ
●ミスターマックス
●日本型スーパーセンター</td><td>●ウォルマート（ウォルマート・スーパーセンター）</td></tr>
</table>

表 5-2-2　日米の総合業態の企業別進化

		第1ステップ	第2ステップ		第3ステップ		第4ステップ		第5ステップ	
		業態化	ディスカウント化	ライフスタイル化	カスタマイズ化	オリジナル化	デジタル化	ウェルネス化	サステイナブル化	サブスクリプション化
アメリカ	シアーズ(旧)JCペニー	○		○						
	ウォルマート	○	○	○	○		○			
	ターゲット	○	○	○		○	○			
	ノードストローム	○		○	○		○			
	メイシーズ	○		○			○			
	アマゾン	○	○		○		○			○
日本	日本のGMS	○								
	日本の百貨店	○		○						
	MEGAドン・キホーテUNY	○	○			○				
	ベイシア	○	○							

らライフスタイル化（生活提案）のレベルまで進みましたが、その後は進化が止まりました。ウォルマートやターゲットは、業態化からディスカウント化（価格破壊）のレベルまで進み、その後、ウォルマートはローカルエリアや低所得層にカスタマイズ化（自分のための店づくり、なくてはならないとお客様が感じる店づくり）のレベルへ、ターゲットは独自の斬新な商品でオリジナル化（独創的な商品の開発）のレベルまで進化しました。

ノードストロームとメイシーズは百貨店であり、ともに業態化からライフスタイル化まで進みました。メイシーズはライフスタイル化レベルで進化が止まり、ノードストロームはキャリア志向のファッション&ライフスタイルニーズに対応してカスタマイズ化レベルまで進化しました。

一方、日本の総合業態であるGMSは業態化のレベルで進化が止まり、アメリカのPDSのようにライフスタイル化レベルまで進化しませんでした。また、日本の百貨店は、業態からライフスタイル化レベルまで進みましたが、ここで進化が止まりました。

GMSの中でも、ベイシアは業態化からバリュー化（品質に対して20～30%廉価）へと他のGMSより一歩先に進み、MEGAドン・キホーテUNYは業態化からバリュー化へ、さらにオリジナル化のレベルまで進んでいます。広義のGMSは中の中から下位の価格帯のニーズを対象にしていますが、モノ離れ消費や低成長経済の中で中価格帯のニーズが切り崩されました。生き残るためにはバリュー化に進むか、新たな生活提案を付加したライフスタイル化に進むかの二者択一、あるいは両方を融合する道があります。

アメリカのシアーズやJCペニーは、バリュー化よりもライフスタイル化を選び、PDSとして多核モール型RSCの一つの核店舗として存在感を持ちました。しかし、PDSの賞味期限（20～30年）を経過しても次の進化へのイノベーションが起こらなかったため、今や長期低落化から崩壊への道を歩んでいます。

一方、ウォルマートやターゲットはディスカウント化を選び、価格破壊力のある総合業態へと進化しました。ウォルマートはさらに、ローカル（田舎）の消費者や低所得層に対するカスタマイズ化、そしてローカルエリア層と低所得層のための生活を提案するライフスタイル化まで進化しました。ターゲットはオリジナル性の高いPB商品を開発し、都市型の「おしゃれな総合DS」としてライフスタイル化レベルまで進みました。ウォルマートもターゲットも、ライフスタイル化と並行してECモールに取り組んでいます。

このように、GMSでもシアーズやJCペニーのような進化が浅い業態は長期低落化（ともに破綻）し、ウォルマートやターゲットのようにイノベーション志向の進化を果たした総合DSは大発展しています。ちなみに、GMSのモンゴメリーワードは業態化からメガストア化へと進みましたが、「価格破壊力と圧倒的品揃え」の完成度が低かったために早い段階で倒産しました。同じジャンルで価格破壊力と圧倒的品揃えのカテゴリーキラー（トイザらス、スポーツオーソリティ、ベストバイ等）は２０００年代から経年劣化して長期低落化し、２０１０年以降は淘汰に向かい、現在は生活提案性を強化して生き残りの道を探っています。

日本のＧＭＳは業態化のレベルで止まり、ＥＣモールも中途半端で、ライフスタイル化にも何回も挑戦しましたが完成度の高いレベルに進化しませんでした。一つのＲＳＣにＧＭＳが２核出店しても、お客様から見て互いに異なる業態で、「二つともあって欲しい」レベルにまで異質化できるのがＰＤＳです。ＰＤＳになるためには、特定の客層に対して「百貨」を売るスペシャリティ百貨店（ただし中価格帯）への進化が必須であり、全客層を対象として百貨を売る総花型業態では不可能です。

ＧＭＳの成立・成功のメカニズム

日本の多くのＧＭＳは収益性が低く、かつ長期低落化しています。これまでのＧＭＳのビジネスモデルの変遷を検証し、新たな業態の成立・成功のメカニズムを導き出すことが必要です。

日本のGMSの現状と課題

日本のGMSのビジネスモデルを過去・現在・未来の次元で解明すると次の通りです。

①第1期（1970～90年）＝GMS全盛期

GMSはCSCの核店舗として存在感のある業態であり、自らの小売業の収益とテナントからの収益（不動産収入）のダブル収益構造のビジネスモデル。

②第2期（1990～2010年）＝GMS過渡期（長期低落化）

GMSの小売業としての収益性が著しく低下あるいは赤字化。CSCの核店舗としての集客力でテナントを導入し、テナントからの収益でGMSを維持するビジネスモデル。

③第3期（2011年以降）＝GMS衰退期

GMS自体の集客力の低下でCSCの競争力が低下し、テナントからの収益が期待できなくなり、GMSを維持できないビジネスモデル。

現在のイオンリテール、イトーヨーカドー、旧ユニー、イズミヤ、平和堂などのGMSは、直営小売業の収益はトントンあるいは赤字ですが、テナントからの不動産収入を加算して、かろうじて黒字化しているに過ぎません（赤字化しているケースもあります）。テナントの賃料を除くとほとんどのＧＭＳは赤字経営であり、すなわち小売業としての収益を創出していないのです。したがって、日本のＧＭＳを成立・成功させるためには、ＳＣおよび小売業におけるイノベーション（過去の延長線上ではない業態革新）が必要です。

勝ちパターンづくりの七つの方向性

小売業レベルで黒字化している日本のＧＭＳは、イズミとベイシアとＭＥＧＡドン・キホーテＵＮＹです。この日本で成功しているＧＭＳやアメリカで成功しているＧＭＳを検証すると、次のようなビジネスモデルになっていることが分かります。

①グローサラント化による食品に特化した小型の小商圏業態

総合業態ではなく、マーケットニーズが一番多い食品に特化して、商圏を狭小化したスーパーマーケット（ＳＭ）です。多くのＧＭＳ企業が展開しています。

例）アメリカのクローガー、日本の各ＧＭＳのＳＭ特化タイプ

②徹底した価格破壊力のある総合業態

ＧＭＳのような総合業態は、バリュー化すると勝ちパターン化できます。アメリカのウォルマート、ターゲット、日本のＭＥＧＡドン・キホーテＵＮＹやベイシアやコストコは勢

いのある変形ＧＭＳとなっています。ローコスト開発、ローコスト運営、ローコストサプライチェーン等のローコスト化を徹底して価格破壊力（通常価格より20～30％の廉価性）を完成度高く仕上げたＧＭＳです。

例）アメリカのウォルマートや日本のベイシアスーパーセンター

③オリジナル商品やエンターテインメント性を付加したバリュー志向の総合業態

低価格志向で独自開発のユニークな商品（オリジナルＭＤｉｎｇ）によって、生活全面に対応するＧＭＳです。

例）アメリカのターゲットや日本のＭＥＧＡドン・キホーテＵＮＹ

④ＧＭＳと専門店を独自のモールで完成度高く融合した総合業態

ＧＭＳがコンパクトＲＳＣの核店舗になり、核店舗とテナントの配置をサーキットモール等の手法で融合させ、回遊性とカジュアル性と利便性と非日常性を一体化し、ＲＳＣの集客力を直接的にＧＭＳへと波及させます。

例）日本のイズミのサーキットモールによるコンパクトＲＳＣのゆめタウン

⑤売上高３００億円規模の多核モール型ＲＳＣの核店舗として、ＲＳＣの集客力を生かして１００億円規模の売り上げを生むＧＭＳ

３００億円の販売体制を持つ多核モール型ＲＳＣの核店舗としてのＧＭＳは、ＲＳＣ全体の相乗効果や波及効果で100億円以上の売り上げを獲得できます。このうちSMが50億～60億円、非食品が40億～50億円で構成されるライフスタイル提案型のPDSです。

例）イオンモールの核店舗としてのイオンリテール

⑥GMS機能を代替するライフスタイルメガストア

スペシャリティGMSのことです。1）客層を絞り込み、その客層に向けてあらゆる商品を提供するGMS（ライフスタイル特化GMS＝例としてシニアに限定して、シニアに「百貨」を売るGMS）、2）客層は絞り込まず、商品を特定分野に限定するGMS（特定のカテゴリーに特化した品揃えのライフスタイルメガストアの集合体としてのGMS＝例えば食文化やホーム＆DIY、ホビー＆クラフトに商品を限定して、客層はオール対応のGMS）の2タイプがあります。

例）イズミの「LECT」やイオンリテールのライフスタイルメガストア化したGMS

⑦館型の代替GMS

食品の直営店と非食品のテナントとしてユニクロ、しまむら、ニトリ、無印良品、アカチャンホンポ、ダイソーなど（GMSを崩壊に導いた）を一つの館に集積したGMSの代替的な業態です。あるいは、食品の直営店と、成長性がありながら分散して立地しているサービス業を1カ所に集約したライフサポートセンター（サービス特化のコンビニエンスセンター＝ＣＶＣ）を一体化し、小商圏立地の生活ニーズに対応するＧＭＳを形成することで、なくてはならない業態を目指します。

以上が今後のＧＭＳの勝ちパターンですが、過渡期業態から改めて勝ちパターン化するためには、ハードルの高いイノベーションを伴う進化が必須です。多くの事例から見て、単なる改良型レベルでは対応できません。新たな次元の発想や顧客ニーズの深堀りによるイノベーションで「ライフスタイル化」「ディスカウント化」する必要があります。しかし、今やライフスタイル化やディスカウント化は当たり前化しているため、完成度が高くないと生き残ることがせいぜいです。カスタマイズ化・オリジナル化のレベルまで進化した業態は元気です。

さらに、近未来は「デジタル化（ネットネイティブ対応）」「サステイナブル化（持続可能社会対応）」「サブスクリプション化（非所有や一定料金化）」まで進化しないと勝ち残ることができません。アメリカでは通販のアマゾンに対して、リアル店舗のウォルマートやターゲットの広義のＧＭＳがネットネイティブへと進化しています。

第３節　長期低落化の「百貨店」の勝ちパターン

百貨店の長期低落化要因

流通業の総合業態は、上流志向の百貨店、中流志向のＧＭＳ、下流（バリュー）志向の総合ＤＳの３業態です。中流志向のＧＭＳは存在感が希薄化して長期低落化・淘汰、上流志向の百貨店は一定レベルの存在感はかろうじて維持しながらも長期低落化。一方、バリュー志向の総合ＤＳは活力のある業態として勝ちパターン化しています。

このような現状にある総合業態の中で、日本の百貨店の売上高は１９９１年の９・７兆円を頂点に、２０１９年は５・８兆円と40％も減少しています（コロナ禍の２０２０年は４・２兆円）。アメリカの百貨店が郊外のＲＳＣの核店舗として成り立っているのに対して、日本の百貨店は中心街立地（１００万人商圏以上のまち並み型立地）でこそ存在感を示すポジションにありますが、郊外や地方では存在感が希薄化して退店が続出するという２極化現象が起こっています。本節では、アメリカとは異なる日本の百貨店の成立・成功のメカニズムについて探索します。

「あこがれ」から「割高」へ

１９６０年代以前、流通業の主流は商店街であり、高級志向の百貨店は「あこがれ」の存在（業態）でした。１９７０年代からは大量生産・大量販売・大量消費の総中流消費社会が確立される中で、あこがれ業態から上質志向の「百貨（あらゆる商品）」を提供するハイライフスタイル提案型業態へと変化しました。そして折からの高度経済成長を背景に、百貨店は富裕層の日常の買い物の場と一般大衆の非日常の買い物の場という、二つの異なる客層のニーズを満たす総合業態として成長したのです。

このように、高度成長期の総中流化の過程で上質志向と大量志向の「消費の2極化現象」が起こり、前者の柱として百貨店の存在感がありました。しかし、経済における高度成長の終焉（１９９１年以降）と消費におけるモノ離れ（１９８８年以降）により、百貨店のポジショニングは変わっていきます。

１９８５～91年のバブル経済時代には高級・上質志向の旺盛な消費の受け皿として百貨店の存在感は高まりましたが、１９９１年のバブル崩壊によって一気に希薄化し、その後の低迷・低成長経済はバリュー消費（節約志向消費）を加速させました。この現象は２０１３年のアベノミクスの登場まで20年以上続き、現在も閉塞感は完全に払拭されていません。

モノ離れ前の「モダン消費（モノを買い、消耗し、利用し、所有することの連続性に喜びを感じる生活向上志向の消費）」から、モノ離れ後の「ポストモダン消費」へ転換すると、モノに対する執着心が希薄化して消費は節約志向になり、価値（広義の品質／価格）が商品・サービスの選択肢として重視されるようになりました。その結果、百貨店は「絶対的品質は良いが、価格とのバランスにおいて割高」と見られる業態になったのです。ミドルクオリティ・リーズナブル価格の割安感のあるメガストアや専門店業態の進出により、ＧＭＳも長期低落化に陥りました。百貨店も、ＲＳＣのテナントにリーズナブルファッションが登場すると、割安感志向のモール専門店業態に対する競争優位性が低下し、売上高は全盛期の60％にまで減少しました。その傾向は現在も続いています。

百貨店が成立・成功する「適正」とは

ここ数年はインバウンドニーズ等により底打ち感が出て、中心街立地の百貨店は持ち直してきていましたが、２０２０年はコロナショックにより大幅減。一方、郊外・地方立地の百貨店はいまだ長期低落化の道を歩んでいます。コロナショックの有無に関わらず、百貨店の苦戦は、適正立地に適正業態が適正規模と適正ＭＤ·ｉｎｇで成立するというマーケットデザイン理論によって説明ができます。

百貨店は、ＳＣのようにマーケットイン型業態（マーケットの性格に合わせて自らを弾力的に変化させられる業態）ではなく、プロダクトアウト型業態（業態の特性をマーケットに適用させる業態であるため、百貨店自体は変化に対する弾力性が弱い業態）であるために、適正立地（立地とそのマーケット規模）の概念が業態としての成立・成功の根源となります。多くの百貨店が苦戦あるいは退店している要因はＭＤｉｎｇの適不適以前に、百貨店のＭＤｉｎｇを活かせる立地と仕組みになっていないことです。

百貨店が適正に成立するのは、マーケット規模的には「中心街（１００万人商圏以上のまち並み型商業街区）」です。中心街とは郊外や地方（ローカル）立地よりワンレベル以上の商業地を指します。具体的には、「超広域Ｉ型商業地（商圏人口１０００万人以上）」「超広域Ⅱ型商業地（商圏人口４００万人）」「広域Ｉ型商業地（商圏人口２００万人）」「広域Ⅱ型商業地（商圏人口１００万人）」です。１００万人商圏を有する中心街は基本的に、百貨店が本来持つ業態としての固有の特性を発揮でき、ＭＤｉｎｇが活きる適正立地になります。商圏人口が多くなればなるほど百貨店の強みであるプロダクトアウト型業態の成立性が高くなり、商圏人口が少なくなるとＳＣのようなマーケットイン型業態の成立性が高まります。

百貨店を成立させる最低ラインのマーケットである１００万人商圏の中心街には、二つのタイプがあります。一つは「３大都市圏の商業副都心（都心と郊外を結ぶ交通の結節点で、乗降客が10万人以上のまち並み型の中心街）」で、もう一つは「３大都市圏以外の地方の県都のまち並み型の中心街」です。「１００万人商圏を有する」だけでなく、「まち並み型の中心街」であること、つまり拠点性を有する立地なのです。郊外型ＲＳＣで百貨店が成立しているのは、「商業副都心立地に位置する郊外型ＲＳＣ」あるいは「５００億円以上の売上高を持つ郊外型ＲＳＣ」です。これぐらいの立地条件でないと、百貨店業態としての固有の特性を発揮できません。郊外型ＲＳＣに出店した多くの百貨店は、モダン消費時代には百貨店業態としてのＭＤｉｎｇ力を発揮しましたが、ポストモダン消費時代には疑似百貨店のＭＤｉｎｇになり、退店することになりました。

百貨店の成立・成功のメカニズム

インバウンドの急増で長期低落化が底打ちしたかに見えた百貨店ですが、コロナショックにより、またまた余談を許さない状況になりました。第３次流通大変革に対応する次の進化が必要ですが、近未来への勝ち残りのハードルはいまだ高いのが現状です。近未来型の百貨店づくりには二つのノウハウ（アプローチ手法）が必要となります。

マーケットの深掘りノウハウ（第1のアプローチ）

百貨店が業態として対応してきたニーズは、1960年以前のプレモダン消費時代には「あこがれ消費ニーズ」で、1970〜90年のモダン消費時代には「上質ライフスタイル消費ニーズ」でした。しかし1991年以降（バブル崩壊後）のポストモダン消費時代には、割高感のある業態として長期低落化の道を歩み、今日に至っています。

それゆえに、百貨店業態としての存在感のある需要創造（新たな独自性と競争優位性を発揮できるニーズ創出）をしない限り、勝ちパターンの業態にはなり得ません。需要創造の切り口は次の通りです。

①上質ライフスタイル消費ニーズを客層別にカスタマイズ化する
②今まで存在しなかったニーズの創出、ニューモダン消費ニーズへの切り口を変えた対応
③過去のあこがれニーズを現代風あるいは近未来風にアップデートして新あこがれニーズを創出する
④斬新性とこだわり性をおしゃれな空間かつ廉価で提供し、斬新・廉価ニーズを創出する
⑤2030年に6000万人を目標とするインバウンドニーズに対応する

⑥従来のアーバンリゾートニーズのワンランク上のアーバンツーリズム（都会への新おのぼりさん）ニーズを創出する

これらのニーズを百貨店が独自の競争優位性を持って取り込むためには、図５－３－１に示したアプローチ手法が必要です。

百貨店には他の流通業態よりも繊細かつおしゃれに、百貨店としての独自性と競争優位性を持つビジネスモデルが必要です。マーケットの中の特定の分野に属する客層を深掘り（属性が持つ特性にカスタマイズ化）し、その客層に対して適切な商品（物・飲食・サービス・情報・エンターテインメント&レジャー・コン

図 5-3-1　百貨店のマーケット深掘り手法

いかなる客に、いかなる商品を、いかなる経験・体験（体感）を通じて売るのか!!の徹底

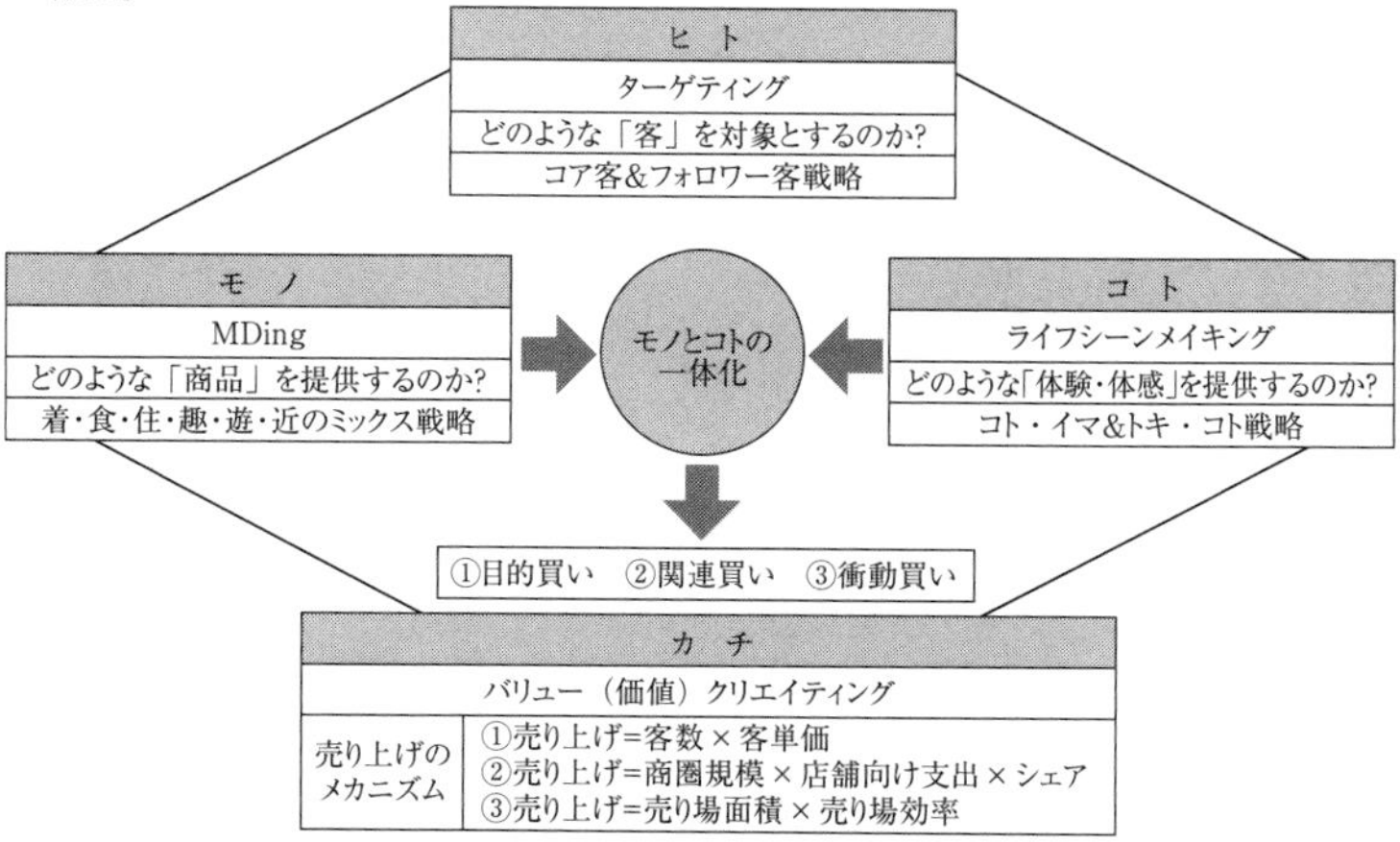

テンツ）を、特定のライフシーン（お客様のライフスタイルの再現、あこがれ空間の創出、喜びや快適を演出する場づくり）を通じて提案し、売上高の獲得（価値づくり）に結びつけるのです。そのためには、商品の独自性や競争優位性を追求するＭＤｉｎｇも重要ですが、モノ売りに留まらない、より深掘りしたライフスタイル提案が必要です。生活者のライフシーン（ライフスタイルから派生する生活上の情景）を「百貨店らしさ」が演出された売り場で利用シーンとして展開することで、「モノ消費とコト消費を融合」します。ライフシーンの創出は、百貨店が百貨店としての存在感を出すための最大の武器です。その要素は「あこがれ空間」と「ライフスタイル提案」という、百貨店が勝ちパターンであった時代の現代風の拡張・強化としてのリメイク版です。

業態変革ノウハウ（第2のアプローチ）

勝ちパターンの百貨店づくりには業態の変革が必要です。百貨店の業態変革のプロセスは図5－3－2の通りです。

百貨店には、あらゆる客層に「百貨」を提供する総合百貨店、そして特定の絞り込んだ客層に「百貨」を提供するスペシャリティ百貨店（Ａ）と、絞り込んだ商品を幅広い客層に提供するスペシャリティ百貨店（Ｂ）があります。これまでの経緯から、あらゆる商品

図 5-3-2　百貨店の業態変革のプロセス

総合百貨店かスペシャリティ百貨店か

		取り扱う商品の幅	
		広い（総合化）	狭い（絞り込む）
対象とする客層の幅	広い（誰もを対象）	総合百貨店	スペシャリティ百貨店（B）
	狭い（特定の客を対象）	スペシャリティ百貨店（A）	百貨店ではない（スペシャリティストア）

小売業かSCタイプの百貨店か

小売業スタイル		SCスタイル
・買い取り方式 ・委託販売方式 ・消化仕入れ方式 ・販売代行方式 ・フランチャイズ方式	混合型スタイル	・テナント契約方式 ・場所貸し方式 ・ディベロッパー方式

業態としての展開タイプ

タイプ①	タイプ②	タイプ③	タイプ④	タイプ⑤	タイプ⑥	タイプ⑦
上質ライフスタイルのカスタマイズ百貨店	スペシャリティ百貨店	新あこがれ百貨店	斬新・こだわり・廉価百貨店	SCスタイル百貨店	高級・おもてなし百貨店	デジタルネイティブ百貨店

を提供する「百貨」、特定の分野の商品を深く提供する「百貨」の2タイプで、百貨店の勝ち残りが可能です。

また、百貨店が館コンセプトに基づいて独自性と競争優位性を備えたMD・ingを展開する際には、直営売り場でMD・ingにリスクを負う小売業スタイルと、MD・ingのリスクをテナントに依存するSCスタイルがあります。テナント方式の場合は、自らのコンセプトを直営ではなく、最強のMD・ingを持つテナントミックスで展開します。小売業スタイルとSCスタイルは、MD・ingに対する考え方だけではなく、ビジネスモデル（小売業と不動産業）も異なります。

今後の百貨店の方向性

近未来の流通空間はリアル空間とデジタル空間（中心街と郊外・地方エリアの垣根がない）になり、それぞれの空間上の得意分野を活かすビジネスモデルと互いの空間を融合させたビジネスモデルが形成されます。モダン消費（モノ離れ後の新たな需要創造と顧客創造により起こる消費）時代には、それ以前のプレモダン消費時代の消費者のあこがれニーズを客層に合わせてカスタマイズする業態の役割が大きくなります。いわば百貨店業態の原点回帰をコンセプトとして近未来志向のビジネスモデルに挑戦することがミッションなのです。

百貨店の七つの勝ちパターン（業態戦略）

このように百貨店には、総合百貨店とスペシャリティ百貨店を小売業スタイルあるいはSCスタイルで展開するパターンがあります。これらの展開手法を前提として、百貨店の勝ちパターンには七つのタイプがあります。

百貨店は業態としての時代対応に課題を持っているため、勝ちパターンづくりには「百貨店業態としての存在感を近未来志向で構築」しなければなりません。新たな付加価値（付加機能）を備えると同時に、完成度の高いコンテンツが伴わないと勝ちパターンの百貨店にはなれません。

上質ライフスタイルのカスタマイズ百貨店

上質ライフスタイルの提案はモダン消費時代の百貨店の成長ベクトルでした。しかし1990年代以降のワンランク上のRSCの出現によって、百貨店の存在感は希薄化しています。そこで、ターゲットとして設定した客層の属性と買い物行動を解明し、おもてなし精神と販売コンサルティングによる「カスタマイズ化（お客様から「自分のために作られた店」と強く意識されること）」を図ります。カスタマイズ化を勝ちパターンとする百貨店です。

例）ノードストローム、京王百貨店新宿店

スペシャリティ百貨店

特定の分野の客層や商品に絞り込み、その客層や商品を徹底的に深掘りします。このスペシャリティ百貨店には、特定の客層に絞り込んでそのニーズを深掘りした「百貨」を提供するタイプと、特定分野の商品を深掘りした「百貨」をあらゆる客層に幅広く提供するタイプがあります。ここでの勝ちパターンのポイントは「絞り込まれたマーケットに対する奥深いＭＤｉｎｇ」です。

例）アメリカの百貨店やブルーミングデールズのソーホー店、阪急梅田メンズ館、渋谷ヒカリエ

新あこがれ百貨店

プレモダン消費時代の百貨店は「あこがれニーズ」を満たす業態として独自性と競争優位性を持っていましたが、モダン消費時代に上質ライフスタイルを提案するビジネスに転換して以降、あこがれニーズは希薄化しました。しかし、モノ離れやモノの飽和時代以降

のニューモダン消費時代には新たなあこがれニーズが創出され、百貨店の存在感は高まることが想定されます。立地的には限定されますが、物質的ニーズ（モノ）と精神的ニーズ（コト）が融合したニューモダン消費ニーズに対して存在感を発揮できます。ここでの勝ちパターンのポイントは「欲しくなるニーズの開拓」です。

例）阪急百貨店梅田本店

斬新・こだわり・廉価百貨店

アメリカの百貨店は上質商品のニーズに対してツーランク上の価格で提供していましたが、現在は在庫（処分商品）と独自仕入れとＰＢ開発という三つの仕入れルートを組み合わせた廉価版の百貨店業態を、正規百貨店と同じグレードで展開しています。このアメリカ型の廉価版百貨店をより進化させ、おしゃれな売り場で感性高く斬新性とこだわり性のある商品を低価格で提供する廉価版商法（ブランド力のある有力ストアが展開する感性と低価格が一体化したビジネスモデル）が、これからの日本の百貨店の勝ちパターンです。ここでのポイントは「品質と安さの融合」です。

例）ノードストローム・ラック、サックス・オフ・フィフス。総合ＤＳではあるが、こだわりとおしゃれな斬新商品を提供するターゲット

ＳＣスタイル百貨店

小売業としての百貨店業態を捨てて、自らの館コンセプトに最適のＭＤ・ｉｎｇを持つテナントを導入するＳＣスタイルの百貨店です。従来型百貨店も「場貸し業」の性格を持っていましたが、中途半端な状態でした。ＳＣスタイルの強みは自ら編集するＭＤ・ｉｎｇよりも館に最適なＭＤ・ｉｎｇを持つテナントを導入でき、かつ収益も安定することです。ＳＣの強みを生かすことで、立地特性に応じたバリエーションのある百貨店が可能になります。ただし、館全体のコンセプトメイキングとＭＤ・ｉｎｇとリーシングが大切です。ここでの勝ちパターンのポイントは「好立地でのテナントミックス」です。

例）ギンザシックス、マルイ

高級・おもてなし百貨店

百貨店の真髄はハイライフ志向を体現する高級百貨店であり、富裕層を対象とし、おもてなしの付帯サービスが伴う百貨店です。一般消費者は高級品を非日常的に利用しますが、高級・おもてなし百貨店は富裕層の日常的利用に対応する買い場です。ここでの百貨店の勝ちパターンのポイントは「しつらえ感とおもてなしの質」です。

例）高島屋日本橋店、三越日本橋本店、ブルーミングデールズのニューヨーク店

デジタルネイティブ百貨店

総合業態のリアル店舗はディスカウント志向、スタンダード志向、ハイライフ志向に区分されますが、ネット通販にも同様な志向を持つ業態が登場しています。これらのうち、ハイライフ志向のＭＤｉｎｇをサイバー空間上で展開する業態が、デジタルネイティブ百貨店です。リアルとオンラインのクロスチャネルによる総合百貨店、あるいはスペシャリティ百貨店として、ＣＧやＶＲ、ＡＲ、ＭＲを駆使し、ＡＩとＲＰＡとコンサルティング接客を融合させた百貨店です。ここでの勝ちパターンのポイントは「デジタル化の精度とコンテンツ」です。

第4節　小商圏業態の雄「SM」の勝ちパターン

SM業態の成立・成功のメカニズム

スーパーマーケット（SM）の業界も、マーケットの成熟化によるマーケットの多様化が急激に進んでいます。人口動態的には少子化、高齢化、単身化、人口減少、社会動態的には働き方の多様化、共稼ぎ化、所得の2極化、シニアワーカーの増大が進み、SM業界にも個食化、グローサラント化、食の安心・安全化と同時に、ネットスーパーの出現によるリアル店舗とネット店舗の戦い、あるいは両者の融合が進みつつあります。ここではSM業態の成立・成功のメカニズムを解明し、今後の方向性を探索します。

SM業態のタイプとランク

従来の食品業態の内食・中食・外食の区別がなくなるグローサラント化が進む一方、対面・セルフの区別が意味をなさなくなっています。現状を整理するため、消費の2極化と感性の多様化の観点から、生活者のライフスタイルを「ハイライフ（高級・高感性）志向

図 5-4-1　日米の SM 業態の分類表

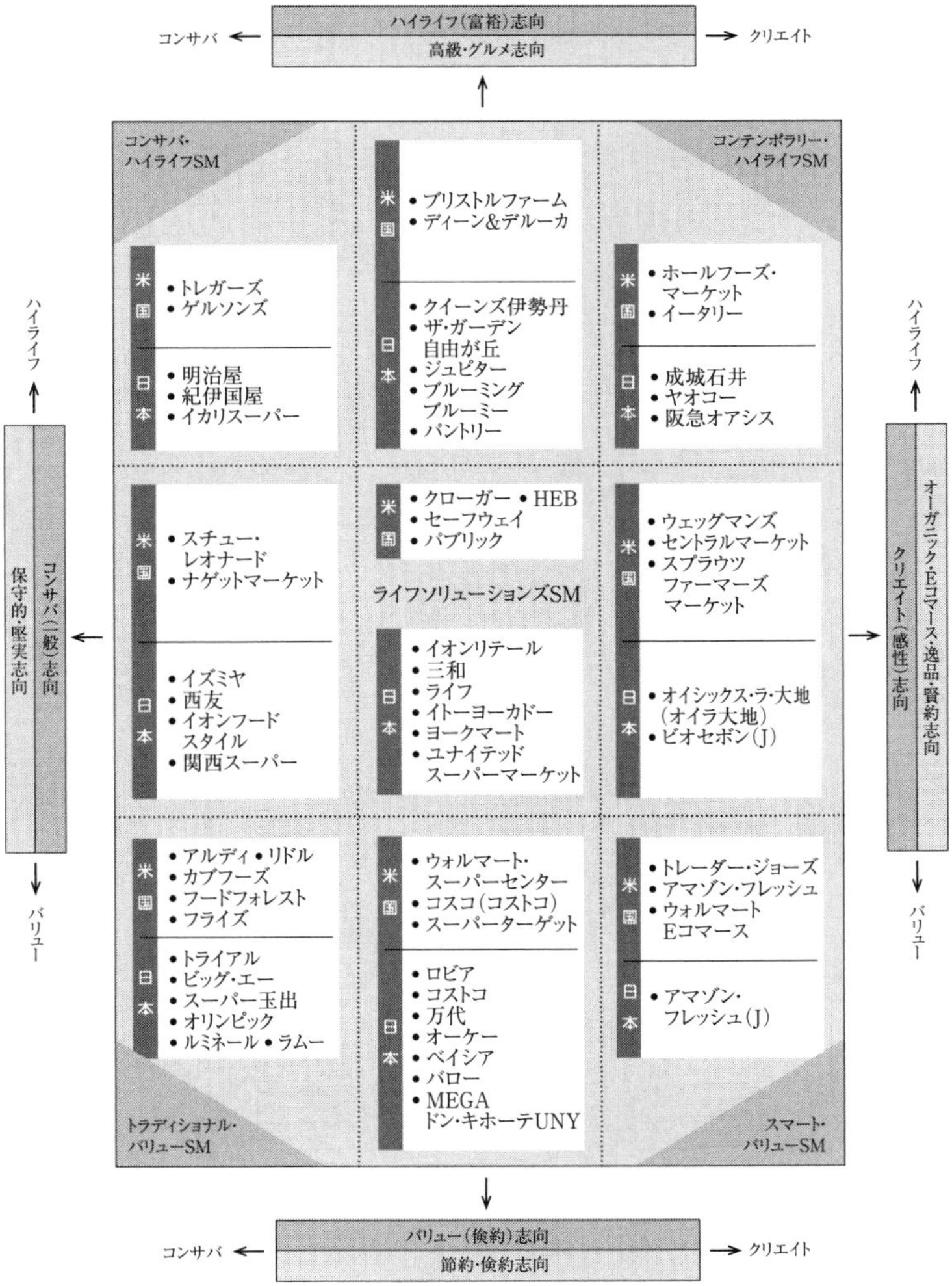

※リアルとネットの混合

消費VS.バリュー（倹約）志向消費」と「クリエイト（感性）志向消費VS.コンサバ（一般・保守）志向消費」に分け、日米のＳＭ業態をランク分類しました（図５－４－１）。

アメリカはマーケットの所得構造に比例してＳＭの高級・中級・低級志向のランク形成ができていますが、日本はデフレ経済が20年間続いたため、高級志向のＳＭが弱体化して姿を消しています。日本ではデパチカという百貨店が展開する食品売り場が高級スーパーの代替機能を果たしています。

特定分野のナンバーワンへ

ＳＭの勝ちパターンづくりについて、「ＳＭの進化のプロセス」と「一つの固有マーケットの中での競争優位性」の二つの観点から説明します。

（1）ＳＭの進化のプロセスと勝ちパターン

ＳＭの成立・成功の基本要素は「品揃えの充実」「鮮度管理」「廉価性」「グルメ性（おいしさ）」「安心・安全の健康食性」「珍品・逸品性」へとシフトし、もはや品揃えや鮮度や安さやグルメは当たり前化して、成長ベクトルにはなっていません。今後は、安心・安全の健康食性と珍品・逸品性の付加がトレンドになります。すなわち業態の進化のプロセスのSM版が必要なのです。そのプロセスを事例とともに表５－４－１（３３４頁）に示しました。

右記のSMを成長させる要素を「より先まで」「より多く」取り入れることが勝ちパターンづくりに役立ちます。アメリカではSMの成熟化が日本より進んでいるために、SM業態の多様化が高レベルで為されています。

SMを含む食品業態の勝ちパターンは「業態化（売り方・仕入れ方法のタイプ）」に始まり、商売の仕方レベルの取り組みはもう成長要因にはなりません。次のステップは「バリュー化（安い）」か「ライフスタイル化（グルメ・グローサラント）」で、さらに「カスタマイズ化（お客様から自分のための店と思ってもらえる）」「オリジナリティ化（斬新・逸品商品）」へと進化します。同時に、「デジタル化（EC、省力化）」「ウェルネス化（安心・安全の健康食）」「サステイナブル化（地球や社会や地域や人間の問題解決）」、さらに「サブスクリプション化（脱所有＝レンタル、共同利用＝シェア、無料・定額料金）」へと進みます。

ただ、進化のプロセスを精度高く、かつ完成度高く仕上げないと成果は出ません。真似をするにもノウハウが必要です。日本はアメリカと比較してSMの成熟度が低いため、業態化レベルからバリュー化、グルメ化までは進んでいますが、それ以上の進化のプロセスに至っていません。

表 5-4-1　日米の SM の進化度　◎は基軸

		第1ステップ	第2ステップ		第3ステップ		第4ステップ		第5ステップ	
		業態化	ディスカウント化	ライフスタイル化（グルメ化）	カスタマイズ化	オリジナル化	デジタル化	ウェルネス化（健康化）	サステイナブル化	サブスクリプション化
アメリカ	クローガー	◎		○						
	ホールフーズ	○		○	○	○	○	◎		
	トレーダー・ジョーズ	○	○	○	◎	○		○		
	イータリー	○		○		◎		○		
	ウォルマート	○	◎	○	○		○			
	ナゲットマーケット	○	○	○	◎					
	アマゾン・フレッシュ	○	○	○			◎			
	ウェッグマンズ	○		○				◎		
日本	GMS 系の SM	◎		○						
	ヤオコー、阪急オアシス	○		◎		○				
	オーケー、万代、ルミエール、ロピア、ビッグ・エー	○	◎							
	三和	○		◎						
	オイシックス・ラ・大地	○		○	○	○	○	◎	○	○
	ビオセボン(J)	○		○		◎		○		

（２）ＳＭの競争優位性と勝ちパターンづくり

一つの固有マーケット（お客様から見て時間・距離の抵抗要因が希薄な、無理なく出向できる範囲のエリア）の中で競争優位性を持つことです。競争優位性を持つＳＭには「ナンバーワン型ＳＭ（圧倒的一番型ＳＭ）」と「オリジナルワン型ＳＭ（互いに棲み分けた分野で1位のＳＭ）」と「オンリーワン型ＳＭ（限定された特定の分野で1位のＳＭ）」の3タイプがあります。各ＳＭが自らを取り巻く競争状態の中で、どのポジションを目指すかを適切に選択することがマーケットデザイン理論です。

過去・現在においては「圧倒的規模ナンバーワン」が競争優位性を持つことができましたが、現在・近未来においては人口動態の変化（少子化・高齢化・単身化）により、全体規模ではなく特定分野でナンバーワンになることが勝ちパターンになります。特に食品業態のＳＭは小商圏であるため、立地（住宅地立地・駅立地・ロードサイド立地・中心街立地）による競争優位性の確立が必要です。

すなわち、「立地（場所）」と「規模の相違による戦略」と「ＳＭの進化のプロセス要因」と「ＳＭのタイプとランク要因」の四位一体戦略が勝ちパターンの鉄則です。なかでも、一つの固有マーケットの中での、棲み分け分野の一番型ＳＭづくり（市場細分化により特定分野を設定し、その中で競争優位性を持つSMづくり）が必要になります。その事例を消費者へのアンケート調査結果（表5－4－2）に基づいて説明します。この調査は弊社（ダイナミックマーケティング社）がSMの成立・成功のメカニズムを解明するために大阪市北区で実施したものです。

流通業界の勝ちパターンづくりに際しては、次の認識が必要です。

「特定分野の1位と2位では格段の差がつく。それゆえに、特定分野に棲み分けた以上、棲み分けた分野で1位の優位性を持たなければならず、2位ではコテンパンに負ける」

実際、調査結果に明らかなように、棲み分けた分野で1位のSMの支持率は2位以下に圧倒的な差をつけています。

表 5-4-2　1つの固有マーケット内での SM の競争優位性

1つの固有マーケット	大阪市内の特定の立地から1km圏エリア				
居住者による支持率（アンケート調査）※ダイナミックマーケティング社が2016年度に独自に実施		1位の支持率	2位の支持率	3位の支持率	4位の支持率
	ワンランク上のSM	阪急オアシス	パントリー	−	−
		18.4%	3.0%		
	スタンダードなSM	ライフ	イズミヤ（デイリーカナート）	サボイ	関西スーパー
		15.5%	8.0%	6.0%	5.9%
	ワンランク下のSM	天六市場（日本式市場）	スーパー玉出	業務スーパー	サンディ（ボックスストア）
		16.2%	5.8%	5.6%	4.4%

①ワンランク上のＳＭの分野で1位の「阪急オアシス」の支持率は18・４％に対して、2位のパントリーは３・０％で、1位と2位の格差は６・１倍

②スタンダードのＳＭの分野で1位の「ライフ」の支持率15・５％に対して、2位のイズミヤは８・０％で、1位と2位の格差は１・９倍

③ワンランク下のＳＭの分野で1位の「天六市場（対面販売の生鮮に強い市場）」の支持率16・２％に対して、2位のスーパー玉出は５・８％で、1位と2位の格差は２・８倍

マーケットの飽和時代は得意分野で棲み分けることが必要ですが、棲み分けた以上、棲み分けた分野で立地で1位、あるいは規模で1位でないとコテンパンに負けます。

アメリカのＳＭの事例

流通先進国のアメリカで成功している繁盛型のＳＭと食品業態の事例を挙げ、それぞれの特性を説明します。

●トレーダー・ジョーズ

店舗面積１０００平方㍍（標準的ＳＭの３分の１～５分の１）、品揃えは４０００アイテム（標準的ＳＭの５分の１）で、売上高20億円以上の超優良店です。「おいしくなくて

はならぬ‼」「安くなくてはならぬ‼」「健康食でなければならぬ‼」「珍しくなければならぬ‼」の4原則を徹底し、教育水準は高いが十分な収入を得ていない感性の高い客層をコアターゲットにしています。「博士号を持ったこじきを対象にしている」と比喩されたりもしますが、独創性のある珍品・逸品をPBとして開発し、オリジナルな商品を提供しています。

トレーダー・ジョーズが著しく少ないアイテム数で高い売上高が可能なのは、客層（コア客とフォロワー客）を絞り込み、絞り込んだ客層の全ニーズに対応するカスタマイズ化戦略を行っているためです。それゆえ、アイテム数が少なくても自分（お客様）にとって煩《わずら》わしいと感じる商品がなく、選択性の高い品揃えになっています。

●ホールフーズ・マーケット

オーガニック食品（自然食品）のSMはマイノリティ性が高く、そのため大きなマーケットを必要とし、またチェーン展開は困難です。しかし、ホールフーズ・マーケットは300店舗以上を展開し、オーガニック食品を誰でも、いつでも、どこでも買えるユビキタス化によって、アメリカの全国民が買える状態を達成しています。

これは、オーガニック食品に対してマジョリティ性が高いグルメ食品を融合させ、汎用性を高めて、多くの立地で成立する仕組みを確立しているからです。つまり、オーガニック食品とグルメ食品は「食通」という共通ニーズで結ばれているのです。見事なＭＤ・ｉｎｇミックスです。現在はアマゾンの傘下となり、ネットとリアル店舗の融合業態となっています。

●スチュー・レオナード

１店舗で１万平方《メートル》の店舗面積で１００億円を売る支店型店舗で、３０００アイテムを展開し、１００キロ圏から来館する超広域・超繁盛型ＳＭです。牧場主であった経営者が、食品工場を店舗内に持つ製造小売り・産直システムにより、超新鮮・超廉価で食品を提供する店として創業しました。

館内が一方通行回遊型のモールになっていることも大きな特徴です。お客様が全商品を視野に入れられる合理的な形態なのです。一方通行回遊性のモールを成功させるためには、お客様のワンストップショッピングへの執着心と各商品ゾーンの魅力度、そして回遊すること自体が楽しい売り場づくりが必要です。真似をするにもノウハウが必要との格言通り、日本で真似して失敗した例が多くありました。

●イータリー

イタリア料理の鉄人と食の評論家・専門家が始めたグローサラント業態です。内食・中食・外食を融合したグローサラントシステムを開発し、この分野の先駆となりました。イタリアの食材を使った調理および調理手法により、イタリアの食文化を体験・体感できる店舗です。

●ウォルマート・スーパーセンター

アメリカの総合業態が基本的に食品売り場を持っていなかった中で、ウォルマートが初めて食品売り場を備えた総合業態として開発したのがウォルマート・スーパーセンターです。今やウォルマートの売上高50兆円の大半を占めるまでに成長しました。総合業態でありながらカテゴリー単位で圧倒的品揃えを展開し、他のSMより20〜30％安いという価格破壊力を持つ店舗です。

●ナゲットマーケット

特定のエリア内で創業者一族が経営する超繁盛型のSMです。「地域密着・廉価性・ハイイメージのおもてなし」をコンセプトに、安心・安全を重視するローカルチェーンとして展開しています。地元の消費者に育てられた地元のSMであるため、おもてなし感（お客様をお迎えする気持ち）のあるしつらえ（気遣いのある店舗のイメージ）にこだわり、同じお客様がゆえに持続性を重視した工夫をしています。また、お客様もできるだけ地元企業であるナゲットマーケットで買ってあげたいと思う地域消費（カスタマイズ化した消費）意識の高いSMです。

食品のファースト買い・ラスト買い

アメリカでは、食品とファッション関連商品（非食品）は購買動機が違うため、多核モール型ＲＳＣには食品業態を導入していません。しかし、日本の多核モール型ＲＳＣは必ず食品業態を導入します。なぜなのでしょうか。

ＳＭの標準売上高は20億円で、繁盛型ＳＭは30億円が基準ですが、３００億円体制の多核モール型ＲＳＣは食品で40億～60億円の売上高が可能だからです。この原因は、お客様の多核モール型ＲＳＣでの食品の買い方に「ファースト買い（食品を目的に来館する食品の買い方）」と「ラスト買い（食品を目的とする来館ではないが、ＳＣに来た以上、帰りに買う食品の買い方）」があることです。

多核モール型ＲＳＣでは、ファースト買いが50％、ラスト買いが50％。上手に食品売り場を展開すれば、通常のＳＭの売上高（20億～30億円）の２倍（40億～60億円）が可能になります。食品とファッション関連商品（非食品）は購買動機が異なりますが、食品の購入を目的としない出向動機（ＳＣを選択する動機）であっても、いったんＳＣに来館すると関連買い（一石二鳥の動機）として食品のラスト買いが必ず起こるからです。アメリカの多核モール型ＲＳＣは、購買動機に固執して食品のラスト買いの構造が見えていなかったことになります。

多核モール型ＲＳＣは商圏が広いので、上質志向で非日常性の食品を多く品揃えしたのではラスト買い効果は望めません。多核モール来館者の食品ニーズはデパチカのような非日常性のニーズではなく、ＳＣに来たついでに冷凍庫いっぱい買って帰るニーズです。あくまで日常の食品ニーズが中心なのです。日常性ニーズを反映した食品が安く手に入る売り場を強化したほうが効果は出ます。

とはいえ、せっかくＳＣに来たのだから、常日頃から利用する近所の食品売り場よりも非日常性が必要になります。多核モール型ＲＳＣでラスト買いを成功させるためには「日常の中の〈新〉」を加え、通常のＳＭの品揃え7割、通常のＳＭより廉価な食品2割、非日常性の食品1割の構成が適正ミックスです。

ＲＳＣの核店舗としての店舗面積は、標準的規模のＳＭ（２０００～３５００平方《メートル》）の１・５倍（３０００～４０００平方《メートル》）が必要になります。すなわち、標準的規模のＳＭにプラス30％の売り場面積を持つことで、来館者が明らかにＲＳＣ内のＳＭが近所の標準型ＳＭより魅力があると感じるからこそ、「せっかくＳＣに来たのだから、冷凍庫いっぱいの食品を買って帰ろう」という大量購入動機が起こるのです。多核モール型ＲＳＣの標準売上高３００億円の20％の食品売上高を獲得することは、ＳＣ全体にとっても大切なことは言うまでもありません。

SMの勝ちパターンづくりのポイント

SMは小商圏ビジネスであり、消費額が大きく、かつ買い物の必然性が高い業態です。それゆえにSMは一定の地域内に多く成立するため、SM相互間の棲み分けがどうしても必要になります。その結果、SMの多様化・個性化（異質化）が進みます。

コンセプトと特定分野での優位性

SMを成立・成功させるためには、SMの進化のプロセスを完成度高く進めるためのコンセプトを明確にすること、一つの固有マーケットの中の特定の分野で競争優位性を持つことが必須です。その際には、少子化・高齢化・単身化という人口動態の変化や、多様化・個食化・細分化する生活者の食品に対する行動や嗜好の変化を緻密に捉え、地域住民に「自分たちのために出店してくれた」と感じてもらえるカスタマイズ化も必要になります。

SMに限らず、あらゆる業態はイノベーションによって、お客様から見て斬新性があると感じるビジネスモデル（今までなかったビジネスモデル、今まであったが切り口が異なるビジネスモデル、今まであったものを結合させてできるビジネスモデル）になることが、流通の大変革には必要です。後期追随型の進化では成果は出ません。

あとがき

私は1991年のバブル経済の崩壊を経験して、小売業やサービス業の流通は独立した存在ではなく、経済というマクロ現象の中の一つに過ぎないことを感じ、経済の動向を知らずして流通のメカニズムは解明できないことを知りました。経済という視点から流通を見る「流通経済」の研究に目覚めたのです。この流通経済の研究を通じて、商業施設の成立・成功のメカニズムを解明したのが本書です。

今、流通業界は、まさに大変革の真っ只中にあります。流通の25年周期の大変革とコロナショックによる大変革の加速化は、デジタルシフト革命とサステイナブルシフト革命の二大変革を起こし、この大変革に対応するためにはイノベーションを伴う過去の延長線上にはない戦略の構築が必要です。

流通業界は、1970年から25年目の1995年までの第1次大変革、また1996年から25年目の2020年までの第2次大変革という凄まじい流通上の大変革を経験しました。2021年から25年目の2045年までの間には、過去の二つの大変革を上回るレベルで第3次大変革が起こります。すでに第1次・第2次・第3次モノ離れや現役世代の変遷に伴うライフスタイルの大変化、さらにフィジカル空間のリアル店舗中心の流通経路からサイバー空間のオンラインショッピング等の流通経路への大変化が起こっています。産業革命以来の大量生産・大量販売・大量消費の価値創造システムを崩壊させ、実店舗そのものの存在性を希薄化させる出来事と言えます。

しかし、人々は買い物や外食や遊びをしなくなるのではありません。買い物の仕方や外食の仕方や遊びの仕方が根本的に変化し、それらに対応できない企業は勝ち残るどころか生き残ることもできなくなる、ということです。まさに「流通イノベーション」が今後の勝ちパターンづくりの基礎になります。同時に、生産者や販売者や消費者といった分業的経済は崩壊し、誰もが生産者、誰もが販売者、誰もが消費者といったシームレス社会がデジタルシフトにより具現化され、自給自足志向への先祖返り現象も起こります。またサステイナブルシフトによって、単なる経済的発展や技術的進歩のみが人間社会や企業の目的ではなくなり、自然への配慮、人間や社会上の課題解決を無視することができなくなります。

このデジタルシフト革命とサステイナブルシフト革命が融合して、人類の最大の目的である「ハピネスシフト（幸福を指標化した社会）」へと進みます。デジタルシフトもサステイナブルシフトも２０３０年頃にシンギュラリティ（技術的特異点）に達し、飛躍的な変化と進化が一気に進んで、経済および社会を劇的に変革します。流通業界においては、ＥＣの販売比率が２０３０年頃に30％以上、２０４５年には50％以上となり、消費者の移動を伴わないショッピングが主流になります。

一方、ＥＣでは満足できない、リアルなショッピングを求める消費者も存在し、リアル店舗でのショッピングがなくなることはありません。基本的にはオフラインショッピングとオンラインショッピングの融合の時代になり、消費者は適切な選択肢を多様に持つことになります。

オンラインショッピングと融合したオフラインショッピングは、革新的な機能を付加することにより勝ちパターン化できます。単に現状の延長線上のレベルの変革では、過去の流通覇権業態であった商店街やGMSや百貨店のように、業態の変遷により長期低落化、あるいは淘汰されます。

現在はまさに流通イノベーションのスタート地点にあり、2045年にかけて起こる前触れに過ぎない現象が起こっています。2045年から見ると、過去2回の流通大変革で起こったことがより激しく起こり、景色を一変させたことが分かるでしょう。本書では、今後の第3次流通大変革で起こる「可能性」をできるだけ可視化し、体系化しました。流通業界に携わる皆様の参考になり、流通業界の発展に寄与できれば幸いです。

最後に、本書の出版にあたって、共に流通上のノウハウを開発してきた株式会社ダイナミックマーケティング・パートナーズのスタッフの皆様、および出版に際してご尽力いただいた繊研新聞社の山里泰様に深く感謝いたします。

2021年5月

六車秀之

著者紹介

六車秀之（むぐるま・ひでゆき）

流通&ＳＣコンサルタント（株）ダイナミックマーケティング・パートナーズ会長、六車流通研究所所長）。１９７０年、明治大学大学院商学研究科修士課程修了。

１９７７年 株式会社ダイナミックマーケティング社設立。代表として44年間、ＳＣの開発・リニューアルの調査・戦略・計画・事業性検証の業務を実施。１つの固有マーケットの中で競争ＳＣと棲み分ける「消費者がもう１つ欲しいＳＣづくり、ディベロッパーにとって、もう１つ成立するＳＣづくり」をミッションとしている。

［活動内容］

①ＳＣの開発・リニューアル・調査業務40年（約２００ＳＣの開発・リニューアル・調査に携わる）

②アメリカの流通研究研修ツアーを主催（51回・延べ１３００名が参加）

③著書『ライフスタイルセンターの構築』（同文舘出版）や共著10冊以上

④雑誌・新聞等に執筆多数（年間15回以上）

⑤年間講演20回以上

⑥独自に「流通とＳＣ・私の視点」（メルマガ風のレポート）を２４００回発表

⑦ＤＭレポート（テーマ別の小冊子）を16冊発行

［流通・ＳＣのコンサルティングのミッション］

①１つの固有マーケットの中で互いに独自固有の特性を発揮して棲み分けたＳＣを、できるだけ多く成立・成功させ、顧客の買い物や遊び機能の選択肢を多様にすることをミッションとするコンサルティング会社

②既存の一定のパイを「奪い合う（強者と弱者）」のではなく、また「分かち合う（弱者と弱者）」のでもなく、互いに得意分野で「棲み分ける（強者と強者）」ことのできるＳＣづくりをミッションとするコンサルティング会社

③マーケットデザイン理論に基づき、１つの固有マーケットの中で互いのＳＣが競（・）存共栄するブルーオーシャン化したＳＣづくりをミッションとするコンサルティングの実施

㈱ダイナミックマーケティング・パートナーズ
〒531-0062 大阪府大阪市北区長柄中 2-5-44
TEL. 06（6353）6666 FAX. 06（6356）1663 携帯 TEL. 080（6170）0666
E-mail：muguruma_h@dynamic-m.co.jp
URL：http://www.dynamic-m.co.jp

流通経済と流通イノベーション
第3次大変革を勝ち残る
革新的進化のメカニズム

2021年5月25日　初版 第1刷発行

著　　者　六車　秀之

発 行 者　佐々木幸二

発 行 所　繊研新聞社
〒103-0015
東京都中央区日本橋箱崎町 31-4 箱崎 314 ビル
TEL. 03 (3661) 3681
FAX. 03 (3666) 4236

制　　作　平原かすみ

印刷・製本　(株) シナノパブリッシングプレス

乱丁・落丁本はお取り替えいたします。

ISBN978-4-88124-340-4 C3063